FACULTÉ DE DROIT DE PARIS

DROIT ROMAIN

LES
VOIES DE COMMUNICATION

DROIT FRANÇAIS

LES CHEMINS DE FER
D'INTÉRÊT LOCAL

THÈSE POUR LE DOCTORAT

PAR

Lucien BEUF

PARIS

L. LAROSE ET FORCEL

Libraires-Éditeurs

22, RUE SOUFFLOT, 22

1885

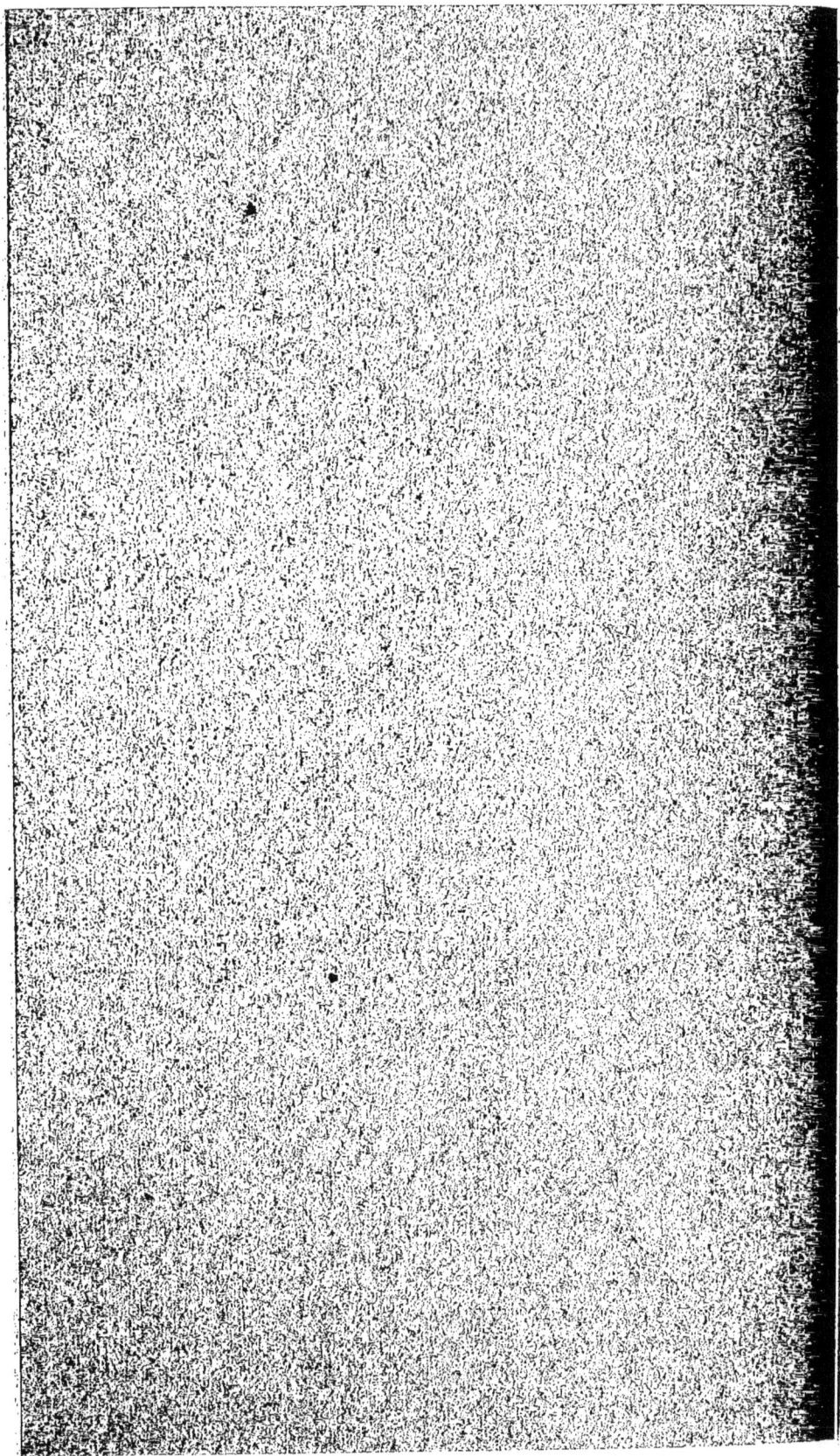

THÈSE

POUR LE DOCTORAT

IMPRIMERIE
CONTANT-LAGUERRE

LVX IN VITA

BAR-LE-DUC

FACULTÉ DE DROIT DE PARIS

DROIT ROMAIN

LES
VOIES DE COMMUNICATION

DROIT FRANÇAIS

LES CHEMINS DE FER
D'INTÉRÊT LOCAL

THÈSE POUR LE DOCTORAT

—

*L'acte public sur les matières ci-après sera présenté et soutenu
le Jeudi 25 Juin 1885 , à une heure et demie*

PAR

Lucien BEUF

PRÉSIDENT : M. LYON-CAEN

| SUFFRAGANTS | { | MM. DUCROCQ
CAUWÈS
BEAUREGARD | } | PROFESSEURS

AGRÉGÉ |

*Le Candidat répondra en outre aux questions qui lui seront faites
sur les autres matières de l'enseignement*

PARIS
L. LAROSE ET FORCEL
Libraires-Editeurs
22, RUE SOUFFLOT, 22
—
1885

DROIT ROMAIN.

DES
VOIES DE COMMUNICATION.

INTRODUCTION.

> Romani vias per omnem pene orbem
> disposuerunt propter rectitudinem iti-
> nerum, et ne plebs esset otiosa.
>
> (Isidore, *Origines*, xv, 16.)

De tous les problèmes dont la solution s'impose à
quiconque veut fonder une entreprise industrielle ou
commerciale, il n'en est peut-être pas de plus important que celui du transport. Possédât-il les meilleures
matières premières, fût-il à même de produire mieux
et à meilleur marché que ses concurrents, employât-il
la main-d'œuvre ou la force mécanique à des conditions
singulièrement avantageuses, tous ces éléments mis
en œuvre avec activité et intelligence resteront stériles,
l'industrie tombera et le commerce s'arrêtera forcé-

L. B.   1

tion géographique que des États, que l'exiguïté de leurs
territoires et le petit nombre de leurs habitants semblaient à jamais reléguer au dernier rang, ont pu jouer
en Europe un rôle si actif et exercer une action aussi
efficace sur les destinées du monde ; faut-il citer la
Hollande, les villes Hanséatiques, le Portugal, Gênes,
Venise ?.....

Rome devait être une exception à ce mouvement qui
poussait tous les peuples méditerranéens au commerce
maritime. Soit prédisposition naturelle de leur tempé-
rament, soit intuition des destinées que la Providence
leur réservait, dédaignant le commerce et l'industrie,
où leurs rivaux avaient puisé leurs forces, les Romains
ne songèrent qu'à fonder un puissant empire continen-
tal et à imposer l'autorité de leur Sénat et de leurs
Empereurs, non-seulement aux peuples voisins, mais
encore aux nations barbares, retirées dans des contrées
mystérieuses et inconnues, où leurs légions ne péné-
trèrent qu'avec un vague sentiment d'effroi religieux et
de terreur superstitieuse [1]. Mais, pour constituer ainsi
cet empire, tels qu'ils le rêvaient, il ne suffisait pas
d'organiser des armées et de les envoyer combattre à
plusieurs centaines de milles de Rome dans des régions
perdues ; il fallait encore en assurer l'approvisionnement
régulier, leur offrir les moyens de battre en retraite
en cas d'insuccès, et, après leur retour, se maintenir

[1] M. Geoffroy, dans son intéressante étude sur *Rome et les Barbares*, ch. 1er, a retracé, d'après les écrivains anciens, les premières
impressions des Romains, en arrivant dans les contrées du Nord,
jusque-là inconnues.

en relations constantes avec les gouverneurs de ces provinces, souvent turbulentes, toujours impatientes du joug romain, et, en cas d'insurrection et de tumulte, leur envoyer les auxiliaires dont ils pouvaient avoir besoin. À un autre point de vue, il fallait que les produits des pays conquis, notamment de la Gaule et de la Grande Grèce, pussent arriver à Rome, dont la population, oisive et exigeante, augmentait sans cesse, et dont l'approvisionnement devenait chaque jour plus difficile.

L'importance des voies de communication dans l'Empire, au double point de vue militaire et commercial, nous explique suffisamment avec quel soin les Romains les ont multipliées ; et de tous les monuments qu'ils nous ont laissés, il n'en est pas qui démontrent mieux chez eux le sentiment du grand et la croyance à l'éternité de leur empire que ces routes, qu'ils établirent pendant plusieurs siècles, au fur et à mesure que de nouvelles provinces venaient s'ajouter à leur empire, avec une si opiniâtre persévérance sur toute la surface de leurs conquêtes, et qui force notre admiration sinon par la hardiesse, au moins par la patience qui a présidé à leur exécution.

Bien que n'étant par goût un peuple navigateur, ils ne pouvaient cependant se désintéresser du commerce maritime et fluvial, et quelques fragments recueillis dans les auteurs juridiques et littéraires nous montrent qu'ils s'y livrèrent sinon par goût, du moins par nécessité. Le commerce par eau est, d'ailleurs, le complément du commerce par terre, et comme le fait remarquer un vieil auteur : « Flumina et fossas aquarias, quæ

præsertim ferendis navigiis serviant, cum viarum na-
tionibus censendas puto. Quando inter vehiculorum
genera navim adscribendam non inficientur; tum et
mare ipsum, natura sui quid erit aliud demum quàm
multo patens via. » Pour rendre leur ville plus agréable et plus accessible aux marchandises de toutes sortes
qu'y envoyait l'univers, les Romains s'occupèrent constamment de rendre le Tibre navigable et d'en empêcher les débordements; selon le témoignage de Strabon,
« Augustus ad coercendas inundationes alveum Tiberis
laxavit ac repurgavit, completum olim ruderibus et ædi-
ficiorum prolapsionibus coarctatum. » Domitien en fit
autant pour le Vulturne.

Les anciens avaient deux sortes de navires : les uns
spécialement affectés au transport des marchandises
s'appelaient *onerariæ naves;* les autres, plus rapides,
spécialement affectés au service des voyageurs, portaient
le nom de *fugaces, cursoriæ, dromones.* Leur faible ti-
rant leur permettait de naviguer indifféremment sur la
mer et de remonter les rivières navigables. Quant aux
rivières qui ne l'étaient pas, ou bien on construisait un
pont au-dessus, ou bien on établissait un gué en cailloux par lequel se continuait la route de terre [1].

Pour rendre la navigation plus commode, les Romains avaient construit un certain nombre de canaux,

[1] Dans son ouvrage sur *la Grèce et l'Orient en Provence,*
M. Charles Lenthéric, a consacré un chapitre à la description du
commerce et de la navigation dans la région du Bas-Rhône (ch. II,
navigation des utriculaires), tels qu'ils se pratiquaient aux embou-
chures des fleuves, généralement obstruées par les alluvions et mal
canalisées.

surtout en Italie, en Gaule et en Germanie; mais ce ne fut qu'assez tard qu'ils inventèrent les écluses ou *valvæ fluvii emissoriæ*. Bien souvent, ils ont creusé des canaux uniquement pour les besoins du moment et dans un but transitoire; telles furent les fosses drusiennes, creusées par Drusus pour conduire ses vaisseaux de l'Océan à la partie supérieure du Rhin, et celles que, sous le règne de Claude, Corbulon fit creuser sur une longueur de vingt-trois milles pour faire communiquer le Rhin et la Meuse; citons encore, en Provence, les célèbres fosses mariennes, d'Arles à la mer, creusées par Marius pour maintenir ses communications avec la métropole lors de son expédition contre les Cimbres, qui se termina par la bataille de Campi Putridi. Néron, voyageant en Grèce, conçut le projet de percer l'isthme de Corinthe, malgré l'insuccès qu'avaient déjà éprouvé dans cette tentative Démétrius, César et Caligula. Dion rapporte que les ouvriers ne travaillaient qu'à regret; dès les premiers coups de pic, le sang commença à jaillir de la terre, on entendit des gémissements et des spectres apparurent effrayant les ouvriers. Néron dut renoncer à son entreprise, qui, inachevée, nous dit Pline, porta malheur à ses auteurs. Sous le règne de ce même prince, le consul Lucius Vetus, pour occuper ses soldats, entreprit de creuser de la Saône à la Moselle un canal qui permettrait de transporter les troupes de la Méditerranée à l'Océan; la rivalité d'un de ses collègues, Helius Gracilis, l'empêcha d'exécuter son plan.

Nous diviserons ce travail en deux parties : dans la

première, nous étudierons les routes terrestres; nous consacrerons la seconde à la législation de la mer, des rivières, des canaux, considérés comme voies de comnication (1).

(1) Nous possédons divers documents relatifs aux voies de communication romaines. Le plus remarquable est la carte routière, connue sous le nom de *carte de Peutinger*. Sans doute, pour la rendre plus portative, son auteur a renoncé à conserver les proportions véritables des pays qu'elle représentait; les rivières, les routes ont été tracées dans le sens de la longueur de la carte, qui est de près de 4 mètres, tandis que la hauteur ne dépasse pas 20 centimètres. Le Rhin, la Seine, la Loire, la Garonne sont figurés par des lignes parallèles très rapprochées; la Méditerranée semble un grand fleuve traversant l'Empire. Le tracé des cours d'eau et des routes marche de l'est à l'ouest. Les relais et les stations sont indiqués, ainsi que la distance entre chacun d'eux exprimée en milles romains. Cette carte a donné lieu à une savante publication de M. Desjardins.

A côté de la carte de Peutinger, nous pouvons encore citer les deux itinéraires des voies de terre et de mer rédigés sous le règne d'Antonin; on peut les comparer aux livrets-Chaix de nos chemins de fer; ils mentionnent les relais de poste, les stations navales, en indiquant la distance entre eux.

PREMIÈRE PARTIE.

DES ROUTES ET CHEMINS.

—◦◦◦◦◦◦—

Nous avons à voir successivement quelle était la classification des voies de communication chez les Romains, comment on les établissait, quels magistrats étaient chargés de leur construction, quelles charges incombaient aux particuliers relativement à leur construction et à leur entretien, et enfin quelle était la police de ces voies.

CHAPITRE PREMIER.

DIVISION DES VOIES DE COMMUNICATION.

—◦◦◦◦— --

La longueur des voies de communication n'avait à Rome aucune influence sur leur dénomination, leur usage et les droits des citoyens. Les Romains les classaient d'après leur largeur.

Le mot *iter* a le sens général qu'a chez nous le mot *chemin*. Considérés d'une façon générale, l'*iter* et la *via* ont la même signification et se définissent l'un par l'autre. *Iter vel itus*, nous dit Isidore, *est via quâ iri ab homine quaquaversum potest*. Son opinion est confirmée par Élius Gallus (l. 157, § 1, L. 16), *item via est, sive semita, sive iter est.* En matière de servitude, chaque mot a un sens particulier, nettement défini. L'*iter* est un chemin où l'on peut aller et venir, marcher à pied, à cheval et même en litière, sans pouvoir y faire passer des chariots ou des bêtes de somme. Ulpien (l. 1 pr., VIII, 3) dit : *Iter est jus eundi, ambulandi homini, non etiam jumentum agendi, vel vehiculum;* et Paul (l. 7 pr., *eod. tit.*) le complète ailleurs en faisant remarquer que *qui sellâ aut lecticâ vehitur, ire, non agere dicitur.* L'*actus* est assez malaisé à définir; c'est un chemin pris et pratiqué entre les terres labourables, sur lequel il est loisible de venir tant à pied qu'à cheval, de conduire des bêtes de somme avec des charrettes pour enlever les récoltes et y transporter les engrais. *Actus,* dit toujours Ulpien (*eod. loc.*), *est jus agendi vel jumentum, vel vehiculum.* Modestin (l. 12, *eod. tit.*) mentionne nettement le double droit de conduire des bêtes de somme et de faire passer des chariots, *et armenta trajicere, et vehiculum ducere.* La *via* constitue la plus grande et la plus avantageuse des servitudes : c'est le droit d'aller tant à pied qu'à cheval, de mener des bêtes de charge, de passer avec des voitures et des chariots, de telle charge et grandeur que ce soit; *via est* (Ulp., l. 1 pr., *eod. tit.*), *est jus eundi et agendi, et ambulandi : nam et iter, et actum, in se via continet.* D'après Isidore (*Origines,* V), ce qui la caractérise et lui donne son nom, c'est le fait d'y passer avec des chariots ; *via est, quâ potest ire vehiculum, et via dicta à vehiculorum incursu.* Cette étymologie permettrait de conclure que l'*incursus vehiculorum* dénote la nature spécifique de la *via,* par laquelle on peut conduire toutes sortes de voitures, tandis que l'*actus* semble être particulièrement affecté au transport des engrais et des récoltes. Il est vrai qu'il existait aussi des voies privées, qui servaient aux mêmes usages, et qu'Ulpien mentionne quelque part, *vias agrarias, quæ sunt in agris, quibus imposita est servitus, aut ad agrum alterius ducunt* (l. 2, § 22, D. xliii, 8). Malgré l'analogie apparente de ces *viæ agrariæ* et de l'*actus*, il y avait entre eux une notable différence, provenant de leur largeur naturelle : l'*actus* n'avait que quatre pieds, la *via* huit; *via duos actus cœpit propter euntium et venientium vehiculorum occursum* (Columelle). Le jurisconsulte Gaius dit expressément : *Viæ latitudo ex lege XII Tabularum in porrectum octo pedes habeat; in anfractum, id est ubi flexum est, sedecim* (L. 8, D. viii, 3). Ces divers chemins, constitués à titre de servitude, appartiennent donc à telle ou telle catégorie, selon leur largeur, qui suit d'ailleurs une progression régulière. Nous venons de voir que la *via* a huit pieds afin de recevoir deux chariots venant en sens inverse, et l'*actus* quatre seulement, largeur suffisante pour recevoir un chariot; l'*iter* en a deux pour le passage d'un homme à pied ou à cheval; n'ayant qu'un pied, la *semita* est accessible à un homme à pied [1]; la *callis* semble n'avoir en lar-

---

(1) Sauf pour la *via*, les textes ne sont pas nets et formels; il semble que pour les autres chemins la largeur en était arbitraire. Du reste, en matière de servitudes, on s'en rapportait à la volonté des parties, quelle que fût la dénomination employée : *Latitudo actus itinerisque ea est, quæ demonstrata est; quod si nihil dictum est, hoc ab arbitro statuendum est* (l. 13, § 2, D. viii, 3).

La largeur légale, *latitudo legitima*, telle que la fixaient les XII Tables et que nous venons de la donner, pouvait être modifiée par la volonté de l'Administration ou le consentement des parties. Hygin (*De limit. constit.*) nous apprend que les deux principaux chemins qui, se coupant à angle droit, bornaient les terres concédées aux

geur que la moitié de la *semita* et n'être destinée qu'au passage des animaux. Ajoutons, du reste, que ces mesures ne se trouvent pas toujours aussi exactement observées que l'on serait tenté de le croire au premier abord : tantôt elles sont dépassées, tantôt elles ne sont pas atteintes; un chemin pouvait, sans cesser d'être *via*, avoir plus ou moins de huit pieds, mais encore fallait-il qu'on pût y faire circuler librement des chariots marchant en sens inverse; sinon ce ne serait plus une *via*, mais un *iter* ou un *actus*.

Nous avons énuméré, en essayant de les caractériser,

vétérans et étaient appelés *decumanus* et *cardo*, avaient une largeur de douze pieds; car, nous dit-il, *per hos iter populo, sicut per viam publicam debetur.*

Remarquons également que les grandes voies romaines, n'ayant que cette largeur, auraient été insuffisantes pour le mouvement commercial et militaire; il faut donc admettre que cette largeur était toujours dépassée. C'est d'ailleurs ce qu'ont permis de vérifier les fouilles exécutées dans diverses contrées. Dans son ouvrage sur les *Grands chemins de l'Empire romain*, III, 54, Bergier dit en avoir fait fouiller plusieurs et avoir trouvé, d'une lisière à l'autre, vingt pieds de largeur empierrée; en comptant les deux trottoirs qui bordaient la chaussée et qui avaient la même largeur chacun, on arrive à une largeur totale de soixante pieds environ. Bergier en conclut que les lois, qui n'accordent que huit pieds aux *viæ*, ne s'appliquent qu'aux voies ordinaires et non aux routes militaires et pavées. Peut-être vaudrait-il mieux croire que la loi des XII Tables avait statué sur la largeur des voies publiques proprement dites, à une époque primitive où les Romains n'avaient pas un territoire très étendu, où le commerce intérieur était très peu développé, le commerce extérieur nul. Plus tard, une telle largeur devint manifestement insuffisante; sinon par une loi formelle — qui alors ne nous serait pas parvenue — au moins par la force des choses et l'empire de la coutume, on reconnut à l'Administration le droit de déterminer souverainement dans tel cas donné, quelle serait la largeur d'une route, eu égard à son importance stratégique et commerciale.

les diverses voies de communication, dont les auteurs ont fait mention. Étudions plus particulièrement la *via* et ses classifications.

Ulpien divise en trois groupes les chemins compris sous le nom de *via :* les chemins publics, les chemins privés et les chemins de traverse, « viarum quædam publicæ, quædam privatæ, quædam vicinales ; » il ressort toutefois des textes mêmes de cet auteur (l. 2, § 22, D. xliii, 8), que ces trois classes peuvent se ramener à deux, les *viæ vicinales* rentrant selon les cas, dans l'une ou l'autre des deux premières classes.

Les *viæ publicæ* étaient les routes que les Grecs appelaient *regiæ* et les Romains, n'ayant point de rois, voies prétoriennes ou consulaires, du nom de leurs principaux magistrats. « Publicas vias dicimus, dit encore Ulpien (*eod. loco*), quas Græci *tas odous vasilikas,* nostri prætorias, alii consulares vias vocant [1]. »

La différence fondamentale entre la *via publica* et la

---

(1) De tout temps, les grandes routes ont été nommées voies royales. Le peuple d'Israël demandant le droit de passer sur le territoire des Amorrhéens à sa sortie d'Égypte, s'engage à ne rien piller : « Non declinabimus in agros et vineas, *viâ regiâ* gradiemur, donec transeamus terminos tuos » (Nombres, xxi, 22). Les grands chemins n'ont jamais appartenu aux rois et aux empereurs, on les a toujours considérés comme choses hors de commerce, dont l'usage appartient à tous et la propriété à personne. Les Romains ayant de bonne heure chassé les rois, appelèrent leurs grandes routes *viæ prætoriæ, consulares,* du nom de leurs principaux magistrats. Les noms qui leur sont donnés par les auteurs sont très nombreux; un érudit, J. Taboëtius (*in Ephem. hist.*), n'en compte pas moins de vingt, que nous reproduisons à titre de curiosité : « Via publica, dit-il, vicinis modis enuntiatur : regia, militaris, prætoriâ, consularis, ordinaria, communis, basilica, vulgaris, privilegiata, equestris, aperta, celebris, receptitia, illustris, urbica, frequentata, inoffensa, pulverulenta, nitens, eximia. »

peu d'importance, aboutissaient à une vallée, à une montagne où elles venaient se perdre sans issue : « Sed inter eas et ceteras vias..... sine ullo exitu intermoriuntur » (l. 3, § 1, XLIII, 7). Esprits méthodiques, les Romains n'avaient pas cru pouvoir mieux faire que de fonder le classement des routes sur leur nature même, au lieu de le rattacher à des règlements administratifs, souvent variables et toujours arbitraires.

CHAPITRE II.

ÉTABLISSEMENT DES VOIES DE COMMUNICATION.

Bien que ne rentrant pas dans le cadre spécial de notre travail, l'étude de la construction des routes ne laisse pas que d'être intéressante et mérite que nous nous y arrêtions quelques instants. Nous donnons ces indications techniques sur les *viæ stratæ* [1] d'après Vitruve, dont les recherches des archéologues modernes ont reconnu l'exactitude.

On commençait par délimiter la largeur de la chaussée par deux sillons parallèles, et on enlevait tout le terrain meuble sur la surface comprise entre ces sil-

[1] Rapprochez du mot *stratum* les mots allemand *strasse* et anglais *street*; il a également produit au moyen-âge les dénominations d'*estrée* et d'*estrade*, encore usitées au dix-septième siècle, la première dans le Nord, la seconde dans le Midi de la France. — D'après le témoignage d'Isidore de Séville, ce furent les Carthaginois qui, les premiers, imaginèrent de paver les routes et de les construire à chaux et à sable; les Romains n'auraient fait plus tard que les imiter. « Primum pœni dicuntur lapidibus vias etrasuisse; posteà Romani per omnem pœne orbem disposuerunt propter rectitudinem itinerum et ne plebs esset otiosa. »

L. B. 2

lons; l'excavation qui en résultait jusqu'au sol résistant était comblée avec des matériaux choisis, qui composaient le *pavimentum*. Après avoir massivé et battu le sol avec des pilons ferrés, on établissait au-dessus la première couche du chemin, d'environ trente centimètres d'épaisseur, composées de pierres, de moëllons, posés à plat, noyés dans du mortier ou rangés à sec les uns à côté des autres; c'était le *statumen*. Le second lit, *rudus, ruderatio*, était un véritable béton de pierres concassées ou de petits cailloux agglutinés dans du ciment, de manière à en faire une masse compacte assez semblable à la composition des blocs artificiels employés à la construction des jetées; il avait à peu près vingt-cinq à trente centimètres et s'appelait *rudus novum* ou *redivivum*, selon que les pierres n'avaient jamais servi ou avaient déjà été mises en œuvre. La couche supérieure, qui portait le nom de *nucleus*, était un mélange imperméable de chaux, de briques, de tuiles concassées, de gravier et de terre glaise, le tout fortement pilonné [1]. La route proprement dite, *summa crusta*, était établie sur ces trois couches; elle se composait de cailloux ou de pierres plates taillées en polygones irréguliers et quelquefois de grandes dalles ou de briques. Quand on ne mettait pas de pavés, la partie supérieure du chemin offrait un mélange de gravier broyé et de chaux (c'était alors une *via glareata*); au lieu d'employer le mortier, on se contentait de la terre franche, en ayant soin de massiver fortement les diverses couches avec des pilons; ce sont les routes qu'Ul-

---

[1] Les vestiges de ces chemins ont reçu dans le midi de la France les noms de *Camin roumin*, *Camin ferra*.

pien appelle *viæ terrenæ*. Le revêtement extérieur de la
route formait ainsi saillie sur le reste de la campagne,
on l'appelait le *calceum*. La largeur du chemin se divi-
sait en trois parties : la chaussée, *agger,* un peu plus
large que les deux autres, était bombée pour faciliter
l'écoulement des eaux; les deux parties latérales ou
trottoirs, *crepidines, umbones, margines,* étaient plus
élevées que la chaussée et recouvertes de cailloux ou
de dalles. Lorsque les routes étaient pratiquées sur un
remblai, les bords en étaient soutenus par des murs en
maçonnerie [1].

Remarquons, du reste, et c'est un fait, que les fouilles
des savants ont bien des fois démontré que les Romains
ont obéi, dans la construction des routes, autant à leur
caprice qu'à la nécessité, soit quant au choix des matériaux, soit quant à la disposition des couches, parfois
le *statumen* manque; parfois c'est le *nucleus* ou le *sum-
mum dorsum.* Mais, en général, on peut dire que la
perfection des routes était toujours en rapport avec
l'importance des communications qu'elles établissaient.

Quand ils avaient à traverser des pays marécageux,
dont le sol peu résistant n'aurait pas permis d'établir
une *via strata,* les Romains se contentaient d'établir
une chaussée composée de rondelles de bois assez lé-
gères pour ne pas enfoncer dans la vase ; le drainage
ne pouvait se faire qu'imparfaitement, et, à l'époque
des grandes pluies, très souvent une partie de ces constructions cédait à la force des eaux et interrompait les
communications.

Le long des routes, indépendamment des agréments

[1] Cfer. Batissier, *Histoire de l'art monumental.*

naturels de la campagne, les Romains ne négligeaient rien de ce qui pouvait les orner, rendre les voyages plus commodes. En Italie surtout, aux approches de Rome, les grandes voies étaient bordées de temples, arcs-de-triomphe, tombeaux, villas, jardins, hôtelleries [1], bains, fontaines, à propos desquels un vieil auteur nous dit : « Ad vias inædificatæ sunt ædes, domus, arcus, hippodromi, prædia, horti, tabernæ et sepulchra, tantâ frequentiâ, ut exterarum gentium legati per suburbana venientes longe ante urbis portas, jam in ipsâ urbe se esse existimarent. » Les temples, selon leur grandeur, recevaient les noms de *templa, fana, sacella.* Les tombeaux ont toujours été très nombreux le long des routes. Une loi des Douze-Tables, mentionnée par Cicéron, *De legibus,* défendait l'incinération et l'ensevelissement dans la ville de Rome, disposition empruntée aux lois de Solon et fondée sur la croyance que la ville serait souillée par la présence d'un cadavre. L'empereur Adrien étendit cette prohibition et la sanctionna par une amende de quarante sous d'or. Parmi les édifices profanes, mentionnons particulièrement les arcs-de-triomphe, semblables à de grandes portes toujours ouvertes et sans vanteaux, *veluti perpetuo patens porta,* dit un vieil auteur. Les principales voies, *via triumphalis, via appia,* en comptèrent plusieurs. Ils étaient généralement construits en pierre et en marbre; quelques-uns, appelés *arcus subitanei,* destinés à une solennité et enlevés aussitôt après, étaient faits en bois. On voyait encore le long des grandes routes une foule

---

(1) Les hôteliers romains connaissaient, aussi bien que les nôtres, l'art d'exploiter l'étranger, et Juvénal nous apprend qu'ils se montraient peu gracieux pour le voyageur économe et discutant la note.

d'édifices privés, construits par les particuliers avec
tant de luxe, que Strabon n'hésite pas à les comparer
aux palais des rois de Perse.

De distance en distance, on rencontrait des stations
d'hommes et de chevaux pour assurer le service des
postes. Si l'on en croit Xénophon (VIII), Cyrus les aurait
créées, 500 avant J.-C., pour le service de son empire
et l'envoi rapide de messagers aux gouverneurs des
provinces. Il est mal aisé de fixer la date de l'institution des postes. De certains passages de Cicéron, on
pourrait conclure à l'existence des *stationes* et des *sta-
tores* sous la République; mais un examen attentif de
ces textes permet d'affirmer qu'avant Auguste les postes
n'eurent pas une organisation définitive et officielle,
et qu'il n'y avait, avant lui, que des messagers au
service des particuliers. Suétone nous apprend que ce
prince établit, sur les grands chemins, des jeunes gens
postés de distance en distance et destinés à courir et
à porter les dépêches de l'empereur; ils furent plus
tard remplacés par des voitures et des chevaux.

On voyait également, le long des *viæ militares,* des
relais, appelés *mansiones* ou *mutationes*. C'étaient des
hôtelleries où les voyageurs pouvaient s'arrêter pour
y passer quelque temps et y changer de chevaux. Chaque *mutatio* renfermait des écuries où se trouvaient
quarante chevaux et même plus; pour que le service ne manquât jamais dans une circonstance pres-
sante, il était défendu, aux agents préposés au gouvernement des chevaux de poste, de faire partir plus
de cinq chevaux dans un jour; « à nullo unquam
oppido aut frequenti civitate, mansione denique atque
vico, uno die ultra quinque veredorum numerum

moveatur. » Les *mutationes* tiraient leur nom de ce qu'on y changeait de chevaux (*mutare*), les mansions de ce que les voyageurs ou les soldats en marche s'y reposaient; aussi le mot *mansion* finit-il par devenir synonyme de journée de marche.

Dans les mansions se trouvaient également de grands approvisionnements, de vastes magasins établis pour la fourniture des armées en expédition, ce qui les dispensaient de porter des vivres pour dix-sept jours; quant à leurs armes, les légionnaires les portaient toujours avec eux : « *Arma enim*, dit Cicéron, *sunt membra militis.* »

Une bonne organisation, un entretien constant des grandes voies militaires permettaient aux voyageurs et aux messagers de marcher avec une rapidité inconnue jusqu'alors, et que, depuis eux, les chemins de fer seuls ont pu dépasser [1].

---

[1] Dans son *Histoire naturelle* (VI, 20), Pline raconte que Tibère, envoyé par Auguste en Allemagne sur la nouvelle de la maladie de Drusus, fit deux cents milles italiques en vingt-quatre heures : « Cujus rei admiratio ita demum perveniet, si quis cogitet nocte ac die longissimum iter vehiculis tribus Tiberium Neronem emensum, festinantem ad Drusum fratrem ægrotantem in Germania, in eo fuerunt CCM passum. »

CHAPITRE III.

DES MAGISTRATS CHARGÉS DE L'ÉTABLISSEMENT ET DE L'ENTRETIEN DES VOIES DE COMMUNICATION.

Ces magistrats ne furent pas toujours les mêmes et leur nombre a varié dans les diverses phases de l'histoire romaine. Les uns s'occupaient de la voirie urbaine, les autres de la voirie rurale; d'autres enfin, de la voirie urbaine et de la voirie rurale [1].

Les premiers magistrats, dans les attributions desquels rentra la voirie, furent les censeurs; quant à la voirie urbaine, nous en avons la preuve dans un passage de la loi des XII Tables, que Cicéron (*De legibus*, III, 6) nous a transmis : « *Censores urbis vias..... tuuntur.* »

[1] La voirie urbaine rentrait certainement dans le domaine municipal des *civitates* ou *municipia;* les *viæ militares* appartenaient au domaine national. Et si l'on songe que, pendant longtemps, l'administration de l'État et celle de Rome se confondirent, que les magistrats de l'État s'occupaient des affaires locales et que, la ville n'ayant pas un budget particulier, ses dépenses étaient considérées comme des dépenses générales, on sera porté à croire que les voies de communication de Rome appartenaient, comme les grandes routes, au domaine national (Cfer. Madvig, *L'État romain*, t. III).

Quant à la voirie rurale, nous savons que les premières grandes voies romaines portèrent le nom des censeurs, appartenant à de grandes familles, qui les firent construire; citons les voies Appienne, Claudienne et Cassienne.

Ajoutons que les consuls et les tribuns du peuple prirent également part au développement du réseau des voies romaines; Appien rapporte, en effet (*Guerres civiles,* 2) qu'un de ces derniers, le césarien Curion, proposa sur le pavage et l'empierrement des routes une loi que, dans ses lettres (VIII, 2), Cicéron appelle *lex viaria.*

Avec l'agrandissement de l'Empire, il fallut instituer des magistrats mieux à même de s'occuper des voies de communication.

VOIRIE URBAINE. — Le service des rues et des places publiques rentra naturellement dans les attributions des édiles, et ce ne fut pas la moindre charge de leur administration. Ils devaient assurer la circulation et le dégagement des rues, construire des ponts, exiger la réparation ou la démolition des édifices menaçant ruine, empêcher les empiètements des propriétaires riverains sur la voie publique, ainsi que le dépôt de matières et immondices gênantes (l. 2, Dig., XLIII, 11). Les questeurs, sous l'Empire, durent aussi avoir part à cette administration, car Suétone nous apprend que Claude la leur enleva : « Collegio quæstorum pro statura viarum et gladiarum munus injunxit » (Cl. XXIV).

A côté des édiles, on créa pour cette charge, au commencement du VIᵉ siècle de Rome, quatre nouveaux magistrats, qui, à raison de leur nombre, furent appelés *quatuor viri curandarum viarum.* Pomponius

mentionne ainsi leur institution (l. 2, § 30, **D. I, 2**) :
« Eodem tempore (*la création du préteur pérégrin*) [1],
et constituti sunt quatuor viri, qui curam viarum age-
rent. » Varron les appelle *viocuri* (*via, cura*). Leur
nombre étant devenu insuffisant fut successivement
porté à six et à vingt-six ; un sénatus-consulte le ra-
mena à vingt ; Auguste le fixa à vingt-six (Dion, LIV).
Cette institution dura trois siècles et demi et ne fut
abolie que sous Adrien (an 871 R. F.) [2]. »

Voirie rurale. — Les mêmes motifs qui avaient
obligé les censeurs et les consuls à se décharger sur
d'autres magistrats du soin de la voirie urbaine se pré-
sentèrent pour les routes. On créa donc pour les chemins publics des commissaires qui tout d'abord n'eurent pas un caractère fixe et ne constituèrent un corps
régulier que sous Auguste. Leur nombre varia et dut
augmenter avec l'accroissement de l'Empire. Ces magistrats, nommés *curatores*, étaient chargés d'affermer
aux enchères publiques les péages qui se levaient sur
les grands chemins et dont les adjudicataires portaient
le nom de *mancipes*; ils étaient également chargés de
publier et d'adjuger les ouvrages de construction et
d'entretien des chemins ; les entrepreneurs adjudicataires recevaient également le nom de *mancipes* [3]. Il
serait peut-être téméraire d'affirmer que la plus scru-

(1) An de Rome 507.

(2) Parmi les privilèges des *viocuri*, nous devons mentionner le
droit d'être dispensé de la tutelle; *eum, qui viæ curam habet ab im-
peratore injunctam, excusari* (*Frag. Vat.*, § 136).

(3) Ces entrepreneurs étaient responsables pendant quinze ans des
travaux exécutés à partir de leur achèvement (l. 30, C. *De oper. publicis*).

puleuse honnêteté présidât toujours à ces marchés [1]. Sous le règne de Tibère, Corbulon, accusant les commissaires et les entrepreneurs du mauvais état des routes, résolut d'en prendre lui-même l'entretien à son propre compte; en même temps, il les fit condamner, fit vendre leurs biens aux enchères et les ruina. Dion Cassius (LIX, LX) rattache ces faits au règne de Caligula, pendant lequel Corbulon fut consul. Mais son successeur Claude l'obligea à indemniser de ses propres deniers les commissaires et les entrepreneurs; le Trésor public acheva de désintéresser ceux qui ne l'avaient pas été complètement. Cette triste affaire ne dut pas être un fait isolé dans l'histoire de l'administration romaine.

Sous le règne de Marc-Aurèle (Jul. Capitolinus, *Paneg.*), ces commissaires reçurent la mission de contrôler la manière dont les fermiers levaient les péages; ils pouvaient soit les punir eux-mêmes, soit les renvoyer au préfet de la ville, s'ils enfreignaient les clauses de l'adjudication.

Comme je l'ai fait remarquer plus haut, ces charges ne furent rendues perpétuelles que sous Auguste; avant ce prince, elles se donnaient sous forme de commissions temporaires, selon les exigences des affaires.

Dans les provinces, c'étaient les propréteurs, les présidents qui avaient les grands chemins dans leurs

[1] Il est permis de n'admettre qu'avec une certaine réserve ces paroles de Cicéron, nous signalant parmi les moyens de faire honnêtement fortune à Rome le commerce, les entreprises de travaux publics et la ferme des impôts : « Qui honeste rem quærunt mercaturis faciendis, operis dandis, publicis sumendis » (*parad.* 6). Cfer. *Cicéron et ses amis,* par Gaston. Boissier, notamment les chapitres : *Vie privée de Cicéron,* et *Atticus.*

attributions, mais ils pouvaient, en cas de nécessité, se décharger de cette partie de leur administration sur des agents de leur choix. Nous savons en effet qu'un gouverneur des Gaules, Marcus Fonteius, entre autres imputations, fut accusé d'avoir dilapidé les finances de la province sous prétexte de réparations à faire aux routes, recevant de l'argent des uns pour les dispenser d'y travailler, des autres pour leur donner décharge de travaux faits dans de mauvaises conditions. Sans nier que des malversations avaient été commises, Cicéron, chargé de sa défense, allégua que son client, absorbé par l'administration de sa province, avait confié l'entretien des routes à deux de ses légats, reconnus jusquelà comme fort honnêtes et que c'était ces derniers qui avaient ordonné les travaux et les avaient reçus après leur achèvement [1].

En dessous des propréteurs, se trouvaient des questeurs, nommés chaque année par le peuple et spécialement chargés du maniement des finances. Les grands chemins étaient construits d'après les ordres des présidents; après la réception des travaux, et sur leurs ordonnancements, les questeurs payaient les matériaux et la main-d'œuvre, de même qu'ils touchaient les tributs et les droits de péage.

[1] Sous l'Empire, bien des abus durent se produire, car une loi de Constantin et de Constance (xv, C. Th. 1, 5. an. 338) décida que les décharges aux entrepreneurs ne seraient plus données que par l'Empereur.

CHAPITRE IV.

DES CHARGES RÉSULTANT POUR LES PARTICULIERS DE LA CONSTRUCTION ET DE L'ENTRETIEN DES VOIES DE COMMUNICATION.

Les grands chemins étaient établis aux frais du Trésor public, au moins tant que dura le gouvernement républicain. Nous venons de voir, en effet, que les marchés de travaux publics étaient adjugés aux enchères, et que les voies de communication rentraient dans les attributions des censeurs qui ne les établissaient pas à leurs frais. D'ailleurs, les particuliers ne possédaient pas à l'origine de grandes fortunes, et nous savons qu'une loi, rendue l'an 377 R. F. défendait à tout citoyen de posséder plus de cinq cents arpents de terre, et même deux cents en Italie.

A partir de Sylla et de Marius, on voit peu à peu se constituer de grandes fortunes à la suite de conquêtes et d'expéditions heureuses. Jules César fut cependant le seul à faire entreprendre à ses frais les travaux des grands chemins, et Plutarque mentionne ce fait comme une chose extraordinaire et inaccoutumée. C'est surtout sous l'Empire que l'on voit les particuliers faire travailler aux grands chemins. Auguste abandonna à ses généraux les dépouilles des ennemis, moins dans le but de les enrichir que pour leur permettre de dépenser cet argent au profit du public et en souvenir de leurs victoires [1]. Il y avait là un moyen de récompenser les services rendus et d'empêcher les vieilles familles d'acquérir par la fortune une trop grande situation, toujours suspecte au pouvoir absolu. Remarquons qu'avant ce prince (le droit du peuple sur les immeubles du peuple vaincu n'étant pas douteux) (Cic. *pro Fonteio*, 3; Dig. l. 20, § 1, XLIX, 15; l, 16, XLI, 1), les meubles pris sur l'ennemi appartenaient au Trésor public. En effet, les soldats au moment de l'enrôlement, prêtaient serment de remettre au consul tout ce qu'ils auraient trouvé (Aul.-Gel., XVI, 4), et la loi *Julia peculatus* punit d'une amende au quadruple celui qui aura détourné une part du butin (l. 13, XLVIII, 13); mais il arriva fréquemment qu'après la victoire les généraux en distribuèrent une partie aux soldats et firent vendre le reste, notamment les esclaves, au profit du Trésor public (Polyb. X, 16, 17. — Aul.-Gel., XIII, 24, 26. — Denys d'Hal., VII, 63, IV, 24).

Ainsi, une des ressources naturelles des voies de communication fut d'une part la contribution volontaire des particuliers, d'autre part les fonds provenant de la vente du butin pris sur l'ennemi; mais de plus les particuliers étaient tenus, en vertu de la loi, au pavage et à l'entretien des rues; et cette prestation était

---

[1] Lui-même se chargea personnellement de réparer la voie Flaminienne (Suet. 30, Dion. LIII, 22).

si importante aux yeux du législateur, que personne n'en était exempt, les prêtres, les nobles, les privilégiés, pas même l'empereur, qui partout ailleurs *legibus soluti erant*. En vertu de la loi 1, § 3, XLIII, 10, le premier établissement et l'entretien du pavage de chaque rue sont mis à la charge des propriétaires des maisons riveraines, chacun selon la longueur et l'étendue de ses immeubles [1]. Cette loi, faite spécialement pour la ville de Rome, fut ensuite appliquée dans les grandes villes, qui possédaient des rues et des chaussées.

Quant aux routes établies à travers champs, on distinguait entre les *viæ regiæ, militares* et les *viæ vicinales*. Les premières étaient construites sous la surveillance des censeurs, des *præsides* ou de commissaires à ce délégués; les secondes l'étaient sur les ordres des magistrats municipaux, qui les faisaient établir et paver chacun sur son territoire, aux frais des particuliers y domiciliés ou y possédant des terres ou des maisons.

Ces fonctionnaires y faisaient travailler de deux manières : par corvées et par contributions. Les gens du peuple qui possédaient quelque bien-fonds étaient contraints de s'employer personnellement au transport des matériaux et à l'établissement des chemins; ces travaux pénibles ont souvent suscité des plaintes et des séditions dans les provinces [2]. Les personnes de qualité devaient

(1) Si un particulier s'obstinait à ne pas exécuter ses obligations, l'édile adjugeait les travaux à un entrepreneur; mais l'État ne faisait pas l'avance des sommes nécessaires, l'entrepreneur avait une action directe contre les différents propriétaires : si ceux-ci ne payaient pas dans les trente jours qui suivaient l'adjudication, l'entrepreneur pouvait exiger d'eux, outre le prix de l'adjudication, une indemnité égale à la moitié du montant de ce prix (*Table d'Héraclée*, 55).

(2) Les légionnaires romains, comme de nos jours les soldats au

faire contribuer aux travaux selon l'étendue de leurs propriétés.

Ajoutons, relativement aux grandes routes à travers champs, que si elles se construisaient aux frais du Trésor public, leurs réparations, comme celles des chemins de traverse, se faisaient par corvées et par contributions ; c'est ce que nous montre une loi des empereurs Honorius et Théodose édictée pour la Bithynie et qu'ils voulurent ensuite étendre aux autres provinces (L. 2 Code, x, 25).

Les empereurs avaient soustrait à certains impôts, considérés comme infamants, les biens composant leur domaine particulier et ceux des sénateurs, même s'ils étaient détenus par des tiers et affermés (L. 1, C. xi, 74 ; L. 4, C. xii, 1). Les prestations et contributions pour les chemins publics semblaient bien, par leur caractère, rentrer dans ces impôts que la loi qualifie de *munera sordida;* on ne les y a cependant jamais assimilées. Les empereurs n'ont pas craint d'y faire travailler eux-mêmes et d'y assujettir leurs maisons et leurs propriétés. Les empereurs chrétiens exemptèrent d'impôts les personnes et les biens ecclésiastiques; la seule charge à laquelle ils les laissèrent soumis fut leur contribution à la réparation des grands chemins. Remarquons qu'il y eut un temps où les biens des empereurs

---

lendemain de la conquête de l'Algérie, étaient souvent employés à l'exécution des travaux publics et notamment des grandes routes (Tacit., *Annales*, I, 63, xxxix, 2; Orelli, 3564). Il en était de même des provinciaux, de ceux qui, selon l'expression d'Ulpien (L. 190, L, 16) *in provincia domicilium tenent.* Ces corvées sont invoquées comme un grief par Galgacus, animant au combat contre les Romains ses compatriotes bretons (Tacite, *Vie d'Agricola*, 31).

propriation pour cause d'utilité publique. Certains auteurs [1] ont soutenu que le droit individuel de propriété n'était pas obligé de céder devant la puissance sociale et que la résistance du premier venu pouvait empêcher l'exécution des travaux les plus importants, comme la voirie, la défense des places, les édifices religieux, etc. Cette affirmation paraît au premier abord assez téméraire; comment admettre que l'État qui pouvait demander aux citoyens le sacrifice de leur vie, s'emparer de leurs biens par la confiscation, par un jugement ou un testament qui y ressemblaient fort, n'eût pas le droit de les déposséder au moins légalement, des biens nécessaires aux travaux publics; dans une constitution, où l'individu était fait pour l'État, qu'en sera-t-il de sa fortune? D'ailleurs, la loi *Regia de imperio* reconnaissait au prince le droit de tout faire pour le bien de l'État, et l'organisation politique d'un gouvernement qui concentrait dans une seule main tous les pouvoirs, législatif, exécutif et judiciaire, avait consacré le principe de l'omnipotence du Chef de l'État : « *Quod principi placuit, legis habet vigorem* » (pr. Dig., 1, 4). Sans doute, nous ne trouvons pas le principe du droit d'expropriation nettement posé; mais la raison en est bien naturelle. Le formuler, c'eût été le préciser, y ajouter des garanties pour les particuliers, des restrictions à son exercice par les pouvoirs publics, et les Empereurs n'y tenaient guère; mieux valait pour eux que ce droit fût reconnu, sauf à en régler l'exercice dans chaque cas déterminé. Pour se convaincre de l'existence de ce droit, il suffit de parcourir les deux titres des Codes Théodo-

[1] Voir notamment un article de M. de Fresquet dans la *Revue historique de droit français et étranger*, 1860.

sien et Justinien, *De operibus publicis,* dont une foule de
dispositions supposent implicitement le droit à l'expropriation pour cause d'utilité publique. Ajoutons encore que le doute n'est possible que pour les fonds italiques; quant aux biens provinciaux, leurs détenteurs
n'auraient guère pu résister, n'ayant pas sur eux la
pleine propriété civile, mais une sorte de possession et
d'usufruit, que Gaius (Inst. ii, 7) qualifie de *possessio
tantum et usufructus.*

A l'appui de l'opinion contraire, on a invoqué un passage de la vie d'Auguste par Suétone, ainsi conçu : « *Fo-
rum augustius fecit, non ausus extorquere possessoribus
proximas domos,* § 56. » Mais on a fort exagéré l'importance de ce texte; il signifie seulement que le nouvel
empereur craignait, par des agrandissements qui auraient dépossédé bien des riches familles patriciennes,
d'ajouter encore au mécontentement causé par le ren-
versement des institutions républicaines, si chères et si
vivement regrettées de ses adversaires politiques; l'habileté, bien plus que l'impuissance des lois, fit renoncer
Auguste à son projet. D'ailleurs, le mot « *ausus* » ne se
comprendrait guère dans l'interprétation que nous re-
poussons. Enfin, nous avons la loi 30, *De operibus publicis* dans les deux Codes Théodosien et de Justinien,
qui prévoit le cas de travaux publics exécutés en vertu
d'un ordre impérial et qui décide que le préfet de la
ville peut faire abattre les maisons valant moins de cinquante livres d'argent; il lui fallait une autorisation
spéciale pour faire démolir celles d'une valeur supérieure. Il est logiquement permis de conclure de cette
loi, à la faculté pour l'État d'exproprier les immeubles
des particuliers, moyennant indemnité, puisque, selon

leur valeur, il faut s'adresser soit au préfet, soit à l'empereur [1].

Quant à l'indemnité, elle variait selon les circonstances, disons-le aussi, un peu au gré de l'administration. Quelquefois, elle consistait dans une somme d'argent correspondant à la valeur de la chose (*lex ult.*, C. Th., *op. publ.*); d'autres fois, on abandonnait de vieux bâtiments à ceux que l'on expropriait de leurs maisons; c'était une sorte de *datio in solutum*, d'échange forcé, *ut contractus quidam et permutatio videatur,* selon les expressions de Théodose (l. 50, *eod. tit.*).

Un sénatus-consulte de l'an 741 R. F., dont le texte nous a été conservé par Frontin, § 321, contenait des dispositions favorables pour l'exproprié, en matière d'aqueduc; s'il se montrait trop difficile pour la cession des parcelles nécessaires à l'administration, on lui achetait la totalité de son fonds, *ut in suis finibus proprium jus tam res publica quam privata haberet.* Mais il est fort probable que ce sénatus-consulte n'était plus appliqué dans la législation du Bas-Empire.

En résumé, il y a deux points qui nous paraissent incontestables : le principe de l'expropriation pour cause d'utilité publique, bien que non réglé par les constitutions et les lois, existait à Rome; cette expropriation entraînait généralement une indemnité — un peu arbitraire — dans les grandes villes. Quant aux provinces, il serait difficile d'être aussi affirmatif, à cause du caractère particulier de la propriété bonitaire; toutefois,

---

[1] On peut encore citer au même titre, *De operibus publicis*, du Code Théodosien, les lois 50, 51 et 53, dont les diverses hypothèses impliquent forcément la reconnaissance du principe de l'expropriation pour cause d'utilité publique.

si l'on songe que cette distinction tendit constamment
à s'atténuer et finit par disparaître, on ne sera pas loin
de conclure que dans le dernier état de la législation,
l'expropriation entraînait toujours le droit au paiement
d'une indemnité, que le mauvais état des finances, la
désorganisation administrative devaient rendre souvent
bien problématique.

CHAPITRE V.

DE LA POLICE DES VOIES DE COMMUNICATION.

Pas plus dans l'ordre administratif que dans l'ordre judiciaire, les Romains n'ont connu de magistrats chargés de poursuivre la répression des crimes et des délits. L'aristocratique république accordait à tous ses sujets la mission de veiller à l'observation rigoureuse des lois, et, quelle que fût la puissance du coupable, il se trouvait toujours un citoyen fier de ses prérogatives, qui, par ambition ou par dévouement, n'hésitait pas à assumer la responsabilité souvent dangereuse et toujours grave d'une accusation publique.

En matière de voirie, ce principe s'appliquait encore, et c'était aux citoyens que la loi avait confié le soin de protéger les voies de communication.

Le préteur avait introduit dans son administration un certain nombre d'interdits, inspirés par les besoins d'une pratique journalière et destinés à réprimer les actes susceptibles de nuire à la liberté des voyageurs et à la sécurité de la circulation sur les voies publiques.

La loi civile, en effet, ne s'en occupait pas et du reste n'aurait pas pu le faire. Elle avait bien créé un certain nombre d'actions, mais ces actions n'avaient été instituées que pour protéger les droits privés, les droits qui composent notre patrimoine. droits de propriété ou de créance; pour eux, elle avait créé une procédure, dont elle avait fixé la marche, et qu'elle imposait au magistrat. Cependant d'autres difficultés pouvaient surgir entre les citoyens; elles résultaient d'une violation d'un droit public ou de faits qui, ne lésant ni droit de propriété ni droit de créance, portaient cependant atteinte à des intérêts privés. Le droit civil avait bien prévu la possibilité d'hypothèses de ce genre; mais il n'avait pas cru devoir réglementer en détail les conflits qu'elles soulèveraient. Il s'était contenté de s'en rapporter au magistrat, qui trouvait dans son *imperium* les pouvoirs nécessaires pour terminer les querelles nées à l'occasion de l'exercice de droits autres que les droits de propriété et de créance. Il serait donc inexact d'affirmer d'une façon absolue que les interdits ont été créés pour combler les lacunes du droit civil; il semble plus juste de dire qu'ils ont leur fondement dans la loi civile, qui se contentait de réglementer la procédure à suivre pour défendre les droits éminemment privés de la propriété et des créances, et se reposait sur le magistrat du soin d'aviser aux moyens convenables pour assurer la protection des intérêts publics et des intérêts privés, étrangers à un droit de propriété ou de créance. Un certain nombre de ces interdits sont aussi anciens que les actions, si nous en croyons Pline (*Hist. nat.*, XVI, 6) et Ulpien (1. 1, § 8, XLIII, 27); mais le développement du droit, la variété et la multiplicité des rapports juridiques ont naturellement augmenté ce nombre. On peut dire que les interdits ont été créés en vertu d'une délégation du droit civil, qui est leur source et leur sanction, et qu'ils appartiennent au droit prétorien par leur forme et leur procédure [1].

Parmi les interdits, les uns se rapportaient aux choses *divini juris*, et protégeaient les *res sacræ* et les *res religiosæ;* les autres, qui avaient reçu le nom d'interdits *de rebus humanis* (l. 1 pr.; l. 2, § 1, XLIII, 1), se divisaient en quatre groupes, selon qu'ils sont créés *utilitatis publicæ causâ, sui juris tuendi causâ, officii tuendi causâ, rei familiaris causâ.*

C'est au premier groupe que nous devons rattacher les interdits que nous allons étudier, et qui se rapportent au domaine public. Ils ont un double but : les uns sont destinés à protéger ce domaine public contre les empiètements ou les dégradations, les autres en assurent la libre jouissance à tous les citoyens.

Pour les étudier, nous nous attacherons à ce fait que les uns s'appliquent indifféremment à la voirie urbaine et à la voirie rurale, et que les autres n'ont trait qu'à la voirie rurale.

---

(1) Accarias, t. I, 953. « Cette idée ne doit point, toutefois, être poussée à l'exagération, elle n'est vraie que des interdits les plus anciens, mais il y en a de relativement récents qui procèdent de principes étrangers au droit civil et qui, pour le fonds comme pour la forme, sont entièrement l'œuvre du magistrat. »

PREMIÈRE SECTION.

**Interdits communs à la voirie rurale
et à la voirie urbaine.**

§ I. — Il était défendu de rien faire dans un lieu ou
dans un chemin public [1].

Nous savons qu'à Rome bien des magistrats, au sortir d'une charge fructueuse, des généraux, après une
expédition victorieuse, et même de riches particuliers
faisaient élever de somptueux édifices. La ville s'em-
bellissait ainsi grâce à la munificence de ses illustres
enfants; ceux-ci flattaient leur amour-propre, et comptaient sur leur popularité pour obtenir à l'étranger une
de ces missions, d'où les hauts fonctionnaires rapportè-
rent toujours, à défaut d'une grande renommée d'intelligence et d'intégrité, du moins une fortune qui n'était
pas inutile pour faire taire les accusateurs, ou acheter la
conscience des juges. C'est à ce goût de tous les citoyens
que Rome dut cette profusion de monuments de tout
genre, temples, bains, tombeaux, que l'on rencontrait
dans les rues et même sur les routes, qui frappaient
d'étonnement le voyageur venant à Rome pour la première fois et dont les ruines excitent encore notre admiration en témoignant de la richesse des temps passés.

Toutefois ce luxe exagéré et mal entendu aurait pu
avoir des inconvénients, nuire peut-être à la régularité

---

[1] Le texte même de cet interdit ne nous a pas été conservé, mais
ses dispositions nous sont suffisamment connues par les développements qu'en donne le titre 7 du livre XLIII.

des rues et gêner la circulation d'une ville si opulente. Pour parer à ce danger, le préteur était intervenu et avait créé un interdit contre ceux qui usurperaient les lieux publics. Cet interdit avait donc pour but d'empêcher tous faits d'empiètement sur les lieux publics, notamment la construction de monuments (l. 2, XLIII, 7).

Dans le même passage, Julien nous le montre s'appliquant au cas où un simple citoyen voudrait élever un monument sur la voie publique ; plus loin, nous le voyons protéger les chemins vicinaux publics.

Cet interdit est d'une application générale, sans distinction entre la voirie urbaine et la voirie rurale ; la rubrique de son titre est aussi large que possible : *De locis et itineribus publicis.*

Il était perpétuel et imprescriptible comme le droit qu'il était chargé de sanctionner ; car, nous dit Javolenus (l. 2, XLII, 11), *viam publicam populus non utendo amittere non potest.*

Enfin, il était populaire ; tous les citoyens avaient un droit égal à l'usage des lieux publics, tous étaient intéressés à ce qu'aucun obstacle ne fût apporté à cette jouissance : « Cuilibet, dit Pomponius (l. 1, XLIII, 7), in publicum petere permittendem est id, quod usum omnium pertineat, veluti vias publicas, itinera publica, et ideo quolibet postulante de his interdicitur. »

§ II. — Indépendamment du droit général que nous avons sur les biens du domaine public en même temps que les autres citoyens et suffisamment protégé par l'interdit que nous venons d'étudier, il existe cependant des droits que nous pouvons exercer sur ce même lieu avec un certain caractère privatif et exclusif et dont la jouissance a besoin d'être protégée contre les empiètements d'autrui ; citons, comme exemple, les droits d'accès, de vue sur la voie publique en faveur du propriétaire d'une maison riveraine. Pour ne pas laisser sans défense une situation digne d'intérêt, le préteur créa un second interdit, par lequel il défendait de construire dans un lieu public un édifice qui pût causer du dommage à quelqu'un [1].

Cet interdit était donc privé. Il était prohibitoire et non restitutoire, de sorte qu'il fallait le demander avant l'achèvement des travaux ; passé ce délai, le préteur refusait au demandeur tout recours contre le constructeur, et l'intérêt général reprenait le dessus vis-à-vis le propriétaire négligent, qui se voyait refuser la démolition d'une construction, gênante pour lui, mais qui contribuait peut-être à l'embellissement de la ville, *ne urbs ruinis deformetur* (l. 2, § 17, XLIII, 8) [2]. Du reste, l'interdit prohibitoire renaissait lorsque l'édifice nuisible exigeait des réparations ; le propriétaire lésé pouvait alors s'opposer à ce qu'elles fussent exécutées (l. 2, § 7).

Observons encore que le curateur des travaux publics, lorsque les particuliers avaient négligé de s'opposer à ces entreprises, pouvait agir d'office et exiger

---

[1] En voici la formule d'après Ulpien : « Prætor ait : « Ne quid in loco publico facias inve eum locum immittas, quâ ex re quid illi damni detur, præterquam quod lege, senatus consulto, edicto, decretove principum concessum est. De eo, quod factum erit, interdictum non dabo » (l. 2, XLIII, 8). Godefroy supprime la négation *non* que nous trouvons conservée par Mommsen.

[2] Une exception était faite en faveur des terrains sacrés sur lesquels une construction aurait été élevée ; la démolition pouvait toujours être demandée par le propriétaire négligent (l. 2, § 19.

la démolition de la construction ; s'il ne jugeait pas opportun de recourir à ce moyen extrême, il se contentait de frapper l'immeuble irrégulièrement construit d'une redevance foncière, appelée *solarium* (l. 2, § 17).

Essayons de déterminer le caractère de la lésion telle que la prévoyait l'interdit.

D'une façon absolue, il y aura lésion, toutes les fois qu'un particulier sera privé d'un avantage quelconque qu'il retirait d'un lieu public (l. 2, § 11); par exemple, l'accès de sa maison a été rendu plus difficile et plus étroit (l. 2, § 12), la vue en a été diminuée (l. 2, § 14). Si un voisin établissait sur son balcon un rideau interceptant la lumière, on ne pourrait guère dire qu'il y a quelque chose de fait sur un lieu public; cependant, l'équité avait fait accorder ici un interdit utile [1]. Si, par suite de travaux exécutés par son voisin sur la voie publique, un propriétaire se voit privé des eaux qui s'écoulaient sur son terrain et dont il profitait sans droit, l'interdit lui sera refusé, car l'avantage qui lui est enlevé ne venait qu'accessoirement du lieu public; l'eau ne prenait pas sa source sur la voie publique et il n'en jouissait que par pure tolérance (§ 13).

Il va sans dire que si un particulier, au mépris des règlements administratifs, s'avise de construire un édifice sur la voie publique, il ne saurait plus tard se plaindre et invoquer l'interdit si un tiers, sans montrer plus de scrupule, venait à son tour, élever une construction qui nuirait à la sienne (§ 5).

La mer n'est pas une chose du domaine public ; elle

---

[1] Loi 2, § 7. La formule de cet interdit nous a été transmise par Ulpien : *Ne quid in publico immittas qua ex re luminibus Gaii Seii officia.*

est plutôt commune, l'usage en appartenant à tous; on donnait cependant *utilitatis causâ* l'interdit contre ceux qui auraient exécuté des travaux, digues, jetées, etc., capables de rendre l'usage de la mer ou du rivage plus difficile au public (l. 2, § 8, XLIII, 8).

L'interdit n'aurait pas pu être invoqué par celui auquel on refuserait l'entrée des thermes ou du théâtre, car les actes de violence matérielle ou personnelle sont du ressort de l'*actio injuriarum* (l. 2, § 9, XLIII 8). Mentionnons également avec Paul un cas où cet interdit aurait dû normalement s'appliquer (l. 5, XLIII, 8); c'est le cas où une conduite d'eau pratiquée à travers une rue ou une place publique nuirait à un particulier. Ce dernier n'agira pas en vertu de l'interdit; mais la loi des XII Tables lui donne une action pour se faire donner caution du dommage.

Cet interdit, du reste, ne s'appliquait qu'aux lieux publics, places, temples, voies de communication, etc. Comme l'interdit que nous avons vu précédemment, il était également applicable à l'intérieur des villes, par conséquent relatif à la voirie urbaine et à la voirie rurale (l. 2, § 3, XLIII, 8).

D'après les deux interdits que nous venons d'étudier, on serait tenté de conclure qu'il était défendu en principe de construire sur un terrain public. La règle était absolue en droit, mais en fait tout se réduisait à demander une autorisation préalable. Le texte de l'interdit nous parle du cas où cette autorisation aurait été accordée, *præterquam quod lege decretove principum concessum est*. Il ne faudrait pas croire néanmoins que la disposition des lieux publics fut complètement abandonnée à la volonté des empereurs. L'autorisation n'était jamais accordée que sous la réserve de ne nuire à personne (l. 2, § 10, XLIII, 7), et cette réserve était parfois sous-entendue (l. 2, § 16, XLIII, 8); son utilité se ramenait donc en définitive, au cas de contestation avec un tiers, à soustraire le défendeur au paiement de l'impôt foncier, du *solarium*.

SECONDE SECTION.

Interdits particuliers à la voirie rurale.

Les interdits qui précèdent s'appliquent indifféremment à la voirie urbaine et à la voirie rurale ; ceux qui nous restent à étudier s'appliquent seulement à cette dernière.

I. — Il était défendu de rien faire sur un chemin public qui puisse le détériorer [1].

Comme l'indiquent les derniers mots de sa formule, cet interdit est prohibitoire ; il ne s'applique pas à la voirie urbaine (l. 2, § 24, XLIII, 8), il est perpétuel et populaire ; la condamnation contre le contrevenant est égale au préjudice subi par le demandeur.

Tous les chemins ruraux, dont le sol est public, sont protégés par cet interdit, à quelque catégorie qu'ils appartiennent (l. 2, § 22). Son but est donc d'empêcher que l'on fasse ou que l'on dépose sur la voie publique quelque chose qui puisse la détériorer.

---

(1) La formule de cet interdit nous a été conservée par Ulpien, l. 2, § 20, XLIII, 8 : Ait prætor : « In via publica itinereve publico facere, immittere quid, quod ea via idve iter deterius sit, fiat veto. »

Les deux termes de la formule : *sit... fiat*, se rapportent à deux idées différentes que le préteur a voulu exprimer, deux cas spéciaux qu'il a prévus : celui où l'entreprise faite sur la voie publique est de nature à la détériorer immédiatement (*quo ea via deterius sit*), celui où l'acte commis ne peut causer de détériorations que par voie de conséquence (*deterius fiat*, l. 2, § 31, XLIII, 8).

Parmi les faits qui détériorent un chemin et peuvent donner lieu à l'exercice de l'interdit, nous pouvons citer les travaux qui en gênent la circulation, en rendent l'usage difficile; par exemple, on a établi une montée là où la route était unie, on a rendu étroit un chemin large, marécageux un chemin sec (l. 2, § 32).

L'interdit s'exercera encore contre ceux qui mèneront paître des porcs, des bœufs, des moutons sur les bords de la route ou même qui, sans en altérer l'état matériel, en rendent l'usage désagréable et malsain, en faisant dans le voisinage des dépôts d'engrais ou de matières en décomposition, susceptibles d'altérer la salubrité des environs (l. 2, §§ 29, 30).

D'autres cas présentent plus de difficultés, et n'avaient pas été résolus de la même façon par les auteurs.

Un propriétaire élève sur son fonds et sur le bord de la voie publique une construction ayant pour effet d'empêcher l'écoulement naturel des eaux, qui dès lors demeurent stagnantes sur la route et y creusent des ornières. L'interdit s'appliquerait à coup sûr si le riverain rejetait sur la route les eaux tombées du ciel sur son terrain; remarquons qu'il s'est contenté uniquement de rejeter en dehors de sa propriété les eaux venant de la route; aussi Labéon pensait-il que l'interdit ne s'appliquait pas dans ce cas. Nerva, au contraire, dont l'opinion est adoptée par Ulpien, accordait l'interdit. Cette solution, peut-être malheureuse en théorie, était à coup sûr conforme au texte de l'interdit, qui prévoyait tout acte entraînant soit directement, soit par voie de conséquence, la dégradation de la route (l. 2, § 28).

Dans le même ordre d'idées, on avait discuté la question de savoir si on considérerait comme détérioration du chemin et par suite susceptible de l'exercice de l'interdit, le fait de pratiquer un souterrain ou de faire passer un pont au-dessus de la voie publique. Du reste, la majorité des auteurs pensait que l'interdit était applicable en pareille hypothèse : un pont peut, en effet, être un obstacle au passage de certains objets et un souterrain peut entraîner des éboulements.

II. — Le préteur pouvait ordonner la destruction d'un ouvrage qui détériore le chemin [1].

L'interdit, que nous venons d'étudier, a pour but d'empêcher, de prévenir le dommage; l'œuvre qui doit porter atteinte à la voie publique n'est pas encore terminée, l'interdit intervient alors comme mesure préventive. Celui dont nous allons nous occuper suppose au contraire le fait accompli, la construction achevée, et il s'agit d'en poursuivre l'anéantissement. En procédant des mêmes causes, les deux interdits diffèrent cependant; notamment, le premier est prohibitoire, le second restitutoire. Le vieux formalisme romain, méticuleux et compliqué, se retrouve même dans les inno-

---

[1] Ulpien (l. 2, § 35, XLIII, 8) nous donne la formule de cet interdit : « Quod in via publica, itinereve publico, factum, immissum habes, quo ea via, idve iter deterius, sit fiat restituas. »

vations de la jurisprudence, apportant avec la sagacité et les subtilités juridiques, les embarras et les incidents d'une procédure, savante peut-être, mais à coup sûr chère et dangereuse.

Ulpien (l. 2, § 44) nous apprend que cet interdit est perpétuel en nous donnant pour motif qu'il a rapport à l'intérêt public, *pertinet ad publicam utilitatem*. Cette explication n'est pas satisfaisante; nous savons en effet que les actions populaires reposent, elles aussi sur l'intérêt public et cependant elles sont annales (l. 8, xlvii, 23). Peut-être serait-il plus exact de dire que l'intérêt public souffre un dommage permanent tant que la construction indûment élevée subsiste; le fait seul de la conserver constitue une sorte de délit successif qu'aucune prescription ne saurait couvrir et protéger contre les réclamations du public.

Contre qui s'exerce notre interdit? — Plusieurs hypothèses peuvent se présenter :

Tout d'abord, et ce sera le cas le plus fréquent, l'ouvrage nuisible se trouve encore en la possession de son auteur. La solution ne présente pas de difficulté; c'est contre l'auteur de l'ouvrage que sera donné l'interdit.

Mais un certain temps s'est écoulé entre l'achèvement de l'ouvrage et la plainte de la partie lésée, et, par suite de vente ou louage, la construction a passé dans les mains d'un tiers; contre qui accorder l'interdit? s'exercera-t-il contre le constructeur ou ses héritiers, ou bien contre le nouveau possesseur, propriétaire ou locataire, de bonne ou de mauvaise foi? C'est à ce dernier parti qu'on s'était arrêté; l'interdit s'exerçait contre celui qui avait la jouissance actuelle de la chose. Cette mesure d'une application parfois rigoureuse était la

L. B.   4

meilleure ; il importait que satisfaction fût au plus vite donnée à l'intérêt public, que les travaux exécutés en contravention fussent rapidement enlevés et les lieux remis dans leur état primitif ; il fallait éviter les lenteurs qui n'eussent pas manqué de se produire par suite d'exceptions dilatoires successivement invoquées par une cascade de possesseurs de bonne foi plus ou moins suspecte (l. 2, §§ 37, 38).

Remarquons bien, du reste, que c'est le fait seul de la possession qui met un tiers sous le coup de l'interdit ; un simple profit, tiré plus ou moins directement des travaux accomplis, ne suffirait pas pour autoriser une poursuite contre le non-possesseur, par exemple, le voisin d'un riverain constructeur d'ouvrages nuisibles à la circulation, qui ne se trouverait avantagé que par la force des choses ; mais s'il avait concouru à la confection de l'œuvre, il en serait coauteur et, comme tel, tenu de l'interdit (l. 2, § 41).

Malgré la généralité de la règle que nous venons d'énoncer, à savoir que l'interdit s'exerce contre le possesseur actuel, il est un cas que nous signale Labéon et, après lui, Ulpien, où l'interdit s'exerce contre l'auteur principal : c'est quand celui-ci a cessé par dol de posséder la chose, par suite de cette idée générale, qui fait mettre sur la même ligne celui qui possède et celui qui a perdu par dol la possession de la chose. Cette décision est fort raisonnable ; il serait regrettable de permettre au coupable d'échapper aux poursuites et de s'affranchir de l'obligation de réparer ses torts en transmettant à un tiers de bonne foi l'objet litigieux, à l'occasion duquel satisfaction est due (l. 2, § 42).

Le même motif se rencontrait pour autoriser l'exercice de l'interdit contre lui, qui sans céder sa propriété l'aurait simplement abandonnée. Les termes mêmes de l'interdit résistaient à cette extension, car ils ne visent directement que celui qui possède et jouit de la construction dommageable, *qui factum immissum habet;* mais d'autre part, il ne fallait pas donner au contrevenant le moyen de se décharger si facilement des conséquences de sa faute. On trancha la difficulté par un moyen bien connu de la pratique prétorienne; on donna contre le contrevenant l'interdit utile (l. 2, § 39).

Un fait dommageable, volontaire de la part du riverain n'est pas nécessaire pour donner naissance à l'interdit; un cas fortuit peut aussi l'y soumettre, par exemple, un arbre, dont la chute aurait dégradé la route (l. 2, § 40). Ici, du reste, le propriétaire de l'arbre pourra échapper à toute poursuite en faisant abandon de l'arbre; il était, en effet, de principe chez les Romain qu'un propriétaire ne devait subir à l'occasion de sa chose un dommage supérieur à la valeur de cette chose; il pouvait donc, en l'abandonnant, se décharger de toute responsabilité vis-à-vis des tiers, auxquels réparation serait due à l'occasion de cette chose. Cette doctrine, fort contestable en elle-même, avait été appliquée aux esclaves et aux fils de famille aussi bien qu'aux animaux et aux choses inanimées.

L'exercice de l'interdit avait des conséquences différentes selon que le défendeur était l'auteur même des travaux ou seulement un détenteur de bonne foi. La réparation poursuivie avait toujours pour objet la destruction de tous les ouvrages nuisibles et le rétablissement de tous ceux qui auraient été détruits; mais, tandis que l'auteur même des édifices était obligé de démolir et de reconstruire, on n'exigeait du détenteur de bonne foi que la *sola patientia*, c'est-à-dire le fait de supporter les ouvriers dans sa propriété jusqu'au rétablissement de l'ancien état de choses (l. 2, § 43).

Si le défendeur s'obstinait à désobéir aux ordres décernés contre lui dans l'interdit, le magistrat devait apprécier l'intérêt du demandeur à la disparition des constructions dommageables et fixer, sur les données qu'il avait recueillies, le montant de la condamnation (l. 2, § 44). D'ailleurs, il ne faudrait pas conclure que l'on pût, moyennant une condamnation pécuniaire, conserver des constructions élevées contrairement aux ordres du préteur; s'il en eût été ainsi, nous dit Julien, l'autorité de ce magistrat eût été vaine et illusoire; il pouvait intervenir de sa propre autorité en vertu de son pouvoir administratif, et au nom de l'intérêt public en exiger d'office la démolition.

III. — Un interdit défendait d'empêcher personne de passer sur un chemin [1].

Le préteur donnait un interdit pour protéger le droit qui appartient à tout citoyen de circuler sur les chemins publics.

Cet interdit était prohibitoire et privé, car l'intérêt d'une seule personne se trouve en jeu. Ulpien s'abstient d'en donner aucun commentaire. Toutefois, de sa rédaction conforme à celle des deux interdits précédents, on peut conclure qu'il était applicable aux seules voies de communication rurales; il était donc invoqué par quiconque prétendait que l'exercice de son droit de pas-

_____

(1) La loi 2, § 45, xviii, 8, reproduit, d'après Ulpien, la formule de cet interdit : Prætor ait : « Quominus illi via publica itinereve publico ire agere liceat vim fieri veto. »

sage sur une voie publique était méconnu. En retour, en vertu des motifs que nous avons énoncés plus haut, n'y auraient pas été soumis ceux qui auraient empêché un citoyen de se promener sur la place publique, de pêcher ou de naviguer sur la mer, d'entrer aux thermes ou au théâtre ; en pareil cas, le plaignant devait recourir à l'*actio injuriarum*.

IV. — Par un interdit, l'édit prétorien défendait d'empêcher un citoyen de réparer un chemin public [1].

Cet interdit était prohibitoire, perpétuel et temporaire, « perpetuo dabitur, omnibus et in omnes. »

Il n'a pas pour but de protéger ceux qui voudraient créer à leurs frais des chemins publics, l'expression *viam aperire* signifie *ad veterem altitudinem latitudinemque restituere*» (l. 1, § 1). L'édit prétorien vise ceux qui veulent rétablir le chemin dans son ancien état par un élargissement ou un exhaussement, sans songer à garantir quiconque voudrait créer une route ; l'interdit ne s'appliquerait même pas en faveur de celui qui, sans établir une voie nouvelle, se contenterait de modifier le tracé primitif par des courbes, des raccords ou autres travaux ; à plus forte raison, le préteur refusera-t-il de protéger l'entrepreneur trop zélé qui voudrait établir un chemin sur les terres de son voisin, en offrât-il de payer les frais ; ce dernier pourra parfaitement s'opposer à l'exécution des travaux.

Si, sans ouvrir une nouvelle route, un particulier s'est contenté de déplacer sur une certaine étendue l'as-

---

[1] La loi 1 pr., D. xliii, 11, nous donne la formule de cet interdit : « Quominus illi viam publicam, iterve publicum aperire reficere liceat, dum ne ea via idve iter deterius fiat, vim fieri veto. »

siette de la route existante, le propriétaire dont le terrain aura ainsi été occupé, aura contre le constructeur une action *in factum* pour obtenir des dommages-intérêts (l. 3, XLIII, 11).

De simples travaux d'entretien, tels que l'empierrement d'un chemin, n'auraient pu permettre d'invoquer l'interdit à ceux qui les auraient entrepris; il ne protégeait que ceux qui voulaient ramener la route à son ancien état, *qui in pristinum statum reducunt* (l. 1, § 1, 2, XLIII, 11).

DEUXIÈME PARTIE.

DES VOIES DE COMMUNICATION PAR EAU.

———◦◦◦◦◦———

Nous diviserons cette seconde partie en deux chapitres : dans le premier, sous le titre de notions générales, nous étudierons la classification, la domanialité de la mer et des rivières ; dans la seconde, sous le titre d'interdits, nous passerons en revue, comme nous l'avons fait pour les voies de terre, les mesures prises pour les protéger et en assurer la jouissance à tous les citoyens.

CHAPITRE PREMIER.

NOTIONS GÉNÉRALES.

———◦◦◦———

1. De la mer. — Sans être d'aussi hardis navigateurs que les Carthaginois, les Romains avaient cependant établi dans la Méditerranée un grand nombre de ports, havres, stations pour faciliter le commerce maritime et la navigation. Ajoutons que précisément à cause de leur répugnance pour les grands voyages sur mer, le commerce maritime des Romains se réduisait à ce que nous appelons aujourd'hui le cabotage ; leurs navires perdaient rarement de vue les

côtes, ne marchaient guère que le jour et cherchaient tous les soirs un abri pour y passer la nuit. De telles habitudes exigeaient l'établissement de points de relâche assez rapprochés [1].

En général, on appelait *littus* le rivage de la mer, et spécialement c'était la partie du rivage où les navires pouvaient aborder et relâcher avec assurance contre les vents et les coups de mer [2].

Les rades et plages sont des parties du rivage créées par la nature seule, mais complétées parfois par des travaux en maçonnerie pour les rendre plus sûres et plus accessibles aux navires.

Les ports sont les uns purement naturels, soit creusés en enfoncement dans le rivage, soit fermés par deux langues de terre s'avançant parallèlement dans la mer; les autres ont été profondément modifiés par le travail de l'homme.

On appelait *cotones* les ports où la nature n'était pour rien et la main de l'homme tout, *arte et manu facti,* comme disait Festus [3].

Les havres, les stations, les refuges tenaient le milieu entre les plages et les ports; les navires y étaient moins à l'abri que dans les ports et s'y arrêtaient moins longtemps.

---

(1) Le tracé de l'Itinéraire maritime d'Antonin longe généralement les côtes, et ne s'en écarte que lorsqu'il faut nécessairement traverser la mer ou aller d'une île à une autre ou sur le continent.

(2) C'est dans ce sens que le mot *littus* est employé par la loi 2, Cod. Théod., *De littorum et itinerum custodia.*

(3) Le plus célèbre dans l'antiquité était, nous le savons, celui de Carthage. Appien (*De bell. punic.*) s'exprime ainsi : « Ineunte deinde vere, Scipio Byrsam simul et portum, quem *cotonem* vocant, aggressus est. »

Les *gradus* étaient des sortes de quais établis sur le rivage de la mer ou sur les rives des grands fleuves et construits en forme de degrés pour opérer plus facilement l'embarquement et le débarquement des marchandises [1].

Au point de vue de la domanialité, la mer, aux yeux des Romains, était classée parmi les *res communes*, c'est-à-dire les choses qui, par leur nature même, échappent à toute appropriation privée, et ne peuvent faire l'objet d'aucun droit exclusif ni pour un individu, ni pour un peuple [2]. Les nations modernes, dans le but de faire respecter leurs territoires, ont voulu établir des distinctions entre la haute mer et les parties de la mer qui avoisinent les côtes; une pareille théorie n'était pas possible chez les Romains, pour lesquels un étranger n'est pas autre chose qu'un ennemi [3], que l'on a toujours le droit de combattre et envers lequel une simple convention ne lie pas [4].

De ce que la mer est une *res communis*, nous devons

---

(1) L'Itinéraire maritime d'Antonin mentionne les *gradus Massilitanorum* près des bouches du Rhône à dix-huit milles d'Arles Ammien Marcellin (lib. xv) nous les décrit ainsi : « Rhodanus finitus inter valles, quas ei natura prescripsit, spumens gallico mari concorporatur per patulum sinum quem vocant *ad gradus*, ab Arelate xviii ferme lapide disparatum. »

(2) Accarias, *Précis de droit romain*, 1, 197.

(3) A l'origine, le même mot *hostis* désigna à la fois l'étranger et l'ennemi.

(4) Chez les Grecs et les Romains, un acte religieux était nécessaire pour conclure un traité de paix; une victime était immolée, des prières récitées, puis les chefs prononçaient le serment et s'engageaient vis-à-vis les dieux de leurs nations. Les Grecs ne disent pas : signer un traité, mais égorger la victime du serment (*orthia temnein*), faire la libation (*spendesthai*). Cfer. Thucydide, v, 19, 47, 71 ; Xéno-

en conclure que tout le monde aura le droit d'y naviguer et d'y pêcher (l. 2, § 9, xliii, 8), sans autre limitation que le droit des autres d'en faire autant [1].

La même unanimité ne se rencontrait pas entre les auteurs en ce qui concerne les rivages. D'après Marcien et d'autres, dont l'opinion est adoptée par Justinien (l. 2, § 1, i, 8 ; — l. 14, xli, 1 ; — 1, *Inst.*, ii, 1), on doit les considérer comme *res communes,* ainsi qu'on le fait pour la mer, tandis que Celsus (l. 14, § 1, xli, 1) et Nératius (l. 3, xliii, 8) les font rentrer dans le domaine public du peuple romain, et il faut reconnaître, selon la remarque de M. Accarias (I, 197), que c'est là un point de vue bien plus conforme soit au principe de l'indépendance respective, soit à la doctrine, d'après laquelle les ports sont choses publiques et non pas communes.

Pour les premiers, le rivage n'est pas autre chose que la portion de terre recouverte par les plus hautes marées, *quousque maximus fluctus à mari pervenit,* selon la définition que Celsus (l. 96, l, 16) attribue à

phon , ii, 2, 9. « Un traité, nous dit Tite-Live, ne peut être conclu sans les féciaux et sans l'accomplissement des rites sacramentels. » Virgile, viii, 641, xii, 200; Tite-Live, I, 24, ix, 5; Polybe, III, 25, nous décrivent exactement les cérémonies religieuses qui accompagnaient la conclusion des traités. Après le désastre des Fourches Claudines, ce fut l'absence des sacrifices et des prières qui autorisa le Sénat à considérer comme non avenue la convention avec les Samnites. Cfer. Fustel de Coulanges, *La Cité antique,* 1885, p. 245, 246.

(1) « Maris communem usum omnibus hominibus, ut aeris; jactasque in id pilas, ejus esse qui jecerit; sed id concedendum non esse, si deterior littoris marisve usus eo loco futurus sit » (l. 3, § 1, *eod. tit.*). Une conséquence de ce caractère de la mer est qu'une île naissant spontanément appartient au premier occupant (17, § 3, xli, 1).

Cicéron, et dont celui-ci (*Top.* 7) fait honneur à Aquilius Gallus; par suite, il participe du caractère de la mer, qui est *res communis*. Ils admettent également que tout le monde pourra faire sécher des filets sur le rivage, y élever des constructions pour s'y loger et y renfermer le produit de ses pêches (l. 2, § 5, XLIII, 8; — l. 4 pr. et l. 5, § 1, I, 8). Toutefois, ils n'osent pas accepter toutes les conséquences qui découleraient du principe qu'ils posent, et ils ont établi une réglementation semblable pour les choses communes et pour les choses publiques. Une autorisation du magistrat était nécessaire pour les travaux à entreprendre sur les rivages et même dans la mer, et elle n'était délivrée qu'autant que ces travaux ne devaient pas détériorer les rivages, gêner le service de la navigation ou porter atteinte à des droits antérieurement acquis par des tiers (l. 50, XLII, 1; — l. 3, §§ 1 et 4, XLIII, 8). Les travaux exécutés entraînent, au profit du constructeur, une appropriation temporaire du sol, jusqu'au moment où l'occupation pour un motif quelconque, notamment l'ordre du magistrat de démolir les constructions élevées sans son autorisation, cessera volontairement ou involontairement. A ce moment, par une sorte de *postliminium,* pour reprendre l'expression de M. Accarias, le sol recouvre sa nature de chose commune et quiconque y construit régulièrement en devient propriétaire (l. 6 pr., I, 8; — l. 1, § 18, XXXIX, 1).

Les ports, naturels ou artificiels, sont publics (§ 2, *Inst.,* II, 1) et, par suite, le droit d'y pêcher appartient à tout le monde.

Les contradictions des textes recueillis par les compilateurs de Justinien ou promulgués en son nom, ne

permettent pas de formuler une règle précise sur la
domanialité de la mer et des rivages. La mer est commune, et cependant une autorisation sera nécessaire
pour y faire des constructions, des jetées, etc. Quant
aux rivages, ils sont choses communes selon les uns,
ils font partie du domaine public selon les autres, mais
la réglementation dont ils sont l'objet ne permet pas
de douter que sous Justinien, en dépit de l'affirmation
des *Institutes,* les rivages ne rentrent dans le domaine
public.

Quant au domaine public lui-même, nous rencontrons les mêmes difficultés pour en fixer le sens. D'a-
près les *Pandectes* (l. 1 pr., I, 8), il comprend les biens
appartenant, non aux particuliers, mais aux *universi-
tates,* c'est-à-dire soit à l'État, soit à toute autre personne morale. D'après les *Institutes,* nous trouvons une
distinction entre les biens du domaine public de l'État
et ceux du domaine public municipal (pr. et § 6, *Inst.,*
II, 1); mais tous ces biens sont compris dans l'ensemble
des *res nullius.* Les *res publicæ* sont pour les Romains
les choses qui sont dans le domaine privé de l'État, *in
patrimonio populi.*

II. DES RIVIÈRES. — Les Romains n'ont jamais connu
la distinction établie par notre législation entre les
cours d'eau navigables et flottables d'une part, et
d'autre part ceux qui ne présentent aucun de ces deux
caractères. Celle qu'ont adoptée leurs jurisconsultes
consistait à classer dans un premier groupe les rivières
(*flumina*) et dans un second les simples ruisseaux (*rivi*);
mais ils n'ont jamais songé à formuler une définition
précise de ces deux groupes et à en donner une notion

exacte d'une application générale. La question de savoir
si tel cours d'eau était un *flumen* ou un *rivus* devait être
fort délicate et donner naissance à bien des contestations, le juge du fait ayant en la matière un pouvoir
singulièrement étendu et arbitraire. D'après Ulpien,
il faudra, pour savoir si un cours d'eau est un *flumen*,
prendre en considération sa longueur, sa largeur, le
volume de ses eaux, l'opinion des gens du voisinage [1], etc. Des éléments d'appréciation aussi incertains ne permettent pas de croire à l'existence d'une
distinction juridique entre les deux classes de cours
d'eau. Selon l'opinion de M. Serrigny [2], il est permis
de croire que « les cours d'eau avaient une sorte de
possession d'état, qui les faisait ranger dans la classe
des *flumina* ou bien des *rivi*. Cette possession d'état
pouvait s'appuyer sur les titres qui consistaient principalement dans les actes de fondation des colonies et
de partage des biens entre les colons. Souvent les
plans des colonies comprenaient dans leurs limites des
rivières importantes. Les conditions établies dans les
constitutions des colonies romaines s'appelaient *leges
conditionum agrorum;* il en est fait mention dans les
scriptores rei agrariæ et dans les recueils de Justinien. »
   Ulpien a voulu, sans doute par excès de méthode,
nous donner une définition du *rivus :* le ruisseau, nous
dit-il, est un lieu resserré sur toute sa longueur, dans
lequel l'eau coule; son nom lui vient du grec *rhein* [3].

----

(1) « Flumen a rivo magnitudine discernendum est, aut existima-
tione circumcolentium » (l. 1, § 1, xliii, 12).

(2) *Droit administratif des Romains,* I, § 582.

(3) « Rivus est locus per longitudinem depressus, quo aqua de-
currat, cui nomen est *apo tou rhein,* id est à fluendo » (l. 1, § 2, xliii,

Au point de vue de la domanialité, les ruisseaux appartiennent aux particuliers sur les terres desquels ils coulent. Sans pouvoir citer un texte formel, nous pensons que cette conclusion ressort du titre *De rivis*, XLIII, 21, qui accorde un interdit prohibitoire à celui qui aura réparé ou nettoyé un ruisseau [1].

En tout cas, il ne peut s'élever de difficultés pour ceux creusés artificiellement, comme le suppose le § 10 de la loi 1.

Quant aux fleuves, les textes sont loin de paraître unanimes et leurs contrariétés nous indiquent que les uns les faisaient dans le domaine public et les autres dans le domaine privé.

À ne s'attacher qu'à la lettre des Institutes (II, 1, § 2), les fleuves rentrent tous dans le domaine public, car Justinien nous dit : *flumina omnia et portus publica sunt*. Mais cette affirmation perd une grande partie de sa valeur, si on la rapproche du fragment de Marcien, d'où on l'a tirée. Ce jurisconsulte nous dit formellement que parmi les rivières les unes sont privées et les autres sont publiques. Justinien a-t-il voulu abolir l'ancien droit? je ne le pense pas. À mon avis, il faut plutôt y voir l'omission involontaire d'un copiste maladroit ; les erreurs de ce genre ne sont pas rares dans la compilation de Justinien.

---

21). Serait-ce à ce mot *rhein* qu'il faudrait rattacher le nom du fleuve du Rhin. Nous serions tentés de le croire sans pouvoir l'expliquer.

(1) Nous empruntons à Ulpien, l. 1 pr., la formule de cet interdit, que nous n'aurons pas étudier : Prætor ait : « Rivos,.. reficere, purgare, aquæ ducendæ causa, quo minus liceat illi : dum ne aliter aquam ducat, quam uti priore æstate non vi, non clam, non precario a te duxit : vim fieri veto. »

Le titre 12, livre xLIII du Digeste, contredit du reste formellement l'affirmation des *Institutes;* la loi 1 pr., donnant la formule d'un interdit, nous dit : « Ne quid in flumine publico ripâve ejus fiat; » l'épithète *publicum* serait au moins inutile s'il n'y avait que des *flumina publica.* La même loi, § 3, est plus explicite : « Fluminum quædam publica sunt, quædam privata; » la distinction entre les rivières publiques et les rivières privées ne saurait être plus nettement formulée. Enfin, le § 4 réglementant les cas d'application de l'interdit, décide qu'il s'applique aux rivières publiques et ne s'applique pas aux rivières privées.

Sans multiplier les citations, les textes que nous venons de mentionner ne permettent pas de nier l'existence de certaines rivières appartenant au domaine privé.

Mais à quel signe reconnaître si une rivière appartient au domaine privé ou au domaine public? Les textes sont d'un vague désespérant, et, comme pour la distinction du *flumen* et du *rivus,* il semble que la loi a systématiquement évité de rien formuler de précis laissant ainsi carte blanche à l'arbitraire de l'administration ou à l'ignorance du magistrat. D'après un texte d'Ulpien déjà cité (l. 1, § 3, xLIII, 12), il semblerait que le *flumen publicum* est celui dont les sources ne tarissent jamais, soit en été, soit en hiver; mais cet auteur n'ose pas se montrer bien affirmatif : cette définition, qu'il déclare avoir empruntée à Celsus et à Cassius, lui semble acceptable, faute de mieux sans doute, *probabilis.* Cette assertion se trouve, en effet, contredite par certains passages des *scriptores rei agrariæ,* notamment Siculus Flaccus (*De cond. agrorum*), d'où il semble résulter que, pour savoir si un fleuve est public ou privé, il ne suffit pas de considérer le volume de ses eaux, ou la continuité de son cours, mais encore le mode suivant lequel a été constituée la propriété des riverains. Une opinion mixte a voulu concilier le texte d'Ulpien et les *scriptores rei agrariæ*. Ceux-ci, d'après elle, n'auraient pas voulu dire tout ce qu'on leur attribue. Il faut se rappeler comment à Rome la propriété fut délimitée. À l'origine, la limitation solennelle et religieuse avait été obligatoire pour tous les propriétaires, en vertu des lois de Numa (Den. Halyc., II, 74); on peut donc dire que primitivement toute terre fut un *ager limitatus*. Mais cet usage se perpétua pendant plusieurs siècles, ainsi que le constatent Florentinus (l. 16, XLI, 1) et plusieurs fragments des *Agrimensores*. Voici pourquoi : les Romains faisaient deux parts des territoires conquis; ils abandonnaient l'une aux vaincus; quant à l'autre, elle était divisée en trois portions. La première comprenait les terres vendues par les questeurs au profit du Trésor, c'étaient les *agri quæstorii;* la seconde comprenait celles concédées aux particuliers et aux vétérans et appelées *agri assignati* ou *divisi;* dans la troisième on faisait rentrer ceux qui restaient dans le domaine public. Les *agri quæstorii* et les *agri assignati* avaient reçu le nom d'*agri limitati* à cause de la solennité et des cérémonies religieuses qui avaient accompagné leurs délimitations. Mais toutes les terres abandonnées aux vaincus et la plupart des terres demeurées dans le domaine public de l'État avaient reçu le nom d'*agri arcifinii* ou *non limitati*. Par suite de l'abandon des idées religieuses, des mutations incessantes et des di-

visions de la propriété, les *agri limitati* devinrent de
moins en moins nombreux, et quelques auteurs ont
pensé qu'il n'en existait plus sous Justinien; si cette
opinion est inexacte, on peut au moins penser que leur
nombre a dû progressivement diminuer; mais un certain nombre de textes du Digeste témoignent de leur
maintien sous Justinien (l. 1, § 16, XLI, 1; — l. 1, §§ 6
et 7, XLIII, 12). Quoi qu'il en soit, le principal intérêt
de cette distinction réside en ceci : que tandis que la
contenance des *agri limitati* est absolument invariable,
les *agri non limitati* peuvent s'accroître par les dépôts
d'alluvion des rivières, le lit qu'elles abandonnent et
les îles qui y naissent. Ce sont précisément ces accroissements, qui, dans l'opinion que nous exposons, sont
visés par le texte de Siculus Flaccus. Dans la mesure
de ces accroissements, le fleuve est privé, mais il con-
serve cependant son caractère de public en vertu de
la continuité de son cours. Cette explication serait très
raisonnable, mais elle a l'inconvénient d'établir une
distinction que les documents législatifs n'autorisent
pas. La contradiction demeure donc entière entre Ulpien et Siculus Flaccus; il serait sur ce point difficile
d'exprimer une préférence et impossible de la justifier.

Du reste, en ce qui concerne les *flumina publica,*
il faut remarquer que « ce qui est public, c'est seulement le fleuve envisagé dans sa forme actuelle et dans
sa destination de fleuve. De ce caractère de chose publique, on déduit notamment que tout pont jeté sur le
fleuve, fût-il l'œuvre d'un propriétaire qui aurait deux
fonds en regard l'un de l'autre sur les deux rives, est
lui-même public (l. 4, *De fluminibus*); on en déduit
aussi que les droits de pêche et de navigation appar-

tiennent à tout le monde (§§ 2 et 4) [1]. » Quant à l'eau du fleuve, elle est *res communis*, car elle va se perdre dans la mer et n'est pas par sa nature susceptible d'appropriation privée. Le lit du fleuve public, au contraire, appartient aux propriétaires riverains (l. 30, § 1, XLI, 1); mais l'exercice de leur droit de propriété est paralysé tant que ce lit est occupé par le fleuve; mais si un jour il est abandonné, les riverains prennent la jouissance de cette propriété; selon la remarque de M. Accarias (I, 254), ils ne font que reconquérir l'usage plus libre de leur chose par la disparition totale ou partielle de l'obstacle qui paralysait leur droit. Cette propriété n'appartiendrait pas aux possesseurs des *agri limitatis;* ceux-ci n'auraient pas d'autres avantages que de pouvoir occuper plus facilement que tout autre une chose sans maître.

Les rives, qui sont la partie du terrain relevée de chaque côté du fleuve et destinée à le maintenir dans son lit naturel, sont publiques comme le fleuve lui-même dont elles font partie en quelque sorte, et elles se terminent au niveau extrême que les eaux peuvent atteindre sans déborder. Quant à l'espace compris au-delà de ce niveau et réservé au service de la navigation, le sol même en appartient au riverain, mais il est soumis à une servitude légale au profit du public (Inst., II, 1, § 4. — Dig., l. 1, § 5; l. 3, §§ 1 et 2, XLIII, 12); les riverains ont la propriété des arbres qui y poussent et des fruits qu'ils produisent, mais chacun a le droit de passer sur les rives, d'y déposer des fardeaux et d'amarrer des bateaux aux arbres. C'est dans

---

(1) Accarias, I, 197.

ce sens qu'il faut comprendre deux textes de Paul (l. 65, § 1, XLI, 1 ; — l. 3 pr., XLIII, 12) qui attribuent aux rives le caractère de *res publicæ*.

III. DES CANAUX. — Les Romains n'avaient pas une législation particulière pour les canaux, dont l'utilité commerciale leur échappait. On peut conjecturer qu'en cas de différend entre particuliers ou avec l'administration, on suivait les règles exposées pour les cours d'eau. Cette supposition peut se fonder sur un texte d'Ulpien (l. 1, § 8, XLIII, 22) qui, visant le cas où un fossé a été creusé de main d'homme pour y faire passer les eaux d'un fleuve, décide que le fossé ou canal sera public et que tout ce qu'on y fera sera censé fait sur un fleuve public.

CHAPITRE II.

DE LA POLICE DE LA NAVIGATION.

———◦◦◦———

Comme nous l'avons fait pour les voies de terre, étudions les règlements administratifs édictés pour assurer le service des cours d'eau.

Nous pouvons les rattacher tous à deux groupes : — les uns ont pour but de sauvegarder l'intérêt des riverains, — les autres ont pour but de protéger la navigation.

PREMIÈRE SECTION.

Des interdits ayant pour but de protéger l'intérêt des riverains.

I. — Il était défendu de faire dans une rivière ou sur ses rives des travaux ayant pour but de faire couler l'eau autrement que l'été précédent [1].

Cet interdit prohibitoire pouvait être exercé par tous

---

(1) Voici, d'après Ulpien, la formule de cet interdit : Prætor ait : « In flumine publico, inve ripa ejus facere, aut in id flumen ripamve ejus immittere, quo aliter aqua fluat quam priore æstate fluxit veto » (l. 1 pr., XLIII, 13).

les citoyens ; il rentrait, par conséquent, dans la classe des *actiones populares,* mais l'auteur seul de l'infraction pouvait être poursuivi, ses héritiers y échappaient sauf le cas où, persistant à continuer les travaux commencés par leur auteur, ils devenaient personnellement coupables (§§ 9, 10).

La loi 1, § 1, nous explique le but de l'interdit. Malheureusement, les éditeurs ont reproduit plus ou moins exactement le texte d'Ulpien, dont il est assez difficile de découvrir la pensée.

D'après une version (Halvander), il faudrait lire : *Ne derivationibus nimiis concessis flumina exarescant,* c'est-à-dire que l'interdit a pour but d'empêcher que des concessions d'eau trop nombreuses n'amènent le dessèchement de la rivière.

Le manuscrit florentin porte : *Ne derivationibus minus concessis flumina exarescant.* Le sens serait alors tout différent du premier : il ne s'agirait plus de prévenir un dessèchement, mais d'éviter ces inondations périodiques, comme celles dont les riverains du Tibre ont eu si souvent à souffrir et qui ont inspiré au Sénat toute une série de mesures et de travaux pour protéger la campagne romaine. L'interdit aurait pour but de multiplier les prises nécessaires pour faciliter l'écoulement des eaux trop abondantes. Il est malaisé, avec cette version, d'imaginer un cas d'application de cet interdit ; sans doute, l'administration pourra, en expropriant les propriétaires voisins du fleuve, exécuter les travaux d'art, digues, canaux de dérivation, etc., qu'elle jugera convenable ; mais elle ne saurait imposer des concessions d'eau à des riverains qui n'en auraient que faire.

Pothier a adopté un texte intermédiaire, empruntant un membre de phrase à chacune des deux versions; il lit : *Ne derivationibus minus concessis flumina exarescant,* c'est-à-dire que l'interdit serait donné par le préteur, afin d'empêcher qu'on ne dessèche le fleuve en détournant les eaux du fleuve sans en avoir le droit.

Dans le doute, la meilleure rédaction de la loi 1, § 1, celle qui semble la plus naturelle, me paraît être encore celle proposée par Halvander [1].

En même temps qu'il avait pour but de prévenir un dessèchement ou une inondation (?), l'interdit servait à empêcher tout ouvrage qui aurait pu changer le lit de la rivière et porter atteinte aux droits des riverains (*ead. lege*).

Il était d'une application générale à tous les cours d'eau, navigables ou non : « Pertinet autem ad flumina publica, sive navigabilia sunt, sive non sunt » (*ead. lege,* § 2). Ulpien expose ensuite la formule de l'interdit et en donne le commentaire (§§ 3-8).

Tout travail est défendu, qui aurait pour résultat de faire couler l'eau autrement que l'été précédent, *aliter aqua fluat quam priore æstate fluxit.* Du reste, le moindre changement, la modification la plus insignifiante ne saurait donner lieu à l'exercice de l'interdit. Son emploi est restreint dans son application à deux cas : le défendeur a diminué ou augmenté la rapidité du courant (*rigor*), il en a changé la direction (*modus*).

Bien plus, il ne suffit pas que l'interdit, pour être mis en mouvement, soit motivé par un changement

(1) L'édition de Galisset porte : *Ne derivationibus minus concessis flumina exarescant.* Mommsen suit la même version.

dans le *modus* ou le *rigor cursus aquæ;* encore faut-il qu'il en résulte un préjudice réel pour les propriétaires riverains, car ce sont ces derniers seuls dont le préteur a voulu sauvegarder les intérêts par la création de l'interdit en question. Tous autres actes contraires à la police et à l'exercice normal de la navigation ne demeurent pas pour cela impunis, mais tombent sous le coup d'autres dispositions législatives que nous étudierons plus loin.

Bien des faits peuvent léser les intérêts des riverains; Ulpien cite, à titre d'exemple : la transformation d'une conduite d'eau souterraine en un canal à ciel ouvert ou réciproquement, l'établissement ou le déplacement d'un ruisseau d'arrosage sans droit (§§ 4, 5). Le riverain, qui a exécuté un ouvrage de la nature de ceux prévus par l'interdit peut-il se soustraire à la condamnation en arguant de la nécessité où il était de protéger la rive? La question ne se poserait guère de nos jours, et les tribunaux condamneraient sans hésiter le propriétaire trop peu scrupuleux qui ne trouverait rien de mieux à faire pour se protéger contre les accidents de la nature que d'en rejeter les effets sur ses voisins; quelque sage qu'il nous paraisse, cet avis n'était pas unanimement admis par les auteurs et quelques-uns repoussaient l'exercice de l'interdit. Une pratique assez générale et plus conciliante, désireuse de ménager à la fois les intérêts de l'agriculture et les droits absolus de la propriété, accordait un certain pouvoir au préteur et le laissait libre d'admettre ou de rejeter l'exception du défendeur.

Remarquons, enfin, que le mot « *prior æstas* » a un sens tout autre que celui qu'on lui prêterait tout d'abord ; il ne désigne pas l'été qui précède immédiatement l'époque où l'interdit est invoqué, mais celui de l'année précédente, de telle sorte qu'il n'y ait jamais moins d'un an révolu entre la situation dont on demande le rétablissement et le jour où se produit cette demande. Pour justifier cette particularité, Ulpien dit que l'on connaît ainsi d'une façon plus sûre la manière dont coulait l'eau ; ne vaudrait-il pas mieux l'expliquer par certains usages locaux, dont la connaissance ne nous est point parvenue ?

II. Il était ordonné en vertu d'un interdit de détruire les travaux exécutés dans une rivière ou sur les rives, de manière à faire couler l'eau autrement que l'été précédent [1].

Cet interdit est restitutoire ; il est le complément naturel de celui que nous venons d'étudier : l'un a pour but d'empêcher l'exécution de travaux nuisibles, l'autre a pour but la destruction de ces travaux, quand ils ont été établis sans protestation de la part du propriétaire voisin.

Sur les cas d'application, sur les personnes qui peuvent exercer l'interdit et celles qui y sont soumises, nous n'avons qu'à répéter ce que nous venons de dire sur le premier interdit. Remarquons toutefois que les possesseurs antérieurs ne seront pas à l'abri de toute poursuite, lorsqu'ils n'auront cessé de posséder que

---

(1) La loi 1, § XLIII, 13, emprunte à Ulpien la formule de cet interdit : « Quod in flumine publico ripave ejus factum sive quid in flumen ripamve ejus immissum habes, si ob id aliter aqua fluit atque priore æstate fluxit, restituatur. »

par dol (§ 13); c'est le cas d'appliquer la maxime : *Fraus omnia corrumpit.*

III. — Nous rencontrons également un interdit pour protéger les réparations faites aux rives d'une rivière [1].

Cet interdit est prohibitoire; il a pour but de protéger tous ceux qui entreprennent des travaux relatifs à l'entretien et à la réparation des rives. On pourrait dès lors s'étonner que quelques auteurs n'aient pas permis, dans l'interdit de la loi 1 pr., XLIII, 13, au défendeur d'invoquer cet interdit pour repousser les prétentions de son adversaire; protégé par un interdit, comment le condamner en vertu d'un autre interdit? ou bien les jurisconsultes se sont-ils donné le plaisir de discuter un point incontestable? Il n'en est rien; les deux hypothèses sont différentes : dans l'une (l. 1, § 6, XLIII, 13), un ouvrage a été fait pour protéger la rive et nuit aux voisins qui se plaignent, et l'on se demande si on peut faire et maintenir les travaux de réparation, même lorsque cela doit porter préjudice aux voisins qui se plaignent; dans la seconde hypothèse (l. 1 pr., XLIII, 15), il s'agit simplement de savoir si, d'une façon générale, on peut réparer la rive ; ce droit, trop légitime pour être contesté, est reconnu par notre interdit. En un mot, on pouvait exécuter tous travaux de réparation et d'entretien; le pouvait-on au risque de porter préjudice aux voisins? là était le dissentiment.

(1) La formule de cet interdit était ainsi rédigée : « Quominus illi in flumine publico, ripave ejus opus facere, ripæ agrive qui circa ripam est, tuendi causa, liceat dum ne ob id navigatio deterior fiat; si tibi damni infecti in annos decem, viri bonis arbitratu, vel cautum vel satisdatum est, aut per illum non stat quominus viri boni arbitratu caveatur, vel satisdetur vim fieri veto » (l 1 pr., D. XLIII, 15).

A s'en tenir à la formule même de l'interdit, il ne devait s'appliquer qu'aux rivières navigables (*flumen publicum*); mais on l'accordait sans difficulté à ceux qui entreprenaient des réparations sur les rives d'un lac, d'un étang ou d'un canal (§ 6).

Une double condition était exigée pour pouvoir invoquer cet interdit : il fallait tout d'abord que les travaux fussent établis de façon à ne nuire d'aucune manière à la navigation; en second lieu, il fallait éviter de nuire aux voisins. Le constructeur pouvait, du reste, pour se mettre à l'abri de toute réclamation, faire estimer par experts le dommage éventuel qui pourrait résulter des travaux et donner caution pour dix ans; tous les voisins ont le droit d'exiger cette caution, que leurs terres soient en aval ou en amont, ou même sur la rive opposée. Ils doivent exiger la caution avant l'achèvement des travaux; passé ce délai, leur droit à la caution est perdu. Néanmoins, si ces travaux leur causent un réel préjudice, ils pourront en exiger la réparation par l'action *legis Aquiliæ*. Dans le cas particulier de travaux ayant pour résultat de faire couler l'eau autrement que l'été précédent, les intéressés, comme tout citoyen, pourront certainement invoquer l'interdit restitutoire que nous avons étudié (l. 1, XLIII, 13).

SECONDE SECTION.

Des interdits ayant pour but de protéger la navigation.

1. — Il était défendu de rien faire dans un fleuve ou sur ses rives, qui puisse nuire à la navigation.

Cette défense était sanctionnée par un interdit prohi-bitoire (l. 1 pr., XLIII, 12) [1].

L'interdit s'applique aux rivières publiques navi-gables; cela va sans dire puisqu'il a pour but d'assurer la libre circulation et de ménager aux bâtiments l'accès de la rive. On peut l'invoquer dans tous les cas où les travaux exécutés par un particulier auraient encombré le lit du fleuve, modifié son courant ou bien rendu plus difficile l'accès de la rive ou l'usage du chemin de halage.

Ulpien (l. 1, § 15) énumère certains faits qui peuvent nuire à la navigation et par conséquent être poursuivis par l'interdit : un canal de dérivation a rendu le cou-rant plus faible, l'élargissement du lit du fleuve en a diminué la profondeur ou bien son endiguement en a rendu le courant plus rapide, etc.

On ne pourrait pas pratiquer de prises d'eau sur les rivières publiques et navigables; il en était de même dans le cas où un cours d'eau, sans être navigable, de-vait en se jetant dans un autre cours d'eau le rendre navigable. Sous la réserve de cette hypothèse, une prise d'eau est possible, à moins d'un règlement administratif formel (Pomponius, l. 2).

On s'était demandé si le propriétaire de deux héri-tages situés en face l'un de l'autre pourrait les réunir par un pont. Scévola, l. 4, résout la question par la négative, mû sans doute par les mêmes principes qui avaient dicté une solution analogue à Ulpien.

_____

[1] Voici sa formule telle que nous l'a transmise Ulpien : « Ne quid in flumine publico, ripave ejus facias; nequid in flumine publico, neve in ripa ejus immittas , quo statio iterve navigia deterior sit, fiat » (l· 1 pr., XLIII, 12).

Bien que visant spécialement la navigation fluviale, notre interdit protège également la navigation maritime et pourra s'exercer utilement pour empêcher l'exécution de travaux rendant plus difficile la traversée des goulettes, l'accès des rades, des ports et des quais d'embarquement. Il serait bien difficile de lui refuser cette extension en présence des paroles si formelles d'Ulpien qui, pour définir le mot *statio* dont se sert l'interdit, s'exprime ainsi : « Stationem dicimus à statuendo : is igitur locus demonstratur ubicumque naves tuto stare possunt » (§ 13).

II. — Dans le même ordre d'idées, *ad eamdem causam pertinens,* nous rencontrons un interdit restitutoire pour le cas où les travaux étant accomplis, il s'agit de réparer le dommage causé [1].

Nous n'avons pas à nous étendre longuement sur cet interdit. Son but est le même que celui du précédent; il s'agit toujours de travaux qui mettent obstacle à la libre navigation, qui rendent difficile ou dangereux l'accès des rives du fleuve, l'entrée des rades et des ports; seulement, ici l'ouvrage est terminé et on veut en obtenir la disparition.

C'est le possesseur actuel et non l'auteur des travaux contre lequel s'exerce l'interdit; toutefois, il peut être donné contre celui qui ne possède plus, quand ce dernier a cessé de posséder par dol (L. 1, §§ 21, 22).

---

[1] Ulpien nous en donne la formule : « Deinde ait prætor : « Quod in flumine publico, ripave fiat, sive quod in flumen, ripamve ejus factum, immissum habes, quo italio iterve navigio deterior sit fiat, restituas » (l. 1, § 19, D. xLiii, 12).

III. — Les deux interdits précédents supposent des obstacles matériels apportés à la navigation par des travaux, constructions, prises d'eau, entreprises quelconques la rendant difficile ou impossible.

Il se peut que, sans altérer le lit ou les rives du fleuve, on rende la navigation difficile en exerçant des violences sur les mariniers. Pour prévenir et punir ces actes de violence, le préteur créa un troisième interdit [1].

Cet interdit prohibitoire a les mêmes causes que celui que nous avons déjà étudié relativement à la circulation sur les voies de terre.

Entendu à la lettre, cet interdit réprime les faits de violence qui peuvent nuire à la navigation, gêner l'usage des rivières publiques et de leurs rives. Par extension, le préteur a été amené à accorder l'action utile à ceux qui, ayant le droit d'user d'une manière quelconque de l'interdit, rencontrerait une opposition : tel serait le berger que l'on empêcherait de conduire son troupeau au bord de la rivière pour l'abreuver ; tel serait encore l'adjudicataire troublé dans l'exercice de son droit de pêche sur un étang ou sur un lac public (§§ 7 et 8).

---

(1) En voici la formule d'après Ulpien (l. 1 pr., xLIII, 14) : « Prætor ait : « Quominus illi in flumine publico, navem agere; quove minus per ripam onerare, exonerare liceat, vim fieri veto. Item ut per lacum, fossam, stagnum publicum navigare liceat interdicam. »

DROIT FRANÇAIS

LES

CHEMINS DE FER

D'INTÉRÊT LOCAL

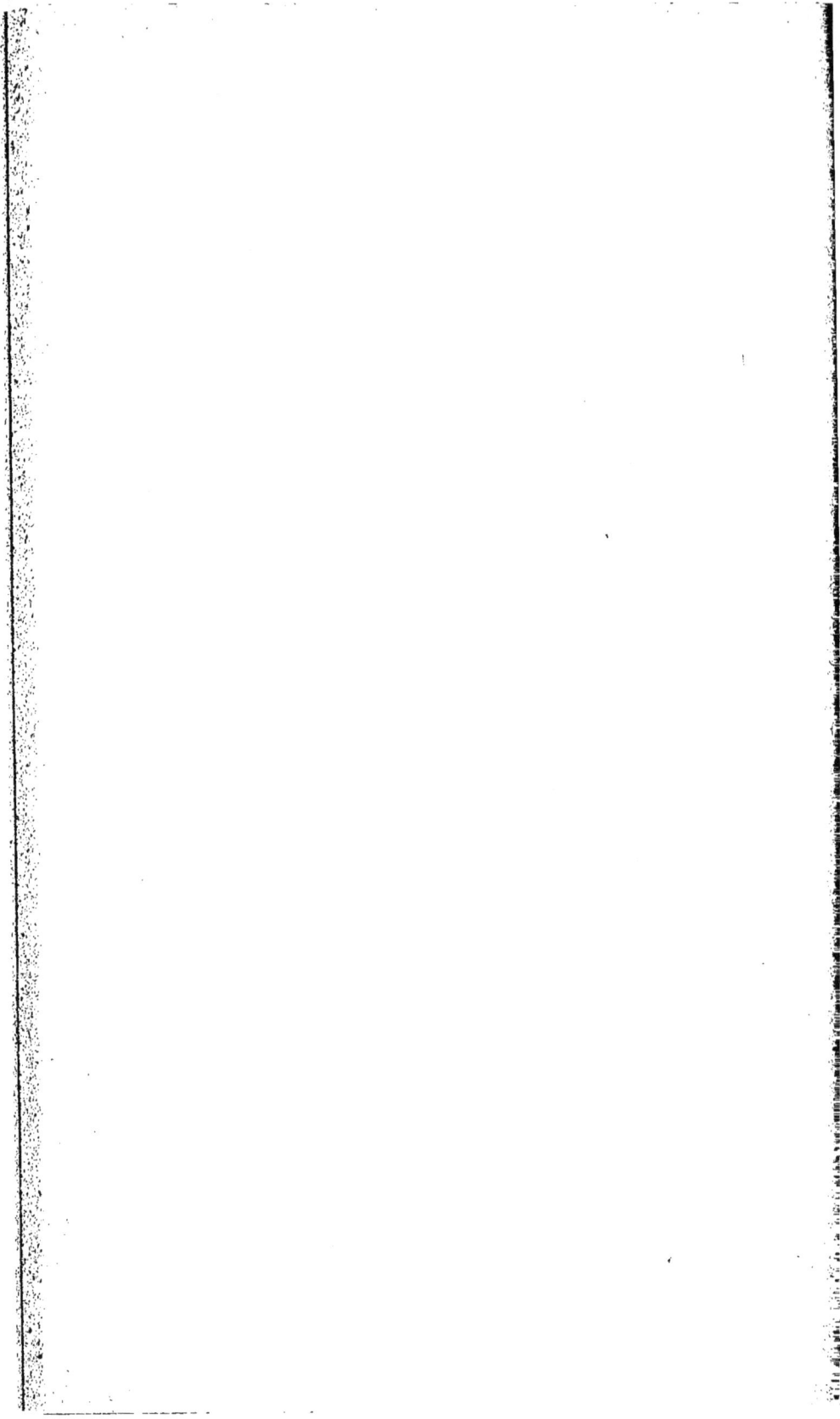

DROIT FRANÇAIS.

LES

CHEMINS DE FER

D'INTÉRÊT LOCAL.

INTRODUCTION.

> Le profit qu'un chemin de fer procure au pays ne se mesure pas au revenu commercial ou à la rémunération directe fournie au capital, mais bien à l'économie que le chemin de fer permet au pays de réaliser sur ses transports.   (Ch. DE FREYCINET.)

I.

Historique des chemins de fer d'intérêt local.

L'idée de faire participer les départements et les communes aux frais de l'établissement des voies ferrées n'appartient pas aux auteurs de la loi de 1865. Dès 1842, la loi organique du 11 juin, qui arrêtait la direction des grandes lignes du réseau reliant les

L. B.   1*

diverses parties du territoire et joignant la capitale aux frontières, décidait que l'acquisition des terrains serait faite par l'État avec le concours des départements et des communes; les terrassements, les travaux d'art, les stations seraient exécutés aux frais de l'État; l'exploitation était réservée à des compagnies concessionnaires, qui devaient fournir le ballast, la voie de fer, le matériel d'exploitation, et assurer le bon entretien du chemin. Malheureusement, l'insuffisance des ressources des départements et des communes, les réclamations soulevées par la disposition de la loi, qui les obligeait à participer à l'acquisition des terrains, firent de bonne heure abandonner ce système, et la loi du 19 juillet 1845 dispensa les départements et les communes de fournir une partie des fonds nécessaires à l'acquisition des terrains, sur lesquels devaient être établies les premières grandes lignes de nos chemins de fer.

Pendant vingt ans, les diverses lois et conventions relatives aux chemins de fer n'ont jamais imposé aux départements et aux communes l'obligation de subvenir aux dépenses d'établissement de la voie; quand les autorités locales ont accordé des subventions, elles l'ont fait librement, en stipulant des avantages particuliers pour telle ou telle région, telle ou telle ville. Du reste, la législation n'avait pas encore consacré pour les départements et les communes le droit de concéder les lignes à une Compagnie de chemin de fer; les conventions n'intervenaient jamais qu'entre l'État et les Compagnies.

En 1865, 21,000 kilomètres de chemins de fer étaient concédés et plus de 13,000 exploités, la plus grande partie se trouvant entre les mains des six grandes Compagnies à la suite de fusions successives que nous n'avons pas à étudier. Les sacrifices faits par le Trésor n'étaient pas inférieurs à quinze cents millions; l'État avait donné satisfaction « à la passion universelle et justifiée des grandes lignes de chemins de fer, » et sans déclarer que son rôle dans le développement des voies ferrées était complètement terminé, le Gouvernement se demandait s'il ne conviendrait pas de développer le système entrevu par la loi du 11 juin 1842 et aussitôt abandonné; en un mot, de demander aux ressources locales leur concours pour la création de nouvelles voies ferrées constamment réclamées par les populations. Deux motifs justifiaient à ses yeux ce changement.

En premier lieu, s'il était du devoir de l'État « d'assurer l'exécution des grandes lignes qui forment les artères de nos communications intérieures; s'il était utile, nécessaire même d'encourager par des subventions et par des garanties d'intérêt une œuvre à laquelle était attaché l'avenir commercial et industriel de la France, les mêmes considérations d'utilité générale ne sauraient s'appliquer à des lignes secondaires qui, sauf quelques exceptions, ne répondaient qu'à des besoins locaux [1]. » C'était aux départements et aux communes qu'il appartenait, par un emploi intelligent de leurs ressources, de créer, dans des proportions modestes, une sorte de troisième réseau, ayant pour objet de desservir entre elles et de réunir aux voies ferrées existantes les régions peu favorisées par leur situation. Le Gou-

_____

[1] Exposé de la situation de l'Empire en 1865.

vernement ne devait pas se désintéresser complètement
des efforts que feraient les conseils généraux, mais il
ne pouvait, tout en leur donnant les moyens et la liberté
nécessaires pour l'accomplissement de leur mission,
leur promettre son assistance pécuniaire que dans une
très faible mesure.

En second lieu, le Gouvernement invoquait des faits,
qui réfutaient victorieusement les arguments invoqués
en 1845 pour faire décharger les départements de toute
participation à l'établissement des chemins de fer d'intérêt général. Une commission avait été instituée en
1863 et chargée d'étudier la construction et l'exploitation à bon marché des chemins de fer: elle avait examiné les divers systèmes employés à l'étranger et entendu les rapports des ingénieurs et des hommes compétents; elle avait, entre autres, remarqué l'exposition
faite par MM. Lan et Bergeron, du système suivi dans
certaines parties de l'Écosse, de l'Irlande et du pays
de Galles, pour l'établissement et l'exploitation de
certaines petites lignes, appartenant à des compagnies
locales (*private lines*), et qui, malgré la faiblesse de
leur trafic, réalisaient des recettes suffisantes pour, tous
frais payés, donner un revenu de 5 à 6 p. 0/0 au capital de premier établissement. Voici quels étaient,
d'après M. Bergeron, les avantages que présentaient les
private lines écossaises : Au point de vue de la construction, le capital de la Compagnie est facilement réalisé, étant souscrit directement par les populations intéressées, les terrains sont cédés à bon marché et toutes
les modifications pouvant procurer quelque économie
sont acceptées par la direction locale, qui n'est pas
astreinte à un type uniforme de construction comme

le serait une grande Compagnie, dont toutes les lignes reproduisent forcément les mêmes conditions techniques. Au point de vue de l'exploitation, le personnel est très peu nombreux, un seul agent pouvant être chargé de fonctions multiples; le service des gares est simplifié, le chargement et le déchargement s'opérant directement par les expéditeurs et les destinataires; une quantité de matériel roulant, très restreinte, est suffisante pour le service par suite de l'habileté avec laquelle on sait l'employer. Dans ces conditions, les petits chemins de fer écossais reviennent à environ cent mille francs le kilomètre; avec un produit brut de dix mille francs et des dépenses annuelles de quatre à cinq mille francs, ils donnent un revenu net de 5,000 francs et distribuent ainsi le 5 p. 0/0 à leurs actionnaires [1]. D'après M. Bergeron, les chemins écossais pouvaient servir de modèle pour l'établissement des lignes d'intérêt local; il fallait toutefois qu'il se formât dans les départements des Compagnies locales pour l'exécution de ces voies secondaires, et que le Gouvernement accordât à ces Compagnies les plus grandes facilités en ce qui touche la construction, et que, relativement à l'exploitation, il leur concédât des tarifs *maxima* supérieurs à ceux des grandes Compagnies.

En France, du reste, des tentatives avaient déjà été

[1] C'est-à-dire un rendement bien supérieur au revenu moyen des grandes Compagnies anglaises, qui ne dépasse pas 4,75 p. 0/0. Quant aux frais de premier établissement, on admet généralement que la construction d'un kilomètre a coûté environ 643,000 francs en Angleterre, moitié moins en Écosse et un tiers de cette somme en Irlande (De Franqueville, *Régime des travaux publics en Angleterre*). En France, l'ancien réseau a coûté à peu près 472,000 francs par kilomètre, et le nouveau réseau 458,000 francs environ.

faites sur des points isolés pour réaliser des économies sur l'établissement de lignes peu importantes. La Compagnie du Nord avait construit pour le compte de la Société des glaces de Saint-Gobain le chemin de fer de Chauny-Saint-Gobain au prix moyen de 103,000 francs (matériel roulant non compris), malgré l'exécution d'un viaduc sur l'Oise et des terrassements considérables ; d'autres chemins de fer, construits pour le compte des Compagnies houillères du Pas-de-Calais, ne lui avaient pas coûté plus de 70,000 à 85,000 francs. La Compagnie d'Orléans avait exécuté le petit chemin de fer de Maudalazac à Salles-la-Source, au prix de 50,000 francs, en employant la voie réduite.

Mais, jusque-là, ces chemins de fer n'avaient été construits que par les grandes Compagnies pour leur propre compte ou pour celui d'industries particulières, lorsqu'en 1859 et 1860 le conseil général du Bas-Rhin essaya de faire avec la loi du 21 mai 1836 ce que l'État avait fait avec celle de 1842. Il classa comme chemins vicinaux de grande communication, pour ensuite les transformer en voies ferrées, les chemins de Strasbourg à Wasselonne (49 kilomètres), de Niederbronn à Haguenau (20 kilomètres), de Schlestadt à Sainte-Marie-aux-Mines (21 kilomètres dont 11 dans le département du Haut-Rhin). Il décida que les terrains seraient acquis, les terrassements et les ouvrages d'art exécutés par le département et les communes et que l'on demanderait à la Compagnie de l'Est de poser la voie de fer et d'exploiter la ligne ; l'État intervint de son côté et donna une subvention de 1,600,000 francs. Le préfet décréta l'utilité publique ; le jury constitué conformément à la loi de 1836, n'eut à statuer que vis-à-vis vingt-neuf propriétaires, la plupart ayant traité à l'amiable. Une Compagnie locale s'était chargée de l'exécution des travaux et de l'exploitation pour le cas où le département ne pourrait se mettre d'accord avec la Compagnie de l'Est; celle-ci accepta du reste la concession et l'incorpora dans son nouveau réseau (loi du 11 juin 1863). La dépense totale s'était montée à la somme de dix millions et demi, qui fut ainsi répartie : 1,975,000 francs fournis par le département, 2,015,000 francs par les contingents communaux et les propriétaires intéressés, 1,600,000 francs par l'État; la Compagnie de l'Est fournit le surplus et le matériel roulant, soit 4,877,000 francs; les frais d'exploitation étaient d'environ 5,500 francs par kilomètre.

Les expériences faites tant en France qu'à l'étranger permettaient donc d'admettre deux points incontestables : d'abord qu'il était possible de construire dans des conditions très économiques des chemins de fer destinés à desservir des pays peu productifs et ne donnant pas lieu à un trafic très important; puis, que l'établissement pouvait en être exécuté par le concours des départements et des communes. Un certain nombre de départements songeaient à imiter l'exemple donné par le conseil général du Bas-Rhin, et il importait de régler par une loi une institution qui semblait, en se généralisant, devoir produire d'heureuses conséquences.

Le Gouvernement prit l'initiative, prépara un projet de loi et le soumit au Corps législatif qui, après une discussion aussi vive que le permettait le régime parlementaire de l'époque, le vota par 253 voix sur 257 votants. C'est la loi du 12 juillet 1865, dont nous devons mentionner les principales dispositions.

Les chemins de fer d'intérêt local étaient établis par les départements ou les communes, ou par des concessionnaires subventionnés par eux (art. 1).

Une instruction préalable faite par le préfet, le conseil général arrêtait la direction des chemins, le mode et les conditions de la construction et passait les traités d'exploitation ; un décret rendu en conseil d'État déclarait l'utilité publique et autorisait l'exécution des travaux. Le préfet homologuait les tarifs et contrôlait l'exploitation (art. 2).

Les ressources, que la loi du 21 mai 1836 permettait aux communes de réaliser, pouvaient être consacrées à la dépense des chemins de fer d'intérêt local (art. 3).

Ces chemins faisaient partie de la grande voirie, étaient régis à peu près complètement par la loi de 1845 ; le préfet pouvait néanmoins dispenser le concessionnaire de poser les clôtures le long de la voie et des barrières aux passages à niveau (art. 4).

Le Trésor pouvait donner une subvention qui variait pour chaque département selon l'importance du rendement du centime additionnel aux quatre contributions directes ; cette subvention ne pouvait dépasser six millions pour l'ensemble des départements français (art. 5 et 6).

Ceux qui seraient subventionnés par le Trésor étaient seuls astreints au service gratuit ou à la réduction du prix des places en faveur de l'État (art. 7).

Cette loi, conçue dans de bonnes intentions, a été déplorablement appliquée par les conseils généraux, et sans l'opposition du Gouvernement, aurait eu de funestes conséquences.

L'État, en présentant le projet de 1865, le Corps

législatif, en le votant, avaient voulu donner aux assemblées départementales le droit de concéder des chemins de fer, que les conditions économiques de leur construction et de leur exploitation permettraient d'établir dans des régions déshéritées et éloignées des grandes lignes créées par le concours de l'État; ces petits réseaux étaient considérés comme des affluents du réseau d'intérêt général, apportant aux gares d'embranchement les produits des localités qu'ils desserviraient, en rapportant les produits étrangers à de meilleures conditions que ne le pouvaient faire les anciens moyens de transport. Ce rôle, tout modeste qu'il paraissait, leur aurait permis de rendre d'inestimables services; et, si les conseils généraux avaient su comprendre le caractère de l'œuvre à laquelle les conviait le législateur, ils n'auraient pas rencontré dans sa réalisation l'opposition que leur ont faite les grandes Compagnies. Que s'est-il passé en effet? Aussitôt investis du droit de concéder des chemins de fer, les conseils généraux n'ont eu qu'une préoccupation, faire autant que possible la guerre aux Compagnies, c'est-à-dire établir des lignes parallèles à leurs lignes les plus lucratives et leur disputer un trafic qu'elles avaient peu à peu développé [1]; quant à créer de petits embranchements, dans les proportions modestes, rendant de grands services mais se suffisant avec peine, ils n'y songeaient guère, et les financiers, dont l'un a laissé un nom tristement célèbre dans cette période de luttes stériles, pas davantage. Toute cette agitation n'a rien produit de

(1) Parmi les projets destinés à lutter contre les Compagnies, le plus extraordinaire est certainement celui qui avait pour but de créer une ligne *d'intérêt local* de Calais à Marseille par Paris et Lyon.

durable, car le Gouvernement, lié par ses engagements vis-à-vis les grandes Compagnies, a refusé la
déclaration d'utilité publique et l'autorisation d'exécuter les travaux dans tous les cas où l'intention du concédant et du concessionnaire était manifestement contraire à l'esprit de la loi; mais bien des subventions
accordées par les départements, bien des capitaux, qui,
sous forme d'actions ou d'obligations, voulaient s'associer à ces entreprises, ont été perdus, ajoutant une page
de plus à l'histoire déjà longue des malheurs financiers
de notre époque[1]. Et ce qu'il y a de plus regrettable,
c'est que l'on a imputé à la loi de 1865 tous les mécomptes que l'on avait éprouvés en méconnaissant son
but et ses intentions.

Quoi qu'il en soit, le législateur, qui ne pouvait pas
se désintéresser de la prospérité et du développement
de nos voies ferrées et qui croyait à la fécondité du
principe de la loi de 1865, le reprit pour le modifier
dans son application.

Le 29 avril 1878, M. de Freycinet, alors ministre
des travaux publics, déposait sur le bureau du Sénat
deux projets de loi, l'un relatif aux chemins de fer
d'intérêt local, l'autre relatif aux voies ferrées empruntant le sol des voies publiques. Ces deux projets
furent discutés et subirent divers amendements apportés par le Sénat; soumis à la Chambre des députés, ces
deux projets furent fondus en un seul, malgré les inconvénients qui pouvaient en résulter. Cette fusion fut
d'ailleurs acceptée par le Sénat. Subissant des modifi-

---

[1] La loi du 10 août 1871 permettant aux conseils généraux de se
réunir en conférences pour étudier les questions d'intérêt interdépartemental, favorisa inconsciemment les tentatives que nous signalons.

cations à chaque discussion, les deux projets primitifs de M. de Freycinet sont devenus la loi du 11 juin 1880, qui fait l'objet de la présente étude.

Conservant l'idée fondamentale de la loi de 1865, elle a fait disparaître toutes les dispositions qu'elle considérait comme dangereuses. Elle accepte le principe que l'établissement des chemins de fer d'intérêt local se fait par les départements et les communes avec ou sans le concours des propriétaires intéressés. Ces lignes régionales, on ne saurait trop le répéter, n'ont pas d'autre objet que de faciliter les relations des petites localités entre elles, de les relier aux grands centres de consommation et d'échange, par suite, d'exciter et de développer la production, jusque-là bornée aux besoins locaux. Affluents des grandes lignes, elles sont destinées à en augmenter le mouvement en leur apportant les productions de l'agriculture et de l'industrie. La nature des recettes obtenues sur les nouvelles lignes, le caractère des communications qu'elles établissent, indiquent suffisamment leur utilité, l'opportunité de leur création. Si elles ont un trafic étendu, reliant des centres importants, la dénomination qu'elles s'attribuent ne signifie rien et ne saurait donner le change sur leur véritable caractère. Elles auront méconnu le but de la loi ; au lieu d'être pour les grandes lignes un affluent et un débouché, elles leur feront une concurrence ridicule et impuissante, ou elles ne tarderont pas à succomber, au détriment non-seulement de leurs actionnaires, mais aussi de l'État, des communes qui les auront appuyées moralement et pécuniairement.

Les rapporteurs de la loi de 1880 ont bien des fois signalé cette prétention comme la principale source des

mécomptes qu'ont produits la loi de 1865 et l'établissement des chemins de fer d'intérêt local. La loi de 1880,
plus complète, plus détaillée, a eu la prétention de
corriger les errements passés et d'améliorer des situations fort compromises; y réussira-t-elle? Jusqu'à présent, il faut l'avouer, elle n'a pas réalisé toutes les
espérances qu'en avaient conçues ses auteurs.

II.

Caractère du chemin de fer d'intérêt local.

Et d'abord, avant d'étudier la loi de 1880, recher-
chons le caractère du chemin de fer d'intérêt local.
En fait, il sera d'ordinaire assez facile de déterminer
si tel chemin de fer est d'intérêt local ou d'intérêt général; parfois cependant, bien des circonstances feront
hésiter; et dès lors à quel parti s'arrêter? Les différences entre eux sont nombreuses; la question n'est
donc pas d'intérêt purement théorique.
La loi de 1865 était muette sur ce point, et bien des
interprétations, toujours arbitraires et souvent contre-
dites par les faits, s'étaient produites sans aboutir à une
solution satisfaisante.
Le chemin de fer d'intérêt local ou départemental
ne doit-il pas sortir des limites d'un département? s'il
les dépasse, ne serait-ce que d'un kilomètre, pour
atteindre un centre important, perdra-t-il son caractère
pour devenir d'intérêt général? On ne peut certainement pas faire dépendre d'une division administrative,
arbitraire comme le département, le caractère d'un

chemin de fer. D'autre part, n'y aurait-il pas à craindre
de voir naître entre plusieurs conseils généraux une
entente commune à l'effet de créer de grandes artères
entre des villes importantes, et d'organiser sous le nom
de chemin de fer d'intérêt local, une véritable concurrence pour les lignes importantes, ruineuse pour toutes
et même pour l'État? On ne saurait pas davantage faire
du chemin de fer d'intérêt local un chemin de fer départemental, car une ligne très importante peut ne pas
sortir d'un département, tandis qu'une ligne n'offrant
qu'une importance secondaire traversera plusieurs départements. Ajoutons que les relations commerciales,
les nécessités qui sollicitent un mouvement, un échange
de voyageurs et de marchandises entre diverses localités, n'obéissent pas aux mêmes règles qui ont présidé
à la délimitation de nos circonscriptions administratives. Il serait impossible de renfermer arbitrairement
les compagnies locales dans un champ d'exploitation
où l'absence de trafic les empêcherait de naître ou de
subsister. Aussi, de tout temps, la pratique des faits et
la jurisprudence administrative avaient-elles renoncé à
ce système [1].

On a proposé, — et l'administration a longtemps admis ce principe pour refuser le décret d'utilité publique
— de considérer comme chemins de fer d'intérêt local
seulement les lignes votées par les conseils généraux et

(1) Le chemin de fer de grande ceinture, bien que ne sortant pas
du département de Seine-et-Oise, a été classé comme ligne d'intérêt
général, malgré les réclamations du conseil général; d'autre part, la
ligne d'intérêt local de Saumur à Poitiers a 23 kilomètres en Maine-
et-Loire et 75 dans la Vienne, celle de Chartres à Saint-Calais traverse les départements de la Sarthe, d'Eure-et-Loir et de Loir-et-
Cher, etc...

subventionnées par les départements ; la subvention
était considérée comme de l'essence du chemin de fer
d'intérêt local, comme si le caractère d'un chemin de fer
dépendait de la source des fonds employés à son établissement. « On comprendra, disait le comte Le Hon dans
son·rapport au Corps législatif en 1865, qu'il est impossible d'attribuer le caractère d'intérêt local à d'autres
chemins que ceux pour lesquels les départements et les
communes auront apporté leur contingent dans la dépense. » Et la circulaire ministérielle du 12 août 1865
insistait : « Ces chemins, disait le ministre des travaux
publics, doivent être établis, soit par les départements
ou les communes, avec ou sans le concours des propriétaires intéressés, soit par des concessionnaires
avec le concours des départements ou des communes. Il résulte de cette première disposition que les
départements peuvent construire les chemins par eux-
mêmes, puis livrer ces chemins à une compagnie,
qui, après les avoir complétés, en assure l'exécution. Ils peuvent encore confier à une compagnie le
soin d'exécuter tous les travaux en lui remettant, à
titre de subvention, les ressources créées en vue de
l'établissement du chemin. Mais l'élément essentiel des
chemins de fer d'intérêt local réside dans le fait, soit
de l'initiative, soit du concours des départements et des
communes. C'est à cette condition qu'ils sont appelés
à jouir du bénéfice de la présente loi. » Ce système, qui
semble être celui du législateur de 1865, a été souvent
démenti par les faits ; un grand nombre de lignes d'intérêt local furent construites entièrement aux frais des
concessionnaires, sans que le Gouvernement ait soulevé
la moindre objection. On a considéré qu'il n'était guère

raisonnable d'obliger des départements ou des communes à s'imposer des sacrifices pécuniaires, qu'un concessionnaire offrait de prendre à sa charge par suite des conditions particulières où il pensait pouvoir exercer son exploitation. Parfois, certains conseils généraux, pour se mettre en règle avec la théorie de l'administration, accordaient au concessionnaire une subvention insignifiante, par exemple un franc par kilomètre, et parvenaient ainsi facilement à se soustraire aux exigences de la loi.

On a encore soutenu qu'il ne fallait considérer comme chemins de fer d'intérêt local que les voies ferrées destinées à relier les sous-préfectures et les chefs-lieux de canton aux grandes lignes. Le chemin de fer d'intérêt local ne serait ainsi qu'un embranchement, un raccordement sur les grands réseaux. Mais il existe des départements où les chemins de fer sont très rares et où le raccordement ne sera pas possible; ailleurs deux points séparés du grand réseau auront entre eux un trafic suffisamment important pour justifier la création d'une petite ligne. Du reste, réduire au rôle d'embranchement les lignes d'intérêt local, ce serait dans la plupart des cas les condamner d'avance à la ruine, un chemin de fer ayant besoin d'une certaine étendue, pour offrir aux transports une économie réelle.

Lorsqu'on s'est occupé de remplacer la loi de 1865, on a songé à donner une définition du chemin de fer d'intérêt local; après examen, on y a renoncé. « Le Gouvernement comme la Commission a reconnu que cette définition était impossible, » disait M. Labiche dans son rapport. Ce n'est, en effet, ni par son étendue, ni par son but, ni par son mode de construction, que le chemin de fer d'intérêt local peut être déterminé. La distinction entre un chemin d'intérêt local et un chemin d'intérêt général sera toujours essentiellement une question d'espèce. Un chemin d'intérêt local peut devenir d'intérêt général, et réciproquement (1). Il en est de même, du reste, pour les voies de communication de terre; un chemin ne reçoit le caractère vicinal que par son classement; et par un nouveau classement, il peut successivement devenir d'intérêt commun ou de grande communication; c'est également le classement seul qui peut constituer le caractère légal des voies ferrées. C'est par le classement que le domaine public de l'État, comme le domaine public départemental et communal, se trouvera délimité. Ainsi, dans l'opinion du législateur de 1880, on ne doit pas rechercher ailleurs que dans le *classement* le caractère juridique du chemin de fer d'intérêt local. Il appartient à l'administration de ranger une ligne déterminée dans telle ou telle catégorie. Sans doute, pour ce faire, elle se basera sur des faits à apprécier : l'importance des communications à établir, les rendements probables, l'étendue du parcours, les travaux à exécuter, etc.; mais sa décision n'en demeure pas moins arbitraire et souveraine.

A cette question : qu'est-ce qu'un chemin de fer d'intérêt local? Il n'y a qu'une réponse à faire : c'est celui à qui le classement attribue ce caractère.

À qui appartient le classement des chemins de fer d'intérêt local? La loi de 1865 ne s'exprimait pas d'une

(1) C'est ce que dit formellement l'article 11 de la loi de 1880.

façon formelle et n'indiquait pas clairement à quel pouvoir était attribué le droit de décider en fait si une ligne
est d'intérêt général ou d'intérêt local. Interprétant à
leur manière l'article 2, les uns soutenaient que ce droit
appartenait au conseil général, qui arrêtait la direction
des chemins, le mode et les conditions de leur construction ; d'autres le réservaient au pouvoir central, de qui
émanait le décret d'utilité publique. Ce silence ou cette
obscurité avait fait naître bien des prétentions contraires, bien des conflits entre les conseils généraux et
l'administration supérieure. Expérience faite, la nouvelle loi a pensé qu'il était préférable, en tranchant la
controverse, de l'attribuer au Parlement, tant au point
de vue de l'efficacité du contrôle et de l'autorité de la
décision qu'au point de vue des garanties qui résultent
pour tous les intérêts engagés du droit d'initiative et du
droit d'interpellation. Par là, elle a espéré paralyser
cette entente des conseils généraux, destinée à créer de
grands lignes sous la modeste qualification de chemins
de fer d'intérêt local, et que favorisaient l'ambiguïté de
la loi de 1865 et l'interprétation largement entendue de
la loi du 10 août 1871.

CHAPITRE PREMIER.

DE L'ÉTABLISSEMENT DES CHEMINS DE FER D'INTÉRÊT LOCAL.

L'autorité compétente, pour décider l'établissement de nos grandes lignes fut, en principe, le législateur. Cette attribution découlait des lois du 21 avril 1832, 7 juin 1833 et 3 mai 1841; cette dernière loi toutefois, article 3-2° y apportait une dérogation, en décidant qu'une ordonnance suffirait pour les chemins de fer d'embranchement ayant moins de 20 kilomètres de longueur. Le sénatus-consulte du 25 décembre 1852 attribua à l'empereur le droit d'autoriser les travaux publics par des décrets délibérés en conseil d'État; l'intervention du Corps législatif n'était exigée que lorsque les conventions engageaient le Trésor et ne portait que sur les clauses financières.

La loi du 27 juillet 1870 a aboli le sénatus-consulte de 1852 pour revenir au système de la loi de 1841. Plusieurs propositions, dont les Chambres ont été saisies dans ces dernières années, avaient pour but de généraliser d'une façon absolue le principe de la loi du 3 mai 1841, article 3-1°; elles n'ont pas abouti. Mais la loi du 11 juin 1880, art. 2, exige, pour les chemins de fer d'intérêt local, que l'utilité publique en soit déclarée et l'exécution autorisée par une loi.

I.

De la concession.

Aucun texte de loi n'a exposé les principes du contrat. Il faut les rechercher dans les décisions de la jurisprudence, les documents émanés de l'administration, l'ensemble des divers actes isolés de concession et les conventions passées entre l'État et les Compagnies. Quoi qu'il en soit, la législation est sur ce point fort incomplète, les principes incertains et difficiles à fixer. Cette obscurité et cette imperfection se firent surtout sentir sous le régime de la loi du 12 juillet 1865, qui laissait les conseils généraux livrés à eux-mêmes pour la rédaction des cahiers des charges et des conventions avec les concessionnaires. La nouvelle loi de 1880 a cru raisonnable de poser quelques principes; le cahier des charges-type, dont la rédaction a été confiée au conseil d'État et porte la date du 11 août 1881, en est le complément naturel. Ce sont ces deux documents qui font l'objet principal de la présente étude.

II.

Du concédant.

Dans l'établissement du réseau d'intérêt général, l'État n'a pas obéi à un principe unique; on peut dire cependant d'une façon générale, que pendant plus de quarante ans, il a toujours pensé que son intervention ne devait être que subsidiaire et qu'il était préférable de s'adresser à l'industrie privée.

En vertu des lois du 11 juin 1842 et du 2 juillet 1845, l'exécution des chemins de fer avait lieu par le concours de l'État et de l'industrie privée : l'État se chargeait de l'acquisition des terrains, des terrassements et des travaux d'art ; au concessionnaire incombaient la fourniture et la pose du ballast, de la voie de fer; l'exploitation et l'entretien des ouvrages devaient se faire avec son matériel et à ses frais. Dans les cas où la chose était possible, la concession pouvait mettre à la charge du concessionnaire l'acquisition des terrains et l'ensemble des travaux, la participation de l'État se bornant à une subvention en argent (loi du 11 juin 1842, art. 2). C'est sous le régime de ce double système qu'ont été créées la plupart de nos grandes lignes.

Des lois plus récentes (lois des 14 juin 1878, 31 juillet 1879 et 29 juillet 1880) ont mis à la charge de l'État la totalité des travaux, sans distinction entre l'infrastructure et la superstructure, ne laissant à la charge du concessionnaire que la fourniture du matériel et les frais d'exploitation et d'entretien.

Certaines lois (lois des 27 juillet 1880, 7 janvier 1881 et 10 juillet 1881) ont même autorisé l'État à acheter le matériel et à exploiter les chemins de fer.

La question du rachat de chemins de fer, qui a été si vivement discutée dans ces dernières années, n'a pas été résolue dans le sens que souhaitaient les adversaires des Compagnies. Il semble que le Gouvernement chercherait plutôt dans l'aliénation du réseau de l'État la solution de graves difficultés budgétaires [1].

Somme toute, la plus grande partie du réseau français a été établie et exploitée par le système des concessions. La loi du 13 juillet 1865 sur les chemins de fer d'intérêt local laissait toute latitude aux départements : les nouvelles lignes pouvaient être établies soit par les départements et les communes avec ou sans le concours des propriétaires intéressés, soit par des concessionnaires avec le concours des départements et des communes (art. 1). Mais la plupart des lignes d'intérêt local construites depuis lors ont été concédées. La loi du 11 juin 1880 a adopté une formule plus brève, destinée à faire disparaître les difficultés que la rédaction équivoque de la loi de 1865 avait fait naître. Elle s'est contentée de dire que les lignes d'intérêt local sont établies par les départements ou par les communes, avec ou sans le concours des propriétaires intéressés.

Lorsque la ligne d'intérêt local ne devra pas sortir du territoire d'une commune, la concession sera faite par le conseil municipal. Lorsqu'elle s'étendra sur plusieurs communes, la concession sera faite par le conseil général du département; si elle doit s'étendre sur plusieurs départements, les conseils généraux de ces départements feront la concession soit simultanément dans un seul et même contrat, soit séparément.

(1) On peut lire sur ce sujet une intéressante brochure de M. Octave Noël, *Emprunt ou cession du réseau de l'État*. Paris, Guillaumin, 1884.

III.

Des différents modes de concession.

La concession peut être faite de deux manières : soit par adjudication publique, soit directement.

Les deux modes ont été vivement discutés et tour à tour employés. L'adjudication publique a eu parfois de si déplorables conséquences pour la création des lignes d'intérêt général, que ses avantages paraissent aujourd'hui assez difficiles à faire ressortir. C'est surtout en matière de chemins de fer d'intérêt local que les conseils généraux devront renoncer à un mode de concession, où la plupart du temps il sera malaisé de se renseigner sur la garantie que présenteront les nombreux candidats à l'adjudication ; on est d'autant plus disposé à soumissionner à des conditions désavantageuses qu'on est moins disposé à les remplir.

Nous croyons donc que, sauf des cas assez rares, les conseils généraux devront recourir à la concession directe. Il leur sera plus facile de se rendre compte, par les renseignements qu'ils recueilleront de part et d'autre, par les travaux antérieurs de même espèce, par les études préliminaires de la future ligne, qu'aura exécutés l'entrepreneur qui sollicite la concession, il sera, dis-je, plus facile d'apprécier sa capacité et sa solvabilité [1]. Il serait faux de croire que, le contrat

(1) L'appréciation des questions d'honorabilité, de solvabilité et d'intelligence est, à coup sûr, singulièrement délicate et arbitraire. Le conseil général devra donc les trancher avec la plus grande discrétion, la plus extrême réserve, de façon à ne pas nuire à la réputation

de concession signé, le conseil général ait terminé son rôle et que le département soit dégagé de toute responsabilité. Par ce fait qu'il a sollicité et obtenu du Parlement la déclaration d'utilité publique, il s'est engagé moralement vis-à-vis l'État, vis-à-vis les particuliers, qui doivent céder leurs terrains ou supporter des impôts additionnels, à assurer la complète exécution des travaux et l'exploitation permanente de la voie ferrée. Si, à un moment donné, après tous les moyens de droit épuisés, le concessionnaire se trouve dans l'impossibilité de remplir ses engagements, le département devra ou trouver un nouveau concessionnaire, ou continuer l'entreprise pour son propre compte [1].

Le conseil général pourra, afin de provoquer les soumissions, publier un programme en faisant connaître les conditions de la future concession. Cette formalité n'aurait aucun caractère pouvant entraîner des enga-

des soumissionnaires évincés. Un jugement du tribunal correctionnel du Hâvre (6 août 1873) ayant à juger le cas où le conseil municipal d'une commune appelé à s'occuper des chemins de fer d'intérêt local critique dans une délibération (imprimée, distribuée et publiée dans les journaux) le service d'une Compagnie de chemins de fer, a jugé « que cette délibération peut, avec une telle publicité, constituer le délit de diffamation de ladite Compagnie ou de son personnel supérieur, s'il est indiqué que les faits signalés sont le résultat de la négligence, d'une économie coupable ou d'une mauvaise gestion. Mais il n'en est pas ainsi, du moment où ladite délibération ne contient explicitement aucun reproche de cette nature, et où il n'apparaît pas que les conseillers municipaux aient agi, en la publiant, avec l'intention nuisible, constitutive de tout délit. »

(1) Il serait difficile d'admettre, comme l'ont fait plusieurs esprits, que le fait d'accorder une concession emporte, pour le concédant, l'obligation légale d'assurer l'achèvement des travaux et le service de l'exploitation, lorsque le concessionnaire se trouve dans l'impossibilité de tenir ses engagements (Sénat, séance du 27 février 1879).

gements du département vis-à-vis du soumissionnaire [1]. Nous pensons qu'il en serait de même au cas où ce soumissionnaire aurait, soit de son plein gré, soit en vue des propositions du conseil général, commencé des études sur le tracé éventuel de la ligne, sa construction, ses rendements probables, etc.; en un mot, fait des dépenses utiles. Nous nous heurtons, il est vrai, à plusieurs dispositions législatives, dont la plupart sont assez récentes; mais elles paraissent avoir un caractère trop particulier pour permettre d'ériger en principe le droit d'une indemnité en faveur de celui qui se trouverait écarté dans ces conditions. Il ne serait pas juste, cependant, que le département ou le cessionnaire définitif bénéficiât des dépenses et d'études faites par un tiers; l'équité demande que ce dernier soit désintéressé, soit à l'amiable, soit judiciairement, par application des principes du Code civil. Il se pourrait que le Parlement, en autorisant la création du chemin de fer, décide qu'il sera statué par le conseil d'État sur le bien-fondé des prétentions du soumissionnaire évincé. C'est là, d'ailleurs, une question d'espèce sur laquelle il est impossible d'émettre une opinion appuyée sur les principes et les précédents judiciaires.

[1] Un arrêt du conseil d'État a décidé « que la délibération du conseil général ne constitue pas une décision administrative susceptible par elle-même d'être attaquée devant le conseil d'État, statuant au contentieux, » en se fondant sur ce que c'est seulement par un décret délibéré en conseil d'État — nous dirons une loi sous le régime de la loi de 1880 — que l'utilité publique de ces chemins peut être déclarée et leur exécution autorisée (*Recueil de Lebon*, 1869).

IV.

Du concessionnaire.

Le concessionnaire peut être un entrepreneur isolé, ou plusieurs entrepreneurs associés, agissant en nom collectif ou soutenus par des commanditaires, ou encore une Compagnie constituée sous forme de société anonyme. L'association ou la société est réglée par les principes du Code civil, du Code de commerce (loi du 24 juillet 1867) et les modifications qui peuvent résulter des statuts.

Le but principal du législateur de 1880 a été de soustraire les sociétés créées pour l'établissement et l'exploitation des chemins de fer d'intérêt local aux fluctuations, aux majorations, et aussi aux dangers des opérations financières qui, grâce au mode de subvention accepté par la loi de 1865, avaient favorisé la spéculation, surmené au delà des limites raisonnables les cours de valeurs bonnes en elles-mêmes, et, par une réaction imprévue, avaient découragé et détourné de ces entreprises les petits capitalistes, qui semblaient les soutiens-nés des chemins de fer départementaux et devaient être les premiers à en bénéficier. Nous aurons l'occasion d'étudier en détail la nouvelle solution proposée pour l'allocation de la subvention, et nous verrons si le but désiré a été atteint.

Lorsque le département ou la commune ne voudra pas prendre à son compte l'exécution et l'exploitation d'un chemin de fer d'intérêt local, et qu'il ne voudra ou ne pourra traiter avec un concessionnaire isolé, il

devra s'adresser à une compagnie. Cette compagnie
sera : soit la grande Compagnie, sur laquelle la ligne
nouvelle s'embranchera, soit une société générale ayant
pour mission de créer et d'exploiter sur toute l'étendue
du territoire des voies ferrées d'intérêt local, soit à une
compagnie essentiellement locale, tant par son capital
que par son conseil d'administration et sa direction.

Disons tout d'abord qu'il ne paraît pas y avoir de
différences dans les résultats entre la concession faite à
la grande Compagnie voisine et celle faite à la Société
générale des chemins de fer économiques [1]. Toutes
deux apporteront les fruits de leur expérience, tran-
cheront sans peine la question financière en apportant
un capital réalisé d'avance et au dehors; les critiques,
si souvent adressées à la première, s'adressent également et dans la même mesure à la seconde. Faut-il
l'avouer? Nous ne croyons guère à la réussite de compagnies de ce genre. Elles pourront difficilement se
soustraire aux tentatives de spéculation que la loi de
1880 a voulu paralyser, et les lignes d'intérêt local
n'ont pas devant elles un avenir assez brillant pour
couvrir les dépenses qu'entraîne forcément une grande
institution financière ou industrielle. La plupart, même
intelligemment constituées, ne donneront guère, avant
un certain temps, qu'un revenu de 5 à 6 0/0; y a-t-il

[1] Cette Société s'est constituée en 1880, à peu près au moment
où se préparait la loi sur les chemins de fer d'intérêt local. Elle est
au capital de 25 millions; les actions, qui sont de 5,000 francs n'ont
pas été offertes au public, mais partagées entre les principales maisons de banque de Paris, qui l'ont fondée. La situation de ses administrateurs lui permettra de compter sur la bienveillance et le concours
des grandes Compagnies. Les concessions qui lui ont été faites par
divers départements comptent à peu près 750 kilomètres.

là de quoi tenter la spéculation et attirer les capitaux
étrangers, lorsque le quart ou le cinquième d'un aussi
faible revenu sera encore absorbé par les frais généraux, les jetons de présence des administrateurs, etc. [1].
Mieux vaudra, ce nous semble, traiter, si la chose est
possible, avec la grande Compagnie, sur laquelle la
ligne d'intérêt local doit venir s'embrancher. C'était
l'opinion du rapporteur de la loi du 12 juillet 1865 :
« Quand leurs conditions de construction, disait-il,
permettront sur leur voie l'usage du matériel ordinaire,
il est incontestable que le moyen le plus sûr d'exploiter
économiquement sera de traiter avec la grande Compagnie ; on diminuera les frais généraux et l'on pourra
éviter les dépenses d'acquisition de matériel roulant. »
On a fait valoir que les Compagnies résistèrent, et se
montrèrent peu disposées à incorporer des lignes, souvent improductives et considérées comme une charge
pour leurs réseaux, déjà bien encombrés de non-valeurs.
Les plus difficiles admettront cependant que depuis, les
Compagnies, en acceptant les conventions de 1883,
semblent avoir suffisamment montré de bonne volonté
pour le développement du réseau secondaire ; si quelque chose étonne, c'est la facilité avec laquelle elles
ont pris, sinon complètement à leurs frais, du moins
à leurs risques et périls, le futur établissement de 8,000
kilomètres de chemins de fer, qui longtemps vont peser
lourdement sur le dividende des actionnaires.

D'autres considérations nous paraissent plus justes.

_____

(1) Il va sans dire que nos critiques ne s'adressent pas à la Compagnie dont nous parlons plus haut et qui n'est que la participation
de grands établissements de crédit à l'œuvre poursuivie par la loi de
1880.

On a fait remarquer que « les grandes Compagnies, habituées à leurs types, à leurs dispositions d'outillage, de personnel, au luxe de leurs gares, construisent et exploitent les voies locales comme elles ont exploité les voies de grand réseau [1]. » On a dit encore que les études préparatoires, les travaux préliminaires grèvent dans une lourde proportion les comptes de premier établissement, que les frais de magasinage sont plus élevés d'un dixième que lorsqu'il s'agit d'un concessionnaire isolé ou d'une compagnie locale, qu'il faut encore ajouter l'intérêt des capitaux à payer pendant la construction de la ligne et parfois les primes accordées aux concessionnaires de construction [2]. Quelle que soit la valeur de ces critiques dans leur ensemble, la loi de 1880 et la rédaction d'un cahier des charges bien détaillé nous paraissent devoir être une garantie contre des dépenses exagérées ; un comité de surveillance pourrait être nommé par le conseil général à l'effet de faire rigoureusement observer les clauses du contrat de concession, et limiter au strict nécessaire les comptes de premier établissement.

Il serait injuste, d'autre part, de méconnaître les avantages que présente la concession faite à une grande Compagnie. Le capital se trouvera facilement réuni, sans qu'il soit nécessaire de se soumettre aux règles protectrices, mais gênantes, de l'article 18. Dans bien des cas, où une compagnie locale ne pourrait continuer son exploitation, parce que tous les bénéfices seraient absorbés par les frais d'exploitation et le service des

(1) Albert Richard, *Chemins de fer d'intérêt local*.
(2) Brasseur, *Déposition devant la Commission d'enquête*, 1878.

obligations, la grande Compagnie n'hésitera pas à poursuivre l'exploitation ; des milliers de kilomètres, à
l'heure actuelle, sont exploités dans ces conditions [1].

En troisième lieu, la concession pourra être faite
à une petite Compagnie, créée spécialement en vue
d'établir une ligne en particulier ou le petit réseau
d'une région. Cette décision s'imposera quand le conseil n'aura pas pu traiter avec la grande Compagnie
ou jugera préférable d'adopter une voie réduite. Dans
un rapport sur les chemins de fer économiques de
l'Écosse, M. Bergeron exposait la manière dont se pré-
pare l'exécution de la ligne : « Avant de proposer la
construction d'un embranchement, les propriétaires
et les industriels de la contrée traversée ont entre eux
des réunions préparatoires ; on y discute les avantages
et les mérites du projet, envisagé au double point de
vue de la dépense et des produits. Si, à la suite de ces
enquêtes préparatoires, le chemin de fer ne paraît pas
devoir réaliser les avantages qu'on en espérait, l'affaire
est abandonnée comme n'ayant pas de raison d'être ;
mais si, au contraire, il est manifeste que le trafic aura
assez d'importance pour que le produit net de l'exploitation atteigne ou dépasse l'intérêt légal de l'argent
employé, les habitants s'empressent de souscrire le
capital ; ils sont d'autant plus disposés à le faire que
les administrateurs ou promoteurs du projet sont au

(1) Les chemins de fer d'un seul département ne seront pas d'ordinaire très étendus, et auront d'autant plus de peine à couvrir leurs
frais généraux qui seront les mêmes pour cinq cents kilomètres que
pour cent. Dans sa déposition devant la Commission sénatoriale,
M. Donon, président des chemins de fer de l'Orne, déclarait qu'une
Compagnie avait besoin d'exploiter un réseau de mille kilomètres,
pour ne pas éprouver trop d'embarras du chef de ces frais d'administration.

milieu d'eux, qu'ils sont honorablement connus, que leur position sociale est une garantie et est faite pour inspirer confiance dans la bonne direction d'une affaire patronnée par eux. Ils ont en outre l'avantage de suivre sur les lieux les développements de l'opération, de s'en rendre compte, jusque dans ses plus petits détails, et ils ont la satisfaction de savoir de quelle façon leur argent est dépensé. »

M. Bergeron estime que les Compagnies locales construiront dans des conditions plus avantageuses que la grande Compagnie voisine : « Parmi les intéressés, il se trouvera des entrepreneurs, des industriels, connaissant toutes les ressources de la contrée, et dont les lumières seront mises à profit par la société. On emploiera les plus propres à produire une solide et économique construction ; on établira les ouvrages plus modestement que les grandes Compagnies, obligées à un luxe relatif par l'importance de leur situation et de leurs habitudes administratives. »

On a fait remarquer encore que les constructeurs obtiendront des arrangements à l'amiable, plus aisément que les grandes Compagnies, au sujet des réclamations des propriétaires riverains ; les allocations d'indemnité, les demandes de passages à niveau, de ponts, seront, dit-on, considérablement diminuées [1].

Ainsi, nous venons de le voir, chacun des trois modes de concession présente des avantages et n'est pas à l'abri de toute critique. Il paraît donc difficile d'en préconiser un d'une façon particulière. Dans un cas, on se heurtera au refus de la grande Compagnie qui ne voudra pas accepter les clauses du cahier des charges proposé par le

(1) Albert Richard, *Chemins de fer d'intérêt local*, p. 181.

conseil général ; dans un autre, les ressources régionales seront insuffisantes ou peu disposées à s'employer à la création de la ligne. Le choix alors ne sera guère possible; si, au contraire, il reçoit des propositions des deux côtés, le conseil se prononcera en faveur du concessionnaire, qui présentera toutes les garanties de capacité et de solvabilité, acceptera les conditions les plus avantageuses pour le département et le public; les circonstances seules le guideront dans sa décision.

V.

Du cahier des charges.

Le cahier des charges est l'acte constitutif de la concession ; il en fixe les conditions ; il détermine les obligations respectives du concédant et du concessionnaire. Les termes en sont d'ordinaire arrêtés pour chaque concession, et toute latitude est laissée aux conseils généraux dans les limites de la loi de 1880. Toutefois, l'intervention des pouvoirs supérieurs étant moins directe et ne s'exerçant qu'après coup, un décret du 6 août 1881 a publié un modèle de cahier des charges, rédigé par le conseil d'État après une longue instruction. Hâtons-nous de dire qu'il n'a rien d'obligatoire pour les conseils généraux et les futurs concessionnaires, qui, tout en s'inspirant de son esprit, pourront, à leur gré, retrancher, ajouter et modifier.

Ce cahier des charges-type, qui renferme 69 articles, est divisé en six titres consacrés : le premier au tracé et à la construction (art. 1-28); — le deuxième à l'entretien et à l'exploitation (art. 22-33); — le troisième à la durée, au rachat et à la déchéance de la

concession (art. 34-40); — le quatrième aux taxes et
conditions relatives au transport des voyageurs et des
marchandises (art. 41-52); — le cinquième aux stipulations relatives à divers services publics (art. 53-57); —
enfin le sixième à des clauses diverses, telles que concessions ultérieures, frais de contrôle et d'inspection,
litiges, etc. (art. 58-69).

Nous n'avons pas à exposer ici les détails de ce document; il est préférable, pour éviter des redites, de les
étudier en même temps que les dispositions de la loi du
11 juin 1880, dont ils sont le développement et l'application.

Nous nous contenterons de présenter une simple observation. Les deux lois de 1865 et de 1880 ont eu pour
but de faciliter l'extension des lignes locales, en sim-
plifiant les formalités administratives et en adoucissant
pour les petites Compagnies les prescriptions des lois
qui président à la création et à l'exploitation des lignes
d'intérêt général. Les conseils généraux feront bien
d'éviter les minutieuses réglementations des cahiers
des charges imposés aux grandes Compagnies et de s'en
tenir au cahier-type publié par le décret de 1881, et
même de supprimer les exigences, qui ne paraîtraient
pas d'une nécessité absolue. Bien des obligations qui
sont une gêne pour les grandes Compagnies, seraient
une ruine pour les petites, un obstacle au développement du réseau local. Il est de l'esprit de la loi nouvelle, il est un devoir pour les assemblées départementales de donner aux Compagnies locales, en ce qui
concerne la construction, l'exploitation, le contrôle, la
perception des tarifs, les libertés et les facilités conci-
liables avec l'intérêt du public et la sécurité des transports.

CHAPITRE II.

DE LA PROCÉDURE A SUIVRE.

———•◦•———

Sous le régime de la loi de 1865, les autorités locales, qui devaient établir avec leurs propres ressources les lignes d'intérêt local, avaient reçu en compensation des pouvoirs assez étendus.

Fusionnant les principes des lois du 11 juin 1842 et du 2 juillet 1845 et ceux de la loi du 21 mai 1836, le législateur avait réservé aux conseils généraux la faculté de prendre toutes les résolutions concernant le tracé de la ligne, le mode et les conditions de la construction, le contrôle de l'exploitation. Au Gouvernement était attribué le pouvoir de déclarer l'utilité publique et d'autoriser l'exécution des travaux.

Lors de la discussion de la loi de 1880, on reconnut qu'il était nécessaire d'apporter une modification absolue à la législation, après les plaintes, multipliées et contradictoires, auxquelles avait donné lieu l'attribution confiée au pouvoir exécutif[1]; on a donc admis que s'il

(1) Labiche. Rapport fait au Sénat au nom de la Commission chargée d'examiner le projet de loi, 21 novembre 1878.

convenait de laisser aux autorités locales le droit d'initiative et de préparation de la ligne, il était indispensable d'apporter à leurs décisions un frein destiné à les modérer dans ce qu'elles pourraient avoir d'excessif et de contraire à l'intérêt public. Ce frein, on a cru le trouver dans l'intervention du pouvoir législatif, auquel ont été réservées la déclaration d'utilité publique et l'autorisation de l'exécution des travaux.

Dans l'examen de la procédure, nous avons à étudier : le droit d'initiative, — l'instruction préalable et l'enquête par le préfet, — l'examen du projet par le conseil des ponts et chaussées et par le conseil d'État, — la déclaration d'utilité publique et l'autorisation des travaux, — l'exécution des travaux.

I.

Du droit d'initiative.

L'article 2 de la loi vise trois situations différentes : ou bien la voie ferrée empruntera le sol de plusieurs communes d'un même département; — ou bien elle s'étendra sur plusieurs départements; — ou enfin, elle ne sortira pas du territoire d'une seule commune.

Dans le premier cas, le droit d'initiative est attribué au conseil général. Ce droit se ramène à préparer et approuver les avant-projets de la ligne à concéder.

Dans le deuxième cas, il est nécessaire que les membres des assemblées départementales, qui sont destinées à créer un réseau commun, puissent, dans des conférences générales, se communiquer leurs idées, leurs renseignements; discuter leurs propositions et arrêter les éléments principaux du futur projet. La loi du 10 août 1871 autorise les conseils généraux à provoquer entre eux une entente sur les objets d'utilité départementale compris dans leurs attributions et intéressant à la fois leurs départements respectifs[1]; dans ces conférences, où sont débattues les questions d'intérêt commun, chaque conseil général est représenté par sa commission départementale[2] ou par des commissaires spécialement nommés à cet effet (art. 89 et 90). Les chemins de fer d'intérêt local rentrant dans les attributions des conseils généraux (art. 46-12°), la loi de 1880 se contente de renvoyer à la loi de 1871 pour la création des réseaux devant s'étendre sur plusieurs départements[3].

Dans le troisième cas, s'il s'agit de chemins de fer

[1] Un droit semblable a été accordé aux conseils municipaux par la loi du 5 avril 1884, art. 116 et 117. Cette loi n'a, du reste, nulle_ment modifié la loi de 1880 en ce qui concerne les attributions des conseils municipaux en matière de chemins de fer.

[2] Le droit de provoquer ces conférences interdépartementales appartient exclusivement aux conseils généraux et ne saurait être attribué aux commissions départementales (conseil d'État, 10 avril 1873).

[3] Nous ne faisons que rappeler, sans y insister, la controverse soulevée relativement à la compétence des conseils généraux en matière de chemins de fer d'intérêt local, à propos des articles 46 et 47 de la loi de 1871; les uns, s'appuyant sur les termes de ces deux articles, pensaient que les pouvoirs conférés aux conseils généraux avaient été augmentés par la loi de 1871; d'autres soutenaient avec raison, ce nous semble, que la loi du 12 juillet 1865 demeurait la loi organique des lignes départementales. Nous n'avons pas à revenir sur cette discussion, qui n'a plus sa raison d'être depuis la loi du 11 juin 1880; les éléments en ont été fort bien résumés par M. Albert Richard, *Législation des chemins de fer d'intérêt local*, p. 128-132. Paris, 1875.

d'intérêt local à établir pour une commune sur son territoire, l'article 2 confère au conseil municipal les mêmes attributions, qui appartiennent au conseil général lorsque la ligne doit desservir plusieurs communes. Les décisions des conseils municipaux, sur cet objet, sont rangées dans la catégorie des délibérations exécutoires par elles-mêmes et semblent dispensées de l'autorisation du préfet; il n'en est rien : les délibérations doivent être adressées au préfet par le sous-préfet aussitôt qu'elles ont été prises[1]. Le préfet a un délai de trente jours pour en prononcer l'annulation en conseil de préfecture, en s'appuyant sur les cas prévus par la loi du 5 avril 1884, art. 64; passé ce délai, la décision demeure définitive. S'il y avait désaccord entre le maire et le conseil municipal, l'approbation des décisions prises devrait être demandée au préfet.

Dans le cas assez rare où un conseil municipal se refuserait à exécuter une ligne communale ou se verrait dans l'impossibilité de construire une ligne que le conseil général croirait opportun d'établir, la loi permettrait à ce dernier d'en poursuivre la concession. Nous ne croyons pas qu'un fait de ce genre se soit déjà présenté; la loi, qui a prévu l'hypothèse, n'a pas résolu les problèmes et les conflits qu'elle soulèverait. Ce serait aux tribunaux administratifs et à l'autorité législative, dont l'intervention se produira forcément avant toute décision définitive, à sauvegarder les droits respectifs du département et de la commune.

---

(1) Dans les huit jours de la délibération, expédition en est faite par le maire au sous-préfet (loi du 5 avril 1884, art. 62).

Quant aux pièces qui devront composer le dossier et accompagner la proposition du conseil général, nous déciderons, en l'absence d'une réglementation particulière, que ce sont les mêmes que pour les chemins de fer ordinaires, c'est-à-dire :

1) une enquête publique en conformité de la loi du 18 février 1834 ;

2) Un rapport au préfet ;

3) Des documents techniques, consistant en : un plan d'ensemble, à l'échelle de un dix-millième, indiquant le tracé de la ligne projetée ; — un profil en long, à l'échelle de deux dix-millièmes pour les longueurs et un millième pour les hauteurs ; — un type de profil en travers ; — un dessin du système de voie ; — un plan de détails, s'il y a lieu, à l'échelle de cinq millièmes par mètre, pour les passages présentant quelques particularités ;

4) Un mémoire explicatif renfermant les données statistiques relatives à l'évaluation probable du trafic, dans le but de justifier l'utilité publique de la concession demandée ;

5) Un exemplaire du cahier des charges-type, dans lequel on aura introduit les conditions spéciales jugées nécessaires, et complété le texte, notamment en ce qui concerne les tarifs ;

6) Un devis estimatif de la dépense de premier établissement.

Le droit d'initiative, créé par la loi de 1865 [1], a été

(1) Le projet de la loi de 1865 portait que le conseil général prenait sa décision sur la proposition du préfet ; mais dans la rédaction définitive, on substitua les mots : *après instruction préalable du préfet,* à ceux ci : *sur la proposition du préfet.*

conservé au conseil général par la loi de 1880 ; c'est là
une sérieuse attribution, que justifient parfaitement le
caractère du chemin de fer d'intérêt local et la participation du département dans son établissement.

Il ne faut pas toutefois que les conseils usent immo-
dérément de ce droit ; l'abus, qu'ils en feraient, serait
une critique naturelle de la faveur que leur a faite la
loi. Avant toute chose, le conseil devra donc rechercher
quelles sont, dans le département, les lignes possibles
et utiles à ouvrir, les classer d'après leur importance,
les besoins auxquels elles répondent et aussi leurs rendements probables [1] ; il devra aussi considérer les dé-

---

[1] « On ne saurait trop recommander l'étude attentive du trafic
local et des ressources particulières des contrées traversées par un
chemin de fer ; à ce point de vue, rien ne doit être négligé ou omis.
On comprend aisément l'intérêt que toutes les mesures soient prises
pour arriver à une étude exacte et pour éviter toute erreur notable
d'appréciation, en offrant aux conseils généraux des chiffres sérieux
et parfaitement justifiés ; sans quoi, l'on engagerait la responsabilité
de ces corps électifs et leur faveur se détournerait promptement d'entreprises mal étudiées, de nature à compromettre leur popularité. »
(Em. Level, *Chemins de fer d'intérêt local.*)

Pour l'évaluation du trafic probable, on emploie ordinairement la
méthode du comptage des colliers, c'est-à-dire le mouvement des voyageurs et des marchandises sur les routes parallèles à la ligne projetée.
Ce procédé présente certains inconvénients. M. Michel, ingénieur
des ponts et chaussées, a proposé une autre méthode, qui peut se
résumer ainsi : « Le chiffre moyen des exportations est dans un certain rapport avec le nombre des habitants, rapport variable du reste
avec la nature des produits et constant dans les diverses régions
analogues comme productions ; on peut évaluer ce trafic à trois tonnes
ou trois tonnes et demie par habitant. Quant aux voyageurs, les statistiques donnent une moyenne de six par habitant. Il conclut en pen-
sant que les recettes probables d'un chemin de fer pourront être ap-
proximativement établies en multipliant le nombre des habitants par
0,70. »

penses qu'elles entraîneront et la situation financière du
département, des communes, les ressources qu'ils peuvent y consacrer.

Après ces recherches préliminaires, il faudra procéder pour chaque ligne déterminée, dont le conseil
général aura projeté la création, à une instruction ap-
profondie et à une enquête. Bien que le soin en ait été
réservé au préfet dans tous les cas, ainsi que nous allons bientôt le voir, le choix des agents chargés de faire
les études et plus tard de procéder à la construction
appartient au conseil général. Cette particularité, que
la loi n'indique pas, se trouve signalée dans le rapport
sur la loi de 1865, présenté par M. Le Hon, qui en faisait remarquer en ces termes les avantages : « Elle permettra de choisir, parmi les hommes compétents, ceux
qui paraîtront offrir les conditions d'aptitude et les garanties voulues; et d'admettre à participer aux grands
travaux publics un personnel qui, dans bien des départements, a donné des preuves d'une capacité réelle et
d'un dévouement absolu aux intérêts dont il est chargé.
Il y a là aussi les moyens de faire naître une émulation
dont profitera certainement l'œuvre que l'on poursuit,
et d'employer beaucoup d'hommes intelligents, sortant
des écoles spéciales, sans trouver un emploi assuré d'a-
vance. » S'il le juge nécessaire, le conseil général
pourra recourir aux lumières des ingénieurs des ponts
et chaussées, qui procéderont dès lors, sans qu'il soit
besoin d'une décision de l'administration supérieure, à
ces études, soit par eux-mêmes, soit en guidant les
agents subalternes, choisis par l'assemblée départementale.

Les études préliminaires exécutées par des hommes

compétents, l'enquête poursuivie auprès des populations permettront au conseil général d'arrêter le tracé
de la ligne, de déterminer les localités qui seront desservies par le chemin de fer, de fixer les conditions de
sa construction, d'adopter la voie normale ou la voie
réduite. Il devra considérer si les ressources dont il
peut disposer ou qu'il réunira seront en rapport avec
les dépenses nécessitées par l'établissement de la ligne.
« C'est là, disait en 1865 M. Le Hon, un point capital ;
il est impossible d'admettre qu'on procédera aux enquêtes, qu'on fera naître des espérances, peut-être
irréalisables, qu'on se consommera en vains efforts si
le succès ne doit pas être certain. » Il n'est pas difficile
de trouver des lignes ardemment désirées par les populations et répondant à des besoins plus ou moins réels ;
mais combien parmi elles pourront donner une recette
suffisante pour couvrir les dépenses d'exploitation, donner un intérêt rémunérateur au capital engagé et permettre à un concessionnaire de se charger de leur exploitation ? Il faudra donc évaluer par divers procédés
le trafic probable de la ligne ; par là, il sera aisé de
déterminer la part de la dépense à imposer au concessionnaire, le surplus devant être demandé, sous forme
de subvention ferme ou de garantie d'intérêt, au département, aux communes, aux intéressés et enfin à l'État.

Le concours de l'État est facultatif ; le conseil n'aura
directement aucun moyen pour l'obtenir et en fixer la
quotité ; mais il pourra sonder les dispositions du Gouvernement et connaître officieusement les sacrifices que
le Trésor consentirait en sa faveur.

Quant à la subvention, que le département et les
communes devront allouer, elle variera selon l'impor-

tance du chemin de fer, son rendement probable et les ressources des budgets départementaux et communaux.

L'opération la plus délicate qui incombe aux autorités départementales, est sans contredit la répartition entre les communes des charges résultant de l'allocation des subventions. La loi n'a nulle part indiqué les bases sur lesquelles pourra s'appuyer le conseil général pour y procéder; et il faut reconnaître que la chose eût été assez difficile, pour ne pas dire impossible.

Il est d'abord incontestable que chaque conseil municipal a seul le soin d'apprécier dans quelle mesure il entend participer aux frais de la ligne à créer; il pourrait même refuser absolument son concours, sans que sa résistance pût être brisée par une autorité quelconque. Les faits de ce genre sont profondément regrettables, car ils peuvent compromettre le succès de l'entreprise; le seul moyen d'action qui resterait au conseil général, serait de modifier le tracé du chemin de fer et d'adopter une direction peu avantageuse pour la commune récalcitrante.

Pour faciliter la fixation de la contribution de chaque commune, on peut les classer en plusieurs catégories, fondées sur les divers éléments d'appréciation que l'on possède; ainsi, la participation sera d'autant plus forte que la ville sera plus rapprochée du chemin de fer, que sa population est plus grande, que son commerce d'exportation ou d'importation trouvera plus d'avantage à emprunter la voie ferrée; les villes situées à une certaine distance de la ligne, ayant une population sédentaire et faible, sans commerce, ne sauraient contribuer dans les mêmes proportions au paiement de la subvention.

II.

De l'instruction préalable et de l'enquête.

Nous venons de dire que le droit d'initiative était réservé au conseil général ; mais la loi exige, avant que rien ne soit décidé par lui, qu'une instruction préalable, une enquête soit faite par le préfet. Cette enquête aura pour but d'éclairer les autorités auprès des populations les plus directement intéressées à la création de la ligne. Les rapports des maires, les observations des grands propriétaires, des chefs d'industrie, même des simples cultivateurs, contiendront bien des observations parfois erronées, mais souvent précieuses. Leurs réclamations, leur empressement, leur bonne ou mauvaise volonté seront d'utiles indications sur l'opportunité du nouveau chemin de fer, sur le tracé à lui faire suivre.

La pratique antérieure à la loi de 1880 avait, dans bien des circonstances, méconnu la nécessité de cette enquête par le préfet ou sous sa direction, bien qu'elle fût mentionnée expressément par l'article 2 de la loi de 1865. Il serait peut-être excessif de voir, dans l'omission de cette formalité, une cause de nullité absolue pour la décision du conseil et les conventions passées avec des tiers, l'essentiel paraissant être qu'il y ait une instruction et une enquête. Le législateur de 1880, qui a soumis les décisions des conseils généraux au contrôle efficace des Chambres, a confié le soin de l'instruction préalable et de l'enquête au préfet, non parce qu'il le considérait comme le contradicteur na-

turel du conseil général, mais « parce qu'il croit que
celui-ci est le mieux à même de faire l'instruction et
qu'il lui présente des garanties qu'il pourrait ne pas
trouver ailleurs [1]. » Nous pourrions en tirer la preuve
de ce fait que l'enquête, sous la direction du préfet,
pourra être conduite par des agents départementaux,
nommés par le conseil général [2].

Il importe de faire une observation importante sur
cette enquête, exigée par l'article 2 de la loi de 1880,
rapprochée de l'enquête administrative, qui doit pré-
céder toute loi autorisant l'exécution de tous les travaux publics, en vertu de l'article 3 de la loi de 1841
sur l'expropriation. Nous croyons qu'une seule enquête
suffira ; l'instruction préalable est exigée avant toute
décision définitive de la part du conseil général ; ce
serait une formalité inutile qu'une nouvelle enquête,
exécutée dans les mêmes conditions, à très peu d'intervalle, au moment où le conseil solliciterait auprès
du Parlement la déclaration d'utilité publique. C'était,
du reste, l'opinion exprimée par M. Brice, dans son
rapport à la Chambre des députés : « Il nous semble
évident, disait-il, qu'une seule enquête suffira pour
satisfaire à la fois aux prescriptions de l'article 2 de la
loi sur les chemins de fer d'intérêt local et de l'article
3 de la loi de 1841. Recommencer à produire, à l'appui

(1) Alb. Richard, p. 70.
(2) Le conseil général statuera valablement, pensons-nous, sur les
demandes en concession, qui lui seront adressées directement sans
passer par l'intermédiaire du préfet; le rôle de ce dernier se bornera
à les transmettre au conseil général sans pouvoir les retenir sous un
prétexte quelconque; sinon le droit d'initiative, si clairement posé par
la loi de 1880, serait une lettre morte; il suffirait au préfet de garder
les demandes par devers lui sans jamais les communiquer.

du projet de loi portant déclaration d'utilité publique,
une enquête nouvelle, de tous points semblable à celle
qui aura été codifiée pour fixer la direction, le mode
et les conditions de construction des chemins à exécuter, serait une duplication inutile, cause sans raison
d'entraves et de lenteurs. Un même procès-verbal d'enquête pourra figurer dans le dossier tendant à établir
que les formalités de l'article 2 de la présente loi ont
été remplies et dans le dossier formé en vue de la déclaration d'utilité publique. »

III.

De l'examen du projet par le conseil général des ponts et chaussées et par le conseil d'État.

Lorsque le préfet a terminé l'enquête et que le conseil général, ayant fait appel aux lumières des hommes
compétents du département, aura déterminé la direction du chemin, le mode et les conditions de leur
construction, passé les traités et les conventions nécessaires pour en assurer l'exécution, le projet adopté
est soumis pour la partie technique au Conseil général
des Ponts et Chaussées. Ce dernier étudie le plan du
tracé, la nature du terrain à traverser, le mode de
construction de la voie que le conseil général a l'intention d'adopter, les conditions dans lesquelles se présente l'exécution des travaux d'art, la construction des
gares et les devis dressés. Composé d'ingénieurs distin-
gués, il est à même d'apporter au projet des modifications importantes, tant au point de vue de l'économie
que de la solidité des travaux et de leur perfection.

Son intervention est le complément naturel des études faites sur les lieux par les ingénieurs civils, les entre-preneurs de la région, mieux à même de se rendre compte des besoins des populations, mais aussi d'une compétence moindre, et, faut-il le dire, moins officielle.

On a souvent signalé les inconvénients qu'entraîne pour les conseils généraux l'absence de toute publicité dans l'examen de leurs projets par le Conseil des Ponts et Chaussées. « En effet, dans la pratique, l'instruction de ces graves et importantes affaires est presque tou-jours secrète; aucune publicité n'est donnée aux en-quêtes et aux débats; l'administration fait son travail à huis-clos et les intéressés qui ignorent la marche des opérations et les objections qu'on oppose à la de-mande de concession, ne peuvent, dans l'incertitude où on les tient, faire valoir leurs arguments et fournir les explications nécessaires [1]. »

Les observations du Conseil des Ponts et Chaussées sont formulées dans un rapport, jointes au dossier et à l'enquête envoyés par le Conseil général, et le tout est transmis au Conseil d'État. Celui-ci recherchera si par son but, son caractère, la ligne projetée mérite bien le nom d'intérêt local, si elle n'est pas destinée

(1) Alb. Richard, p. 65. — L'administration a toujours conservé avec un soin jaloux le secret de ses enquêtes. Au conseil général de la Seine-Inférieure, qui demandait communication d'un rapport sur l'établissement d'une ligne d'intérêt local, le Ministre des Travaux publics répondait : « Les rapports de cette nature sont des documents d'administration intérieure qui n'engagent que le rapporteur et dont l'administration s'est toujours interdit de donner communication. Cette règle, convenablement appliquée par nos prédécesseurs, a paru toujours indispensable pour assurer aux fonctionnaires chargés de l'instruction des affaires la libre appréciation des questions sur les-quelles ils ont à faire connaître leur opinion. »

à détourner le trafic d'une ligne déjà existante, si toutes les formalités exigées par la loi et les règlements ont été régulièrement suivies.

Son rôle était plus important sous le régime de la loi de 1865, alors qu'un décret du pouvoir exécutif déclarait l'utilité publique et autorisait l'exécution des travaux. C'était le Conseil d'État qui était à peu près seul juge des demandes adressées au Gouvernement et le véritable auteur des décrets qui statuaient sur leur sort. Bien qu'il ait perdu ce privilège, nous ne pouvons méconnaître l'utilité de son examen ; intervenant immédiatement avant la décision des Chambres, il facilitera le travail toujours un peu hâtif de la Commission, qui, dans la plupart des cas, se ralliera à ses conclusions. Si son autorité est diminuée, son action demeure aussi réelle, sinon en apparence, au moins dans l'application.

IV.

De la déclaration d'utilité publique et de l'autorisation d'exécuter les travaux.

C'est ici la première des réformes importantes apportées par la loi de 1880 à la législation des chemins de fer d'intérêt local.

La loi de 1865, art. 5, avait décidé que c'était au pouvoir exécutif qu'il appartenait de décréter l'utilité publique et d'autoriser l'exécution des travaux des lignes d'intérêt local, sur les rapports des Ministres de l'Intérieur et des Travaux publics, le premier au point de vue de l'intérêt départemental et de la question des voies et moyens, le second pour apprécier l'entreprise projetée dans ses relations avec les lignes du grand réseau [1]. Cette attribution au pouvoir exécutif se justifiait parfaitement sous l'empire du sénatus-consulte du 25 décembre 1852 qui attribuait à l'Empereur le droit d'autoriser tous les travaux publics par des décrets délibérés en Conseil d'État et n'exigeait l'approbation des conventions par le Corps législatif qu'au point de vue des engagements financiers contractés au nom du Trésor [2]. La loi du 27 juillet 1870 ayant aboli le sénatus-consulte de 1852, l'intervention du Pouvoir législatif était nécessaire pour toutes les lignes ayant moins de vingt kilomètres de longueur; si cette dernière exception n'a pas disparu, malgré plusieurs propositions faites dans ce sens au Parlement, du moins son application a considérablement diminué depuis la promulgation de notre loi du 11 juin 1880, qui n'a fait qu'appliquer aux chemins de fer d'intérêt local, au point de vue de la déclaration d'utilité publique et de l'autorisation des travaux, les principes qui régissent les travaux publics, même départementaux. Ajoutons que les pouvoirs accordés par la loi de 1865 au Chef de l'État avaient donné lieu à

(1) Rapport du comte Le Hon au Corps législatif en 1865.

(2) Il est vrai que le Trésor accordait aux lignes locales une subvention qui pouvait atteindre le chiffre de six millions par an, mais cette affectation avait sa source dans la loi même de 1865, le Gouvernement n'ayant que le pouvoir de l'attribuer à tel ou tel département. Dans un projet de refonte de la loi de 1865, soumis au Corps législatif le 23 mars 1870, il était affecté une somme annuelle de 25 millions au paiement des subventions à accorder aux chemins de fer d'intérêt local; on admettait que, dans des cas particuliers, il pourrait être accordé des subventions extraordinaires, mais avec l'approbation du Corps législatif.

des plaintes multipliées, à des réclamations qui n'étaient pas dénuées de fondement, et le rapporteur de la loi actuelle, signalant l'unanimité des voix de la Commission sur cette réforme, insistait sur les avantages de l'intervention parlementaire, « soit au point de vue de l'efficacité du contrôle et de l'autorité de la décision, soit au point de vue des garanties, qui résultent pour tous les intérêts engagés, du droit d'initiative et du droit d'interpellation. » Faut-il l'avouer? Nous ne croyons pas ce système plus mauvais que le précédent, mais nous ne le croyons pas plus efficace. Il se produira pour les chemins de fer d'intérêt local, ce qui se voit pour toutes les questions qui ne touchent pas à des intérêts généraux; elles sont étudiées par une commission surchargée d'affaires, se remettant de tout le travail à un commissaire-rapporteur qui, dans la plupart des cas, sera un des représentants du département intéressé et ne sera que trop porté à conclure à l'admission du projet, lequel sera voté à la hâte par les Chambres au commencement des séances. Nous citerons, comme exemple, la facilité avec laquelle sont votées notamment les autorisations d'emprunt par les villes, qui voient ainsi leurs charges s'accumuler avec une rapidité que condamnerait parfois la prudence la plus élémentaire[1].

(1) Nous retrouvons le même système avec les mêmes inconvénients en Angleterre. Voici comment s'exprime M. de Franqueville (*Du régime des travaux publics en Angleterre*, t. II) : « Il est une partie du système anglais qui mérite de fixer l'attention, c'est le pouvoir souverain que s'est réservé le Parlement et l'absence d'autorité du pouvoir exécutif en matière de concessions..... Le Parlement seul examine ces affaires, et il a semblé aux Anglais que ce n'était pas trop de la haute autorité et de la toute-puissance du législateur pour statuer sur des matières aussi graves. » Mais il ne faut pas se faire il-

Le dossier soumis aux Chambres se composera de toutes les pièces produites au fur et à mesure de la marche de la procédure; il devra renfermer également, et autant que possible, les traités définitifs passés avec le concessionnaire, soit pour la construction et l'exploitation, soit pour l'exploitation seulement, selon que le département aura traité sur telle ou telle base. Nous avons eu l'occasion de dire que ces traités, quels que fussent les termes de leur rédaction, n'étaient jamais définitifs que sous la condition suspensive de l'approbation législative. Les Chambres devront examiner les éléments essentiels de la nouvelle ligne, c'est-à-dire la direction du chemin, le mode et les conditions de la construction, les traités et les dispositions prises pour en assurer l'exploitation. Elles pourront également, ainsi que le disait le rapporteur, M. Labiche, se saisir des questions secondaires et exiger que ces questions soient résolues conformément à leur volonté. Lorsqu'elles jugeront utile de viser dans la loi de concession certaines solutions, les Conseils généraux et le concessionaire devront de nouveau s'entendre pour les introduire dans leurs conventions, lesquelles seront de

lusion sur le rôle de cette intervention. « Peut-on dire que le Parlement examine lui-même ces questions? Les bills privés, ceux de chemins de fer, comme les autres, sont discutés par (je devrais plutôt dire devant) cinq membres, et l'on peut affirmer sans témérité que 99 fois sur 100, c'est la Commission seule qui décide arbitrairement et souverainement du sort des bills, car la Chambre des communes et la Chambre des lords s'en rapportent absolument à son avis, s'il est favorable; elles n'ont même pas à le confirmer ou à en connaître, s'il conclut au refus. Tout se réduit donc aux termes suivants : Une commission parlementaire de cinq membres offre-t-elle plus de garanties qu'une assemblée telle que le Conseil d'État? Je n'hésite pas à répondre négativement. »

L. B.   4*

nouveau soumises à l'approbation du Parlement pour les modifications apportées au contrat primitif. Les cas de ce genre seront du reste peu nombreux, car les Chambres ne jugeront pas nécessaire de viser la solution des questions secondaires; il appartiendra aux Conseils généraux de hâter la réalisation de leurs projets et l'approbation de leurs concessions en s'inspirant des idées qui ont présidé à la préparation de la loi de 1880 et en empruntant au cahier des charges-type, ses règles essentielles, sauf les modifications que les circonstances rendent inévitables.

On se plaignait sous le régime de la loi de 1865, qu'aucun délai ne fût imposé au Gouvernement pour faire connaître sa décision : par suite, il donnait ou refusait son autorisation comme il lui plaisait et le faisait attendre aussi longtemps qu'il le jugeait convenable. En vertu des conventions antérieures, le département pouvait être engagé vis-à-vis du concessionnaire comme celui-ci l'était vis-à-vis du département, et l'exécution de leur contrat dépendait d'une volonté supérieure, sur laquelle ils n'avaient aucune action ; ils pouvaient ainsi se trouver indéfiniment liés. Il y avait là une situation singulière et gênante, qui ne se produira plus ; sans doute, la nouvelle loi ne fixe aucun délai, dans lequel le Parlement devra statuer, mais le département, par l'organe de ses représentants dans les deux Chambres, obtiendra plus rapidement une solution, affirmative ou négative, sur sa demande.

V.

De l'exécution du chemin de fer.

Une fois la déclaration d'utilité publique et l'autorisation de commencer les travaux obtenues à la suite des formalités que nous avons successivement étudiées, il s'agit de procéder à l'exécution matérielle du chemin de fer (art. 3 de la loi de 1880).

Il faut d'abord procéder à la confection des plans de détail; ces plans sont mentionnés dans l'article 1 du cahier des charges :

1) Un plan général, à l'échelle de un cinq millièmes, sur lequel sera indiqué le tracé définitivement approuvé ;

2) Un profil en long, également définitif et complet, à l'échelle de un cinq millièmes pour les longueurs et un millième pour les hauteurs;

3) Un certain nombre de profils en travers, à l'échelle de cinq millièmes partout où cela sera nécessaire ;

4) Un plan parcellaire, destiné aux opérations de l'expropriation des terrains, comportant les déviations des chemins et des cours d'eau, ainsi que l'emplacement des ouvrages d'art et bâtiments ;

5) Les projets de détail des travaux : ponts, aqueducs, passages à niveau, gares, etc.;

6) Un mémoire dans lequel toutes les dispositions essentielles du projet sont justifiées.

Ces diverses pièces sont réunies au dossier formé à l'occasion de la demande de déclaration d'utilité publique, et le tout est adressé par le concessionnaire [1] au préfet. Celui-ci le transmet à l'ingénieur en chef des ponts et chaussées du département, qui, après avoir examiné le dossier, en fait l'objet d'un rapport.

La loi de 1865 avait attribué au préfet l'approbation définitive de tous les projets d'exécution ; l'article 3-1° de la nouvelle loi décide que c'est le conseil général, auquel le préfet donne communication du rapport de l'ingénieur en chef, qui statue définitivement et en dernier ressort.

Lorsque le conseil général et le préfet ne pourront se mettre d'accord, ce dernier donne communication de ces difficultés et de leur nature au Ministre des Travaux publics ; celui-ci prend l'avis du conseil général des ponts et chaussées et dans le délai de deux mois à partir du jour où communication lui a été faite du différend, peut de nouveau exiger une seconde délibération du conseil général. Si, acceptant les observations du ministre et de l'administration des ponts et chaussées, il se met d'accord avec le préfet, c'est bien ; mais s'il persiste dans son opposition, je crois qu'en vertu des nouvelles dispositions de la loi, c'est lui qui doit avoir le dernier mot ; c'est lui qui *statue définitivement,* dit le § 1. Le ministre n'a pas ici une mission de juge ; son intervention ne peut qu'éclairer la décision du conseil général en la retardant. Cette solution du reste n'est admise que dans le cas où, selon la remarque du rapporteur, « l'administration supérieure estimerait que la décision du conseil général est le résultat d'une erreur. »

[1] Ou le président du conseil général, si les travaux sont exécutés par le département.

Il se peut qu'il y ait excès de pouvoir de la part du conseil général; la situation est alors changée, et le préfet peut demander l'annulation de la délibération du Conseil, qui est prononcée, s'il y a lieu, par un décret rendu dans la forme des règlements d'administration publique (loi du 10 août 1871, art. 47).

Il y a un cas où le Ministre des Travaux publics est appelé à trancher un différend; c'est lorsque la ligne devant s'étendre sur plusieurs départements, il y aura désaccord entre les conseils généraux sur certaines questions d'intérêt commun à ces départements, ces questions n'ayant pas été résolues par la délibération arrêtant la direction du chemin et les traités de concession. Le Ministre des Travaux publics, après avoir pris l'avis du conseil supérieur des ponts et chaussées, tranchera ces difficultés en premier et dernier ressort. L'importance des attributions accordées aux assemblées départementales n'est ici nullement diminuée; le Ministre ne statue pas entre un représentant de l'État et les autorités départementales; il intervient seulement pour imposer une conformité de décision nécessaire à des pouvoirs, indépendants les uns des autres, dont le désaccord sur des points secondaires peut empêcher l'exécution d'une entreprise commune.

Lorsque le chemin de fer aura été concédé par un Conseil municipal, les attributions exercées par le Conseil général appartiennent au Conseil municipal, dont la délibération est soumise à l'approbation du préfet.

On a critiqué, non sans raison, ce semble, la disposition du § 4 de l'article 3 ou du moins son manque de précision dans les termes. De deux choses l'une :

ou la loi a voulu consacrer les principes qui, sous le régime antérieur à la loi du 5 avril 1884, régissaient les pouvoirs des conseils généraux et exigeaient que toutes leurs délibérations, pour être exécutoires, fussent approuvées par le préfet, ou bien elle a voulu innover et décider que la délibération du conseil municipal, relative aux projets d'exécution d'un chemin de fer communal, pourra avoir effet, malgré la résistance du préfet, auquel n'appartiendrait que le droit, assez platonique du reste, d'obliger le conseil à une seconde délibération. Cette extension des pouvoirs des assemblées municipales ne manquerait pas de logique et semblerait cadrer avec le plan poursuivi par le législateur de 1880. Elle a été admise par le seul auteur qui se soit occupé avant nous de la loi de 1880 [1]; mais elle nous paraît difficile à soutenir. Le rapport de M. Labiche au Sénat assimile, « pour l'approbation des projets d'exécution, les conseils municipaux aux conseils généraux, avec cette différence que les délibérations des conseils municipaux *devront être approuvées par le préfet.* » Si l'approbation doit être donnée, c'est que ces délibérations, à la différence de celles des conseils généraux, ne peuvent sortir à effet lorsque le préfet refuse cette autorisation.

Et dans le texte de loi, nous ne trouvons pas davantage un argument en faveur de l'assimilation complète des deux sortes de délibérations. Après avoir dit au § 1er que « le préfet soumet les projets d'exécution au conseil général, *qui statue définitivement,* » l'article 3

(1) M. Chaillou, p. 17 et 18.

dit, § 4 *in fine,* que la délibération du conseil municipal
est soumise à l'approbation du préfet.

Il est bien difficile, ce semble, après l'examen des
travaux préparatoires et du texte de l'article 3, de supposer que la loi de 1880 a voulu innover et assimiler
complètement la compétence des Conseils généraux et
départementaux.

Quoi qu'il en soit, il faut reconnaître que la rédaction de la loi n'est pas d'une précision irréprochable;
elle devait ou donner la même étendue aux pouvoirs des
deux Conseils, ou si elle ne consentait à reconnaître
qu'une autorité illusoire et apparente aux décisions des
Conseils municipaux, s'exprimer clairement et prévenir
la controverse.

Du reste, « dans la pratique, un conflit naîtra bien
rarement à l'occasion du cas que nous examinons ici,
attendu que les formalités qui auront précédé l'autorisation législative auront déjà porté la lumière et l'entente sur presque tous les points à trancher. Nous
pouvons du reste, espérer que dans l'application les
choses se passeront sous l'empire de l'interprétation la
plus large et la plus impartiale. Il sera d'ailleurs loisible aux parties intéressées de faire trancher durant la
première phase, celle de la décision, toutes les questions importantes, de façon à ne laisser à la phase
d'exécution, qui offre moins de recours, que la solution
des questions tout à fait secondaires ou exemptes de
difficultés [1]. »

Les projets de détail sont approuvés par le préfet,
sans distinguer si la ligne est d'intérêt communal ou

_____

(1) Chaillou, p. 18.

départemental. Ces documents sont d'un caractère trop technique et spécial pour être examinés et discutés par des personnes étrangères aux travaux des chemins de fer; la véritable décision appartient donc à l'ingénieur en chef des ponts et chaussées, et le préfet statue sur son avis, c'est-à-dire donne une sanction administrative aux plans soumis à son examen. « Si deux départements sont engagés, chaque préfet peut statuer isolément sur les projets de détail, quoiqu'il puisse y avoir convenance en général à ce qu'une entente intervienne en vue de donner une certaine unité aux détails de construction, même dans la variété réclamée par des considérations toutes locales [1]. »

(1) *Id., ib.*

APPENDICE.

Des sections des chemins de fer d'intérêt local empruntant le sol d'une voie publique.

———

Ce qui différencie, en fait, le chemin de fer du tramway, c'est que, tandis que le premier est établi à travers champs, le second est posé sur les voies publiques; la forme des rails, le mode de traction ne doivent pas être pris en considération.

Rappelons cependant ce que nous avons dit, en commençant cette étude, c'est qu'il n'y a pas à chercher ailleurs que dans le classement, le caractère d'une voie publique, route, chemin de fer, tramway. Il arrivera très souvent qu'un chemin de fer d'intérêt local empruntera sur une partie de son parcours le sol d'une voie publique [1], de même qu'un tramway abandonnera momentanément le tracé d'une route pour passer à travers champs; malgré ces particularités, le chemin de fer et le tramway conserveront, sur la totalité de

---

[1] Les rails de la Compagnie d'Orléans empruntent les quais de Nantes; le caractère de ligne d'intérêt général n'en a pas été perdu pour cela par la voie ferrée.

leur parcours, le caractère légal que leur auront attribué le classement et l'acte de concession, et que les circonstances matérielles ne sauraient déterminer.

Il est nécessaire, toutefois, à cause des inconvénients apportés par l'emprunt de la voie publique par le chemin de fer, d'assimiler, quant à la procédure d'exécution des travaux, les sections de chemins de fer d'intérêt local et les tramways. C'est dans ce but fort raisonnable que l'article 3-5° demande que les projets d'exécution soient précédés de l'enquête exigée par l'article 29; cette enquête se poursuit auprès des Conseils généraux des départements et des Conseils municipaux des communes dont la voie doit traverser le territoire et qui n'auront pas été appelés à statuer sur la concession. Une convocation en session extraordinaire peut être adressée aux membres des assemblées départementales ou communales, si la date de l'enquête ne correspond pas à celle des sessions ordinaires. L'article 3 ne dit pas si l'enquête s'appliquera à toute la ligne ou seulement aux sections empruntant la voie publique; le décret du 18 mai 1881, article 12, a fait disparaître cette difficulté d'interprétation, en décidant qu'elle sert pour faire déclarer l'utilité publique de l'entreprise et pour en faire autoriser l'exécution tant sur le sol des routes et chemins qu'en dehors des voies publiques.

CHAPITRE III.

DES EFFETS DE LA CONCESSION.

Trois parties interviennent dans la concession d'un chemin de fer d'intérêt local : le concédant, département ou commune, le concessionnaire, entrepreneur ou société, et enfin l'État, qui ratifie leurs conventions. A chacune d'elles, le contrat assure des avantages et impose des obligations que nous devons maintenant étudier.

I.

Droits et obligations du concédant.

La plupart de ces droits et de ces obligations ont leur source dans la loi et les principes qui régissent les concessions des chemins de fer; mais généralement leur réglementation et le mode de leur exercice seront fixés par le cahier des charges.

Le plus important de ces droits, celui qui les résume tous, est un droit de propriété au profit du département ou de la commune concessionnaire.

Les chemins de fer d'intérêt local, comme les che-

mins d'intérêt général, font partie de la grande voirie.
Cela résultait de l'article 4 de la loi de 1865, en vertu
duquel « les chemins d'intérêt local sont soumis aux
dispositions de la loi du 15 juillet 1845. » L'article 20
de la loi de 1880 déclare également la loi de 1845 applicable aux chemins de fer d'intérêt local ; et l'article
premier de la loi de 1845 porte que les chemins de fer
font partie de la grande voirie.

Ils rentrent donc dans le domaine public, mais tandis
que les uns appartiennent au domaine public national,
les autres appartiendront au domaine public départemental ou communal, selon l'autorité qui aura fait
la concession.

Cette manière de voir était pleinement acceptée par
l'exposé des motifs du Gouvernement en 1865 : « Les
chemins de fer d'intérêt local ne seront pas l'objet
d'une concession de la part de l'État ; ils ne feront pas
retour à l'État et resteront à perpétuité dans le domaine
du département ou des communes. » Le rapporteur
de la Commission législative disait « qu'ils sont placés
dans le domaine public départemental et communal et
appartiennent aux départements et aux communes. »

Cette règle a été admise sans conteste, et tous les
cahiers des charges des chemins de fer départementaux
ont stipulé que la concession était faite par le département, et que celui-ci entrerait en jouissance à l'expiration de la concession.[1].

La loi de 1880, art. 11, consacre cette doctrine, en
décidant qu' « à toute époque, une voie ferrée peut être

---

[1] Il en était de même pour les chemins de fer communaux. Voir
notamment le cahier des charges du chemin de fer de Bapaume à
Achiet, concédé par la ville de Bapaume (Décret du 30 mai 1868).

distraite du domaine public départemental ou communal et classée par une loi dans le domaine de l'État. »
Le cahier des charges-type substitue l'État au département dans tous ses droits, quand un chemin d'intérêt local devient d'intérêt général (art. 36), et attribue au département en cas de déchéance, les sommes versées par le concessionnaire à titre de cautionnement.

Ce droit de propriété a sa source dans l'acte de concession et la ratification par le pouvoir législatif, ou mieux encore dans le classement du chemin de fer. Il porte sur l'ensemble du chemin, embrassant non-seulement la voie ferrée avec ses diverses parties, terrassements, ouvrages d'art, mais encore les dépendances nécessaires, telles que gares, cours, dépôts de locomotives et de wagons, ateliers de construction, prises d'eau, etc. Son objet n'est pas d'ailleurs d'une fixité absolue; il peut diminuer ou augmenter de valeur, d'étendue; il sera définitivement arrêté le jour où le concessionnaire verra ses droits expirer soit normalement soit par déchéance, rachat, etc. D'ici-là, les éléments en sont variables : une parcelle de terre est acquise par le concessionnaire par suite de l'exigence de l'exploitation, elle vient s'ajouter au chemin de fer et augmenter d'autant le domaine du département; par contre, à la suite d'une rectification de la voie ou pour tout autre motif, une parcelle est déclassée et aliénée, elle est soustraite au droit de propriété du département sur le chemin de fer; si l'acquisition a été faite aux frais du concessionnaire, nous n'hésiterons pas à lui allouer définitivement les sommes provenant de la vente; si les parcelles non utilisées et vendues avaient fait partie de la concession, le prix de vente devrait être restitué par le concessionnaire à l'expiration de la concession.

À cette époque, le droit immobilier du département, jusque-là susceptible de variations continuelles, se fixe et devient certain, échappant à toutes les modifications provenant du fait du cessionnaire. Et, dans la crainte que le chemin de fer, les immeubles qui en dépendent et les objets immobiliers, ne soient systématiquement dépréciés par la négligence du concessionnaire, le département, dans les cinq dernières années qui précéderont le terme de la concession, aura le droit de saisir les revenus du chemin de fer et de les employer à rétablir en bon état le chemin de fer et ses dépendances (art. 35 du cahier des charges).

Les objets mobiliers, matériel roulant, mobilier des stations, outillage des ateliers et des gares, etc., échappent au droit du département; par une stipulation spéciale, celui-ci peut se réserver de les reprendre, à dire d'experts, mais sans y être contraint.

Quant aux matériaux, combustibles, approvisionnements, le département peut être tenu de les reprendre, à dire d'experts, si le concessionnaire le requiert, pourvu qu'ils ne soient pas nécessaires à l'exploitation pendant plus de six mois; le concessionnaire peut être également tenu de les céder dans les même conditions.

Le département donnera généralement une subvention au concessionnaire. Cette subvention se présentera soit sous la forme d'un capital, argent, terrains, travaux, etc., soit sous la forme d'une garantie d'intérêt, lorsqu'il est à présumer que les bénéfices de la ligne seront insuffisants pour couvrir les frais d'exploitation et rémunérer les capitaux engagés.

En retour, le département stipulera le remboursement de ses avances pour l'époque où le développement du trafic assurera, sur les recettes brutes, les dépenses d'exploitation et le service à un taux convenu du capital de premier établissement. Ce remboursement s'effectuera sous la forme de partage des bénéfices, à partir d'un revenu fixé dans le cahier des charges; il se produira sous une autre forme; poses de secondes voies, nouvelles lignes à construire (1), etc., si les contractants le jugent convenable.

Le département pourra stipuler des prix réduits pour le transport des marchandises circulant pour le compte du département et des communes et sur les places des fonctionnaires départementaux ou communaux, voyageant pour l'exercice de leurs attributions.

Il est impossible de mentionner tous les droits et les obligations qui peuvent résulter pour l'autorité concédante du contrat de concession. Les principaux sont signalés par la loi, les autres varient avec les circonstances, les intentions des contractants et sont mentionnés par les cahiers des charges.

II.

Droits et obligations du concessionnaire.

Le concessionnaire d'un chemin de fer d'intérêt local a un double caractère : il est entrepreneur de travaux publics, il est entrepreneur de transports (2). Ses droits

(1) C'est ce qu'a fait l'État en passant avec les grandes Compagnies les conventions de 1883.

(2) En supposant, bien entendu, qu'il est chargé à la fois de l'établissement de la voie et de l'exploitation.

— 64 —

et ses obligations résultent de cette double situation qui lui est faite par l'acte de concession.

En premier lieu, il doit acquérir les terrains nécessaires pour la construction de la ligne et de ses dépendances, pour la déviation des voies de communication et des cours d'eau déplacés, en un mot, pour tous les travaux auxquels cette construction donnera lieu ; il supportera également les indemnités dues pour occupation temporaire des terrains, dépréciation des immeubles avoisinants, etc. (Art. 21 du cahier des charges).

La concession ayant été déclarée d'utilité publique, personne ne peut en empêcher l'exécution, et le concessionnaire est investi de tous les droits que les lois et règlements confèrent à l'Administration en matière de travaux publics, de même qu'il est soumis à toutes les obligations qui dérivent pour l'Administration de ces lois et règlements (art. 22).

L'occupation, définitive ou temporaire des terrains, se fera donc soit à l'amiable, soit par voie d'expropriation.

Il n'est pas besoin d'insister sur les avantages du premier mode de procéder ; on supprime les frais et les délais des enquêtes, et surtout les majorations excessives de prix, qui sont la conséquence des expropriations ; quand les propriétaires dépossédés y consentent, le paiement, au lieu de se faire en argent, peut se faire en actions ou obligations de la société concessionnaire, prévenant ainsi les difficultés que l'on rencontre dans la réalisation des fonds.

Parmi les avantages que présentent les petites Compagnies, on a fait valoir que, constituées sous le patronage de gens du pays, leur œuvre étant d'une utilité immédiate pour les habitants de la région, elles rencontreront plus de facilités pour traiter de gré à gré. Cela sera vrai généralement à l'égard des grands propriétaires fonciers, des chefs d'usines et d'ateliers importants, qui apprécieront les services que leur exploitation retirera de la nouvelle ligne; mais les paysans propriétaires, auxquels on demandera le sacrifice de quelques mètres carrés de terre, ne croiront jamais, quelles que soient leurs exigences, en demander un prix suffisamment rémunérateur; ils sont persuadés que les Compagnies réalisent des bénéfices considérables et, qu'en traitant avec elles, on ne saurait se montrer trop difficile.

Il faudra donc, lorsque l'on se trouvera en présence d'un refus formel ou de prétentions exorbitantes, procéder à l'acquisition des terrains par expropriation. Mais alors quelle procédure suivre? la réglera-t-on d'après la loi de 1836 ou de 1841?

Sur ce point, la loi de 1880 est muette en ce qui concerne les chemins de fer d'intérêt local, l'article 31 n'appliquant la loi de 1836 qu'aux tramways. Mais il est aisé de remédier à son silence par l'examen des précédents et des travaux préparatoires.

Les grands réseaux ont tous été construits sous le régime de la loi de 1841, et l'on sait à quels abus cette loi a conduit : « Il est incontestable, disait le rapporteur de la loi de 1865, que, pour l'exécution des grandes lignes, les indemnités exorbitantes accordées par le jury d'expropriation, composé conformément à la loi de 1841, a contribué et contribue encore à augmenter les dépenses de construction. L'exagération en ce genre n'a souvent pas de limites; on peut citer à cet égard bien

L. B.

des exemples. Dans le réseau de l'Ouest, les indemnités ont dépassé quelquefois 80,000 francs par kilomètre, et récemment, pour des terrains occupés par le chemin de Toulouse à Bayonne, il a été alloué des prix sept fois et demie supérieurs à ceux qui avaient été arrêtés à l'amiable et payés par l'Administration à d'autres propriétaires, pour des parcelles contiguës et entièrement identiques. Les grandes Compagnies ont souvent demandé des modifications à la loi de 1841. » Depuis lors, les choses n'ont guère changé, et l'élévation des indemnités n'a cessé de s'accroître sans rapport avec l'augmentation de valeur de la propriété.

Pour la justifier, on a voulu faire une distinction entre l'établissement de la voie ferrée et les terrains nécessaires à l'exploitation industrielle, oubliant que les différentes parties du service d'un chemin de fer formant un tout indivisible, constituent des éléments inséparables. Les gares, les dépôts de machines, les ateliers de construction, les voies de garage sont indispensables au fonctionnement régulier de l'entreprise, et les voies ferrées ne peuvent se séparer du transport des voyageurs et des marchandises. « Ce qu'il faut bien plutôt admettre, c'est que, jetant un regard peu bienveillant sur le produit sans cesse croissant des actions, le public s'est habitué à considérer l'établissement d'un chemin de fer ou son élargissement, comme donnant lieu à des acquisitions de terrains faites par une compagnie industrielle sans nécessité absolue, et dans un but de spéculation. Par suite, l'esprit des jurés, appartenant aux localités, s'est alarmé du nombre croissant des expropriations, et, par la pensée que leurs terrains n'étaient pas à l'abri d'un tracé nouveau, d'une rectification de chemin, d'un agrandissement de gare, ils ont été portés à surfaire démesurément le montant des indemnités [1]. » Allons plus loin et disons-le franchement. Pour beaucoup de gens, l'expropriation est un moyen fort commode et fort légitime d'augmenter sa fortune [2], et l'on peut devant des jurés, qui ne demandent pas mieux que d'être trompés, soutenir les prétentions les plus invraisemblables, en ayant bien des chances de les voir reconnues. Un commerce ne donne que des mécomptes, un immeuble se trouve déprécié, les récoltes sont mauvaises; on serait disposé à cédé son fonds ou sa propriété à bon compte. Mais il est question d'exécuter un travail d'utilité publique, d'établir un chemin de fer, à l'occasion duquel on fait des offres raisonnables au propriétaire. Aussitôt celui-ci, soit de lui-même, soit sur les conseils d'agents d'affaires véreux [3], repousse les propositions avantageuses qui lui sont faites et préfère se laisser exproprier, assuré de trouver des jurés complaisants, qui n'hésiteront pas à allouer à l'exproprié une indemnité représentant jusqu'à huit ou dix fois la valeur de son immeuble. Les Compagnies, pensent les jurés, sont

(1) Alb. Richard, p. 99.

(2) « Autrefois, écrivait malicieusement Th. Gautier, le prince Charmant pouvait se présenter avec sa tunique de satin blanc et sa toque de plume. On ne lui demandait pas s'il avait des titres de rente, des actions de chemins de fer et des terrains sur des lignes d'expropriation. Mais aujourd'hui.... » Feuilleton du *Moniteur* du 23 mars 1868.

(3) Sans parler des grandes villes, aujourd'hui il n'y a pas de localité rurale qui ne possède un ou plusieurs hommes d'affaires, huissiers révoqués, anciens clercs de notaire ou d'avoué, qui ne soient disposés à mettre au service de qui les réclame leur science et leur activité de mauvais aloi.

assez riches pour payer, et puis, on peut se trouver soi-même dans le cas d'être exproprié, et il faut bien mériter par quelque chose les complaisances sur lesquelles on serait ou l'on se croirait en droit de compter.

Rien ne doit être plus sacré aux yeux des pouvoirs publics que l'inviolabilité de la propriété ; mais si l'on admet que ce droit cède devant l'intérêt général, l'expropriation ne doit pas être pour celui qui est dépossédé une source de bénéfices. Il est juste de lui payer largement la valeur de son immeuble, d'y ajouter même une indemnité supplémentaire pour les ennuis qui vont résulter pour lui de la nécessité de chercher ailleurs un immeuble semblable, pour le chômage forcé de son industrie, si l'immeuble exproprié est une usine, enfin pour l'attachement que l'on peut avoir pour une propriété d'agrément, une maison située dans un quartier agréable et préféré. Mais il est singulier de voir les prétentions les plus fantaisistes, les arguments les plus bizarres, invoqués dans les procès d'expropriation et, qui plus est, pris en considération par le jury [1].

Il ne rentre pas dans le cadre de notre étude de rechercher les modifications dont serait susceptible sur ce point la loi de 1841. Il est impossible de toucher au

[1] Le *Journal des travaux publics* (12 avril 1868) consacrait un article remarquable à la critique de la loi de 1841. Nous lui empruntons le passage suivant : « Les thèses les plus hasardées sont parfois soutenues devant le jury. Les dommages immatériels, si l'on peut parler ainsi, y jouent souvent un grand rôle. On a entendu des propriétaires demander des indemnités fabuleuses, en se fondant sur des considérations purement morales, sur des sentiments, sur des regrets..... Il faudrait faire justice de ces étranges moyens, mettre un terme à d'aussi manifestes abus. La juste et préalable indemnité, dont parle la loi, ne peut s'appliquer qu'à un préjudice matériel ; l'administration

jury; ce serait un crime impardonnable aux yeux de bien des gens, qui le considèrent comme une institution de droit public. Mais il y aurait des dispositions nouvelles à introduire dans la loi. On pourrait souhaiter de voir les membres du jury choisis en dehors des arrondissements traversés, et par conséquent plus indépendants des expropriés; moins nombreux, ils sentiraient davantage la responsabilité des fonctions qui leur sont confiées. La seule présidence du jury devrait appartenir au magistrat-directeur, assistant aux visites sur les lieux, aux délibérations, et, par son influence dans les travaux, empêchant des décisions fâcheuses. Les formalités de la procédure auraient besoin d'être simplifiées, en diminuant les délais, qui laissent les influences locales se faire jour et donnent toute latitude aux manœuvres des agents d'affaires.

Le législateur de 1865 avait indiqué certains moyens pour atténuer les conséquences de la loi de 1841; d'après lui, « le département ou la commune en se montrant disposé à construire un chemin de fer ou à le concéder, pourrait fixer un délai pour en rendre l'exécution définitive. Ce délai serait employé à négocier des traités provisoires, afin d'acquérir les terrains et de

doit le prix de l'immeuble exproprié et le dommage positif, appréciable qu'entraîne la dépossession, et non pas ce dommage plus ou moins imaginaire, sans forme comme sans couleur, auquel il vient d'être fait allusion. »

M. Level rapporte, p. 181, avoir vu un propriétaire, dont le jardin était traversé, faire plaider devant le jury qu'il avait eu la douleur de perdre un enfant qui aimait ce jardin et à ce point de vue, disait-il, rien ne saurait l'indemniser. Ce petit accès de sentimentalité lui réussit pleinement. Quand les choses sont débitées sur un ton pathétique, les jurés sont émus et mieux disposés à être larges.

s'assurer des avantages de tous genres que peuvent fournir les intéressés. Suivant les résultats obtenus dans ces tentatives, le projet deviendrait définitif ou serait ajourné. Cette pression toute morale et très justifiée contribuerait puissamment à faire rencontrer des dispositions empressées et des exigences modérées [1]. »

Le meilleur sera encore pour les petites Compagnies d'exiger que le département et les communes fournissent tous les terrains, estimés d'avance pour une somme fixe, ou bien que le prix total des terrains à payer par le concessionnaire ne devra pas dépasser tel chiffre, l'excédant étant supporté par les autorités concédantes. La Compagnie se trouvera ainsi soustraite aux demandes des expropriés, et ceux-ci, ayant à traiter avec un agent de l'administration départementale ou communale, se montreront plus disposés à accepter les offres qui leur seront faites.

En agissant ainsi, les Compagnies locales éviteront bien des mécomptes sur l'estimation des dépenses de premier établissement, et ne risqueront pas de voir leurs modestes ressources absorbées avant l'achèvement de leur œuvre, et leur existence, sinon perdue, au moins compromise [2].

Les considérations, que nous venons d'exposer, avaient fait désirer par la Commission, nommée en 1861 pour étudier la construction et l'exploitation à bon marché

[1] Rapport du comte Le Hon au Corps législatif.
[2] Sous plusieurs lignes des grands réseaux, l'acquisition des terrains n'a pas coûté moins de 80 et 100,000 francs le kilomètre (environ trois hectares); la Compagnie de Lyon a payé 272,000 francs le kilomètre (soit plus de 90,000 francs l'hectare), les terrains de la ligne du Var à la frontière d'Italie.

des chemins de fer, « que le bénéfice de la loi du 21 mai 1836, relativement aux chemins vicinaux, pût être étendu aux chemins de fer d'intérêt local, notamment dans celles de ses dispositions qui concernent principalement les enquêtes et l'acquisition des terrains. » L'application de la loi de 1836 présentait ici plusieurs avantages réels pour assurer la diminution des dépenses de premier établissement et la simplification des formalités. Notamment, les jurés sont au nombre de quatre seulement ; ils sont choisis par le tribunal de première instance sur une liste dressée par le conseil général et désignés par le jugement d'expropriation ; le magistrat-directeur assiste à leurs délibérations et a même voix délibérative en cas de partage ; ce magistrat, nommé par le tribunal, peut être soit un membre de ce tribunal, soit le juge de paix du canton où sont situés les immeubles à exproprier.

La substitution de la loi de 1836 à la loi de 1841 fut vivement discutée au sein de la Commission chargée de préparer la loi de 1865 ; elle ne triompha pas. On fit valoir qu'il n'était pas possible d'assimiler les voies ferrées, même d'intérêt local, à des chemins vicinaux de grande communication, que le trouble apporté à la jouissance de la propriété par le passage d'un chemin vicinal ne saurait être comparé à celui qu'entraîne nécessairement avec lui l'établissement d'un chemin de fer, l'un entravant à peine les facilités de communication, l'autre les supprimant ou les rendant très difficiles. La légitimité de l'expropriation, pensait le rapporteur, se justifie complètement, même pour une cause d'un intérêt purement local, mais encore faut-il que cette dérogation au principe de l'inviolabilité de

la propriété soit entourée de formes légales, soigneu-
sement combinées. Au fait de la dépossession viennent
encore s'ajouter des considérations fort graves : une
propriété peut appartenir à des absents, être l'objet
de privilèges, servitudes, hypothèques, de droits appartenant à des mineurs ou à des femmes mariées ;
les prescriptions de la loi de 1841 seront pour eux une
précieuse sauvegarde. Le grand jury présente plus de
garantie, quant à la fixation de l'indemnité, que le
petit jury, et le propriétaire ne doit pas avoir à redouter
une législation, qui aurait pour effet d'empêcher qu'il
lui soit attribué la juste indemnité qui lui est due. Il
y a de nombreux délais, qui rendent très longue l'instruction des affaires d'expropriation, mais ces lenteurs
sont réclamées par une juste protection et ne tiennent
pas toutes aux formalités de la loi de 1841. Le rapport
concluait en disant qu'en adoptant le système de la
loi de 1841 pour l'expropriation et l'évaluation de l'indemnité, la Commission ne croyait pas porter une atteinte grave à l'exécution des chemins de fer à établir
dans des conditions simples et économiques. « Le mieux
lui semblait être dans un système mixte, résultant de
la combinaison des deux lois de 1836 et de 1841 ; mais
il ne croyait, dans la préparation d'une loi spéciale,
sortir du sujet qui lui était soumis, ni s'attacher à des
matières appartenant à un autre ordre d'idées.

Parmi les modifications apportées à la loi de 1865
par le projet de 1870, figurait la substitution du jury
d'expropriation, établi par la loi du 21 mai 1836 à
celui institué par la loi du 3 mai 1841. L'article 2
renfermait un paragraphe ainsi conçu : « Les indemnités dues pour cession de terrains occupés par une

ligne d'intérêt local seront fixées par le jury d'expropriation institué par la loi du 21 mai 1836 sur les chemins vicinaux ; le jury, établi par la loi du 3 mai
1841 ne serait appelé à fonctionner qu'à titre de jury
d'appel. » Le comte Le Hon, chargé du rapport sur ce
projet, conclut au rejet de cet amendement. Les mêmes considérations, qui avaient inspiré la décision du
Corps législatif en 1865, avaient conservé toute leur
valeur et toute leur force ; toutes les lenteurs que le
projet voulait supprimer, reparaissaient, grâce à la
disposition qui constituait en juge d'appel le jury institué par la loi de 1841, la plupart des expropriés ne
devant pas hésiter à en appeler à une juridiction réputée
plus favorable ; en offrant moins de garanties à la
propriété, on risquerait d'amener une plus grande
exagération dans les demandes et de rendre plus difficile une évaluation équitable ; enfin le jury de 1836,
se plaçant à un point de vue moins élevé, pourrait
ne pas apprécier assez largement les considérations
variées, qui permettent d'établir une juste balance
entre le dommage causé et l'indemnité allouée.

En 1878, lorsque l'on prépara deux projets de loi
(depuis fondus ensemble) sur les chemins de fer d'intérêt local et sur les tramways, le rapporteur de ce
second projet, M. Hérold, pensa que, lorsque l'établissement d'un tramway donnerait lieu à des expropriations, soit pour élargir la voie principale, soit
pour créer des déviations ou autres voies accessoires,
l'application de la loi de 1841 pourrait être avantageusement remplacée par celle de l'article 16 de la
loi de 1836. « Cette procédure sera plus expéditive,
disait-il. L'opinion publique ne proteste pas, en gé-

néral, contre la manière de faire du jury de la loi de
1836. Enfin, les tramways étant au regard des chemins
de fer, assimilables à ce que sont les chemins vicinaux
au regard des routes départementales et nationales, il y
a une raison d'analogie pour faire bénéficier les tramways de l'institution organisée par la loi de 1836 [1]. »
En conséquence, la Commission proposa un article 7
ainsi conçu : « Lorsque pour l'établissement d'un tramway ou d'une déviation ou voie accessoire, il y aura
lieu à expropriation, cette expropriation sera opérée
conformément à l'article 16 de la loi de 1836 sur les
chemins vicinaux. » MM. Caillaux et de Lafayette criti-
quèrent cette rédaction et firent remarquer qu'il y aurait anomalie à donner compétence au petit jury quand
il s'agirait d'agrandir les routes départementales et nationales pour l'établissement d'une voie ferrée, alors
que ces routes ne pourraient être agrandies pour les
besoins de la circulation ordinaire, en vertu de la loi
de 1836. Cet article, remanié conformément à ces observations, est devenu l'article 31 de la loi de 1880,
ainsi conçu : « Lorsque pour l'établissement d'un tramway, il y aura lieu à expropriation, soit pour l'élargissement d'un chemin vicinal, soit pour l'une des
déviations prévues à l'article 26, cette expropriation
pourra être opérée conformément à l'article 16 de la
loi du 21 mai 1836 sur les chemins vicinaux et à l'article
2 de la loi du 8 juin 1864. »

L'application de la loi de 1836 aux chemins de fer
d'intérêt local ne fut pas proposée au Sénat; à la
Chambre des députés, le rapport de M. Brice exprimait

[1] Sénat. Séance du 16 décembre 1878.

le regret que l'on n'eût pu soumettre à un régime
d'expropriation tous les chemins de fer d'intérêt local
et toutes les parties de ces chemins ; souvent des sections de ces chemins emprunteront le sol des chemins
vicinaux, et il estimait que la nécessité de recourir pour
la même ligne à des modes d'expropriation différents
serait dans la pratique une cause d'inconvénients nombreux ; et, d'autre part, refuser au chemin de fer d'intérêt local toute application de la loi de 1836, eût été
soumettre l'établissement d'un chemin vicinal à une
loi différente, suivant que l'élargissement eût été ré-
clamé pour les besoins de la circulation ordinaire ou
pour ceux de la circulation à vapeur. « Le seul moyen,
ajoutait-il, d'éviter toute complication et toute lenteur,
serait de généraliser la loi de 1836. Nous n'avons pas
voulu aller jusque-là. Conservant l'une à côté de l'autre
nos deux lois de 1836 et de 1841, nous avons cru qu'il
fallait les conserver comme elles sont, sans en augmenter et sans en diminuer les prévisions ; nous les avons
prises en quelque sorte tout d'une pièce. Pour toute la
partie des chemins de fer d'intérêt local construite à
travers champs, on aura recours à la loi de 1841 ; on
aura recours à la loi de 1836 en cas d'élargissement
des chemins vicinaux. Nous ne faisons que consacrer
la législation actuellement en vigueur dans notre article 5[1]. Mais, dans un rapport supplémentaire en

(1) « Les expropriations nécessaires pour l'établissement d'un chemin de fer d'intérêt local seront faites conformément à la loi du 3 mai
1841. Toutefois, lorsqu'il y aura lieu à expropriation, soit pour l'élargissement, soit par une déviation accessoire du chemin vicinal, cette
expropriation sera opérée conformément à l'article 16 de la loi du 21
mai 1836 sur les chemins vicinaux, et à l'article 2 de la loi du 8 juin
1864 » (Art. 5).

date du 16 décembre 1879, M. Brice reconnaissait que cet article avait l'inconvénient d'obliger le concessionnaire d'un chemin de fer d'intérêt local, dont quelques sections emprunteraient des terrains destinés à l'élargissement ou à la déviation d'un chemin vicinal, à recourir à deux législations différentes; il était donc préférable que toutes les expropriations fussent faites conformément à la loi de 1841. Une seule exception était apportée à ce principe : lorsque le concessionnaire n'aurait d'autres expropriations à réclamer que celles ayant pour objet l'élargissement ou la déviation d'un chemin, il opérerait d'après la loi de 1836. La Chambre des députés, dans la séance du 20 décembre 1879, votait l'article 5 ainsi rédigé : « Les expropriations nécessaires pour l'établissement d'un chemin de fer d'intérêt local seront faites conformément à la loi du 3 mai 1841. Toutefois, lorsque les expropriations nécessaires à l'exécution des chemins ne devront porter que sur des élargissements ou sur des déviations accessoires d'un chemin vicinal, elles seront opérées conformément à l'article 16 de la loi du 21 mai 1836 sur les chemins vicinaux et à l'article 2 de la loi du 8 juin 1864. »

Le 24 janvier 1880, le projet était porté au Sénat, et le 18 mars M. Labiche donnait lecture de son rapport; après avoir signalé quelques modifications apportées par la Commission sénatoriale, il disait : « Les articles 4, 5, … sont la reproduction de dispositions, etc., » et l'article 5 ne traite pas de l'expropriation, mais de l'homologation des tarifs. Le rapporteur a supprimé l'article 5 voté un mois avant par la Chambre des députés, sans même le signaler, alors même qu'il mentionne l'article 36 qui réglemente l'expropriation pour l'établissement des tramways. Dans le rapport du 31 mai suivant, lu à la Chambre, M. Brice ne parle plus de l'expropriation pour les chemins de fer; mais nous trouvons dans son rapport cette phrase : « ... Les autres changements apportés (par le Sénat) au texte adopté par la Chambre proviennent tous de la séparation que le Sénat a tenu à établir entre les chemins de fer d'intérêt local et les tramways. » Que conclure ? c'est que, sous l'empire de la loi de 1880, tandis que les tramways sont en principe régis par la loi de 1836, les chemins de fer d'intérêt local demeurent soumis aux dispositions de la loi de 1841, comme les grands travaux d'utilité publique et les chemins de fer d'intérêt général. Les petites compagnies locales, les conseils généraux, qui prépareront la création de lignes d'intérêt local, devront considérer l'acquisition des terrains comme l'opération la plus aléatoire et la moins soumise aux évaluations, et renoncer à l'entreprise, lorsque les résistances des propriétaires obligeraient à recourir à de nombreuses expropriations.

Les terrains acquis, le concessionnaire procédera à l'exécution des travaux, à propos desquels les cahiers des charges donneront des indications plus ou moins précises selon la nature du tracé et les accidents des terrains sur lesquels se développera la ligne; le croisement des routes (art. 10-14 du cahier-type), l'écoulement des eaux (art. 15), les tunnels (art. 16), les servitudes militaires, les mines, les carrières (art. 23-25) seront l'objet de réglementations prévoyantes, s'il y a lieu.

Les travaux sont soumis à la surveillance des préfets, sous l'autorité du Ministre des Travaux publics, afin d'empêcher le concessionnaire de s'écarter des clauses insérées dans le cahier des charges ou résultant des projets approuvés.

Le concessionnaire, s'il le juge convenable, pour une entreprise ou une fourniture déterminée, pourra procéder par voie de régie ou de traité direct, mais il lui est formellement interdit de passer avec un entrepreneur un marché à forfait, soit pour l'ensemble du chemin, soit pour l'exécution des terrassements ou ouvrages d'art, soit pour la construction d'une section de la ligne. L'expérience a prouvé que les marchés à forfait, passés par certaines Compagnies, n'ont pas donné de bons résultats : s'appliquant à un grand nombre de travaux différents, leurs détails n'étaient qu'insuffisamment préparés, les travaux étaient exécutés dans de mauvaises conditions [1], et les entrepreneurs, ne devant pas exploiter, n'avaient aucun intérêt à préparer une exploitation facile et économique [2]. C'est pour cela que l'article 26 du cahier-type exige du concessionnaire que les travaux soient adjugés par lots et sur série de prix, avec publicité et concurrence, ou sur soumissions cachetées entre entrepreneurs agréés à l'avance, lorsqu'il ne procède pas pour une entreprise ou une fourniture déterminée par voie de régie ou de traité direct.

[1] La Compagnie P.-L.-M. a dépensé des dizaines de millions pour achever et reconstruire à nouveau, sur certains points, des lignes qui, avant d'arriver entre ses mains, avaient été l'objet de marchés généraux à forfait. notamment les lignes de Dijon à Besançon, Besançon à Belfort, Auxonne à Gray, Dôle à Salins, les chemins de Rhône et Loire et du Grand-Central. » *Note sur les chemins de fer à bon marché et d'intérêt local* (1868), par M. Ruelle, ingénieur en chef des ponts et chaussées.

[2] Aucoc, *Leçons de droit administratif*, tom. III.

L'exécution des travaux a une conséquence naturelle, assez impatiemment supportée par les riverains de la ligne ; nous voulons parler de l'occupation temporaire des terrains pendant l'établissement de la voie. Cette servitude, qui a son origine dans la loi du 16 septembre 1807, a souvent été aggravée par les abus et le sans-gêne des agents des Compagnies, en l'absence d'une réglementation précise sur les formalités à accomplir et les indemnités à allouer aux propriétaires qui ont considéré cette occupation comme une charge illégale. Sur les observations des conseils généraux, un décret impérial du 8 février 1868 prescrivit les formalités à suivre ; mais il n'atteint pas pleinement son but, les propriétaires n'y trouvent qu'une satisfaction partielle, et les concessionnaires s'y heurtent à de longs retards et de grandes dépenses. En 1869, on proposa au Corps législatif de supprimer les articles 55 et 56 de la loi de 1807, qui autorise les occupations temporaires ; cette proposition fut retirée par suite des déclarations du Gouvernement, qui alléguait que de graves intérêts se trouvaient engagés dans la question et affirmait qu'un projet de loi était à l'étude [1]. En attendant que cette question soit reprise avec succès devant les Chambres, les petites Compagnies devront le plus possible éviter les demandes d'occupation temporaire et, en cas de nécessité absolue, traiter à l'amiable et rendre cette occupation peu gênante pour les propriétaires.

Les travaux terminés doivent être reçus par le département ; lorsqu'une section, susceptible d'être utilement livrée à l'exploitation, sera achevée, il sera pro-

_____

(1) Projet qui n'a jamais abouti.

cédé à sa reconnaissance, et, s'il y a lieu, à sa réception provisoire par un ou plusieurs commissaires désignés par le préfet ; sur le vu du procès-verbal rédigé par les commissaires, le préfet autorisera la mise en exploitation de la section. Lorsque la ligne entière sera achevée, il sera procédé à une réception générale et définitive dans les mêmes formes qui auront été suivies pour les réceptions partielles (art. 27).

Le cahier des charges indiquera toujours les délais dans lesquels le chemin de fer doit être exécuté.

Dans certaines conventions passées avec les grandes Compagnies, on avait primitivement fixé le point de départ des délais au jour de la promulgation du décret ou de la loi accordant la concession, mais des conventions plus récentes, donnant aux Compagnies un délai déterminé pour la production de ses projets, l'ont fait courir à partir du jour où l'administration aura approuvé l'ensemble des projets définitifs, afin de ne pas faire supporter aux Compagnies les retards provenant des lenteurs de l'administration ou des réclamations des intéressés sur la fixation des tracés.

L'article 2 du cahier-type de 1881 a adopté un autre système : les travaux doivent être commencés dans un délai quelconque et indiqué dans chaque cas particulier, à partir de la loi déclarative d'utilité public (ceci est un emprunt aux nouveaux cahiers des grandes Compagnies) ; mais l'article 2 ajoute que ces travaux seront poursuivis de telle façon que la section A soit livrée à telle époque, la section B à telle autre, et enfin la ligne entière à telle autre époque. De telle sorte que le concessionnaire a un délai pour commencer les travaux à partir du jour de la loi déclarative d'utilité publique ; mais l'époque, où la ligne devra être achevée, se trouve indiquée dans l'acte même de concession, de telle sorte que l'on fait supporter au concessionnaire les lenteurs, indépendantes de sa volonté, qui se produiront depuis le jour de la concession jusqu'à la promulgation de la loi déclarative d'utilité publique.

La sanction des obligations du concessionnaire relatives à l'entreprise des travaux est indiquée dans les articles 37 et 38 : c'est la déchéance, la perte de tous les droits qu'il tenait de l'acte de concession, accompagnée de l'attribution au département des sommes versées à titre de cautionnement, et non encore remboursées au concessionnaire [1]. La déchéance est prononcée par le Ministre des Travaux publics après une mise en demeure, sauf recours au conseil d'État par la voie contentieuse. Lorsque le concessionnaire, ayant commencé les travaux en temps voulu, se trouve en retard ou n'a pas rempli les conditions prévues, il encourt soit la perte partielle, ou totale de son cautionnement, soit la déchéance ; le département, après une mise en demeure, sollicite une décision du Ministre, sauf recours au Conseil d'État ; si la décision ministérielle ne vise que le cautionnement, ce cautionnement devra être reconstitué dans le délai d'un mois.

Au cas de déchéance, il est pourvu à l'exécution de tous les engagements du concessionnaire au moyen d'une adjudication ouverte sur la mise à prix de tous les travaux exécutés par le concessionnaire. Si deux adjudications à trois mois d'intervalle restent sans ré-

[1] Le remboursement du cautionnement se fait par cinquièmes au fur et à mesure de l'avancement des travaux.

L. B.   6*

sultat, le concessionnaire est déchu de tous droits, et les ouvrages exécutés, les matériaux réunis et les sections livrées à l'exploitation deviennent la propriété du département.

Comme on le voit, la sanction des obligations du concessionnaire est excessivement énergique; elle l'est même trop, et sa rigueur la fait rarement appliquer. Les petites Compagnies auront déjà suffisamment de peine à se constituer et à réunir les ressources dont elles auront besoin, les bénéfices à réaliser pendant la première période seront assez minimes, pour que les pouvoirs locaux se montrent bienveillants et accommodants dans la limite des intérêts du département, et accordent au concessionnaire des prorogations de délai suffisantes, quand il justifiera que l'entreprise pourra être achevée dans un temps peu éloigné, et que les travaux ont toujours été poursuivis d'une façon régulière. Ils pourraient également adoucir la pénalité des articles 37 et 38 du cahier des charges et imiter l'État, qui, dans une convention avec une Compagnie, vis-à-vis laquelle il était lié par une clause relative à la garantie d'intérêts et au partage des bénéfices (ce qui sera le cas le plus fréquent pour les chemins de fer d'intérêt local), avait stipulé que, dans le cas où, par le fait de la Compagnie, les délais d'exécution seraient dépassés, il serait déduit du compte de premier établissement des dites lignes, et pour chaque année de retard, une somme égale aux intérêts d'une année, calculée sur le tiers de la dépense totale de construction attribuée à ces lignes par la concession [1]. Ils pourraient également

_____

[1] Convention avec la Compagnie de Lyon (loi du 3 juillet 1875, art. 2).

s'inspirer des conventions de 1883, qui stipulent qu'en cas de retard, les Compagnies seront passibles d'une amende [1] vis-à-vis l'État.

Lorsqu'une ligne aura été concédée, le trafic des régions voisines peut amener les pouvoirs locaux à étudier la prolongation de cette ligne. La loi de 1880, art. 6-1°, a prévu l'hypothèse de façon à laisser toute liberté de décision ou d'action aux conseils généraux; sous aucun prétexte, leurs résolutions ne doivent être entravées par les réclamations du concessionnaire et par des engagements conclus d'avance. Toutefois, et le cas se présentera assez fréquemment, il se peut que, dans l'acte même de concession, la continuation de la ligne soit prévue, mais que, pour un motif quelconque, le concessionnaire ne veuille l'entreprendre immédiatement; une clause serait alors insérée dans le cahier des charges, assurant un droit de préférence, à conditions égales, au concessionnaire. Mais toute autre stipulation ayant pour effet d'entraver la concession de lignes d'embranchement serait nulle. La nouvelle ligne établie, le concessionnaire primitif ne pourra mettre aucun empêchement à son exploitation, ni réclamer aucune indemnité, pourvu qu'il n'en résulte aucun obstacle à la circulation ni aucun frais particuliers pour lui; il devra supporter le raccordement des deux lignes et, si le même type de voie est employé, il devra être tel que les véhicules d'une ligne puissent passer sur l'autre. Si l'autorité compétente le juge convenable, l'ancien concessionnaire devra partager l'usage des gares-terminus

---

(1) Cette clause a été insérée dans la convention passée en 1883 avec la Compagnie de Lyon; elle stipule une amende de 5,000 francs par kilomètre par année de retard.

avec les concessionnaires ultérieurs; l'usage d'une gare commune diminue les frais, facilite les relations commerciales des deux exploitations. La redevance à payer pour l'usage et le service de ces gares est fixée à l'amiable et, en cas de dissentiment, par des arbitres. Les contestations sur le principe ou l'usage des gares communes sont tranchées par le préfet entre deux chemins d'intérêt local situés dans le même département, par le ministre entre deux chemins d'intérêt local situés dans deux départements différents, ou un chemin d'intérêt local et un chemin d'intérêt général (article 60 du cahier-type de 1881).

Les travaux terminés et reçus par l'Administration, le concessionnaire doit faire l'acquisition du matériel roulant et mettre la ligne en exploitation, en se conformant aux stipulations du cahier des charges (art. 29-33 du cahier-type de 1881), et aux règlements de police et d'exploitation édictés par les ordonnances, décrets, décisions ministérielles et arrêtés préfectoraux, rendus par application des lois du 15 juillet 1845 et du 11 juin 1880.

Il doit également supporter les dépenses d'entretien du chemin de fer et de ses dépendances, de manière que la circulation y soit facile et sûre; les réparations ordinaires et extraordinaires sont entièrement à sa charge.

En cas de négligence ou de refus de la part du concessionnaire, il y est pourvu d'office à ses frais et à la diligence du préfet; et le montant des avances faites est recouvré au moyen de rôles rendus exécutoires par le préfet.

Des gardiens seront établis par le concessionnaire, partout où la nécessité en sera reconnue par le préfet, pour assurer la sécurité du passage des trains sur la voie et celle de la circulation sur les passages à niveau.

Les agents du contrôle et de la surveillance du chemin de fer sont transportés gratuitement; ils sont choisis par le département, mais il est payé pour leur service une somme déterminée à l'avance selon la longueur de la ligne exploitée [1].

Si l'exploitation du chemin de fer venait à être interrompue, le préfet prendrait immédiatement, aux frais du concessionnaire, les mesures nécessaires pour assurer provisoirement le service. Un délai de trois mois est accordé au concessionnaire pour prouver qu'il est à même de reprendre l'exploitation et pour le faire réellement; passé ce délai, la déchéance peut être prononcée (art. 39 du cahier-type).

D'autres obligations, prévues dans chaque cas particulier, pourraient encore être imposées au concessionnaire, notamment au point de vue du transport à

---

[1] Les frais de contrôle, généralement fixés à forfait, sont relatifs aux dépenses de visite, de surveillance et de réception des travaux, et plus tard de l'exploitation. Les grandes Compagnies paient de ce chef une somme annuelle de 120 francs par kilomètre exploité et de 50 francs par kilomètre en construction; pour les chemins de fer d'intérêt local, plusieurs concessions antérieures à la loi de 1880 avaient fixé ces frais à une somme annuelle de 50 francs par kilomètre à compter de la date du décret de concession, tant pour la période de construction que pour la période d'exploitation. Ce chiffre paraît suffisant et pourra être adopté dans toutes les concessions.

Le concessionnaire est tenu de verser chaque année le montant de ces frais entre les mains du trésorier général du département. En cas d'omission, le préfet rend un rôle exécutoire, qui est recouvré comme en matière de contributions directes au profit du département.

prix réduit ou gratuit des agents de l'administration départementale ou municipale ou des matériaux de toutes sortes, voyageant pour le compte du département et des communes; mais les conseils généraux ne devront pas abuser de la bonne volonté des concessionnaires, car, étant garants des insuffisances des recettes, ils ne bénéficieraient d'un avantage que pour indemniser sous une autre forme le concessionnaire.

En retour des nombreuses charges qui pèsent sur lui, tant au point de vue de l'exécution et de l'entretien de la ligne qu'au point de vue de son exploitation, le concessionnaire reçoit des autorités compétentes le droit d'assurer le transport des voyageurs et des marchandises qui, dans la région desservie par la nouvelle ligne, voudront recourir à la voie ferrée, et par conséquent le droit de percevoir une rémunération suffisante et déterminée par le cahier des charges. En d'autres termes, le contrat de concession donne au concessionnaire le monopole du transport par voie ferrée et la perception des tarifs adoptés entre les contractants.

Je viens de parler du monopole des chemins de fer. S'il y a une question débattue dans le monde des affaires, c'est bien celle-là ; depuis une vingtaine d'années, elle a été le thème favori de tous les adversaires des grandes Compagnies, qui ont essayé de trouver dans l'application de la loi de 1865 la réalisation de leurs idées : la libre concurrence en matière de chemins de fer.

Les auteurs de la loi de 1865 ne pensaient pas que les nouveaux chemins de fer seraient autre chose que des lignes régionales, n'ayant pas plus de 50, 60 ou 80 kilomètres au plus, destinées à desservir des localités

peu importantes et d'un trafic peu développé; et comme
les moyens devaient être proportionnés aux résultats
attendus, les nouveaux chemins devaient être construits
et exploités avec la plus grande simplicité, couvrant
avec leurs recettes modérées les dépenses d'exploitation
et le service du capital de premier établissement. On
les eût fort étonnés, si on leur avait dit que par cela
même qu'ils donnaient aux Conseils généraux le droit
de concéder des chemins de fer, ils bouleversaient tous
les principes jusque-là appliqués dans la matière, et
faisaient disparaître tous les avantages dus à la conduite
intelligente et mesurée de l'État dans la constitution du
réseau français. C'est cependant ce qui serait arrivé, si
d'une part l'opposition de l'État, d'autre part des dé-
boires inévitables et faciles à prévoir, n'étaient venus
mettre à néant les espérances des assemblées départementales et les calculs des financiers peu scrupuleux,
voyant partout matière à exploiter et profits à encaisser.
La loi du 10 août 1871, qui est maintenant la loi organique des conseils généraux, parut à des interprètes
bienveillants, un complément indispensable de la loi
de 1865 : d'une part, elle autorisait les Conseils généraux
à correspondre entre eux et à discuter les questions
d'un intérêt interdépartemental; d'autre part, elle semblait donner plein effet aux décisions de ces Conseils,
lorsque le préfet ne les aurait pas déférées au conseil
d'État, de telle sorte que l'intervention du pouvoir exécutif en matière de chemins de fer d'intérêt local était
supprimée.

Se jugeant libres de toute tutelle administrative, sol-
licités par des entrepreneurs d'autant moins exigeants
que pour eux la concession d'une ligne n'était qu'un

moyen de battre monnaie et de céder à d'autres leurs droits et leurs obligations, les conseils généraux se crurent appelés, moyennant quelques sacrifices, à organiser un vaste réseau, destiné en certains points à suppléer celui des grandes Compagnies, et en beaucoup d'autres à lui faire concurrence. C'était là une entreprise illégale et maladroite, condamnée d'avance aussi bien par les lois et les contrats antérieurs de l'État avec les grandes Compagnies que par les saines notions d'économie politique. La résistance du Gouvernement aux tentatives des conseils généraux était donc aussi raisonnable en droit qu'en fait; et la loi de 1880 n'a nullement modifié sur ce point les idées qui avaient inspiré la loi de 1865.

Voyons en premier lieu si, dans l'état actuel de la législation, la concurrence en matière de chemins de fer est possible.

Nous avons déjà dit que vouloir faire des chemins de fer d'intérêt local des lignes concurrentes au réseau des grandes Compagnies était se heurter aux intentions formellement et à plusieurs reprises exprimées par les auteurs des deux lois de 1865 et de 1880; leurs déclarations suffiraient à repousser la doctrine, si importante par les intérêts qu'elle met en jeu, et si puissante par la situation de ceux qui la soutiennent, qui prétendraient appliquer au transport par chemins de fer les règles de la libre concurrence, du laisser-faire laisser-passer.

Mais nous pouvons aller plus loin et affirmer que non-seulement les textes de loi ne donnent aucune force à ces prétentions, mais qu'ils ne le pourraient pas sans se heurter aux notions de droit les plus élémentaires.

Quelle est la situation du concessionnaire vis-à-vis le

pouvoir concédant, État ou département? Il n'est pas
autre chose qu'un délégué, un mandataire, soit pour
l'exécution des travaux, soit pour l'exploitation de la
ligne; s'il y a un monopole, ce monopole existe au profit
de l'État, qui l'afferme dans des conditions déterminées; les Compagnies n'ont pas plus le monopole des
chemins de fer que la Compagnie des allumettes chi-
miques n'a le monopole des allumettes ou que ne l'aurait une nouvelle Compagnie pour exploiter les postes
et les tabacs, si l'État croyait avantageux de concéder à
l'industrie privée ces diverses sources de revenus. C'est
cette notion, que méconnaissent ou font semblant d'i-
gnorer ceux qui se montrent à la fois les adversaires des
Compagnies et les partisans de la concurrence; le jour
où un ministre sera mis à la tête des chemins de fer,
sa grande préoccupation sera de supprimer et de ne pas
créer des lignes destinées à faire double emploi. En
attendant et jusqu'à l'expiration normale ou anticipée
de leurs concessions, l'État est propriétaire des chemins
de fer, et les Compagnies n'en sont que les fermiers.

Voici ce que disent les conventions de l'État des
grandes Compagnies :

Art. 36 du cahier des charges. — « À l'époque fixée
pour l'expiration de la présente concession, et par le
seul fait de cette expiration, le Gouvernement sera
subrogé à tous les droits de la Compagnie sur le chemin
de fer et ses dépendances, et il entrera immédiatement
en jouissance de tous ses produits. »

Art. 42. — « Pour indemniser la Compagnie des travaux et dépenses qu'elle s'engage à faire par le présent
cahier des charges, et sous la condition expresse qu'elle
en remplira exactement toutes les obligations, le Gou-

vernement lui accorde l'autorisation de percevoir pendant toute la durée de la concession, les droits de péage
et les prix de transport ci-après déterminés. »

Et le cahier des charges-type des chemins de fer
d'intérêt local renferme les articles 35 et 41, qui sont
la reproduction littérale des deux articles que nous
venons de transcrire, sauf que le département y joue
le rôle de l'État.

La lecture de ces textes nous fait connaître la nature
des engagements et le caractère des parties, et justifie
les paroles de M. Dufaure, rapporteur de la loi organique des chemins de fer : « L'État reste propriétaire
du chemin ; ce n'est pas véritablement une concession
qu'il accorde, mais un bail qu'il consent. » Mais alors,
nous devrons lui appliquer les règles du contrat de
louage, qui selon la définition du Code civil est « un
contrat par lequel une des parties s'oblige à faire jouir
l'autre d'une chose pendant un certain temps et moyennant un certain prix que celle-ci s'oblige à lui payer »
(art. 1709).

Quelle est l'obligation de l'État, de quoi est-il tenu
de faire jouir la Compagnie? De la perception des droits
de péage et des prix du transport, nous dit l'article 42,
et non pas seulement du droit, peu avantageux en lui-
même, de faire poser des rails sur le sol et d'y faire
circuler des wagons. Ce qui lui est concédé, c'est le
trafic tout entier d'une région, s'exerçant normalement
et librement dans une direction déterminée; si c'est
l'exploitation du trafic, qui est l'objet de l'obligation de
l'État, pense-t-on qu'il puisse la concéder une seconde
fois lorsqu'une première convention a déjà épuisé tout
son droit. L'État ne peut pas plus concéder une ligne

dans une région déjà desservie par un chemin de fer,
que le propriétaire d'une forêt ou d'un étang ne pourrait louer successivement à deux locataires le droit de
chasse ou de pêche.

Les obligations des Compagnies, qui constituent le
prix du bail, sont assez nombreuses ; elles se ramènent
toutes à celle-ci : « exécuter le chemin de fer à leurs
risques et périls, et en abandonner ensuite la propriété
à l'État. »

La concession constitue donc un contrat à titre oné-
reux, entraînant des engagements pour l'État et des
engagements pour les Compagnies, engagements qui
sont corrélatifs, sont la cause les uns des autres, ainsi
que l'indiquent les premiers mots de l'article 42,
« pour indemniser la Compagnie des travaux et des
dépenses qu'elle s'engage à faire. » Est-il admissible
que, sans motif, l'État reprenne, pour le céder une
seconde fois, le trafic par voie ferrée d'une région, à
l'occasion duquel le concessionnaire a dépensé tout son
actif social et intéressé à son avenir les capitaux de
nombreux et confiants capitalistes ?

Pour soutenir l'affirmative, on a invoqué l'article
60 du cahier des charges : « Toute exécution ou autorisation ultérieure de route, de canal, de chemin de
fer, de travaux de navigation dans la contrée où est
situé le chemin de fer, objet de la présente concession,
ou dans toute autre contrée voisine ou éloignée, ne
pourra donner ouverture à aucune demande d'indemnité de la part de la Compagnie (1). »

---

(1) Cet article 60 a été reproduit dans le cahier des charges-type
des chemins de fer d'intérêt local ; il est devenu l'article 59.

Cette réserve au profit du concédant se retrouve également dans les concessions de mines, d'eaux minérales, etc. Mais il est impossible d'y voir toutes les conséquences que l'on a voulu y rattacher. S'il en était ainsi, si elle laissait au Gouvernement le droit de concéder à l'avenir une nouvelle ligne, parallèle à la première, desservant les mêmes localités, faisant double usage avec elle, se serait-il trouvé des concessionnaires assez aventureux pour risquer dans une entreprise leurs capitaux et leur crédit, et pour voir une concurrence tromper leurs prévisions et leur enlever les bénéfices d'un trafic qu'ils auraient fait naître et développé peu à peu? Des milliards ont été depuis un demi-siècle consacrés à la création des chemins de fer, peut-on enlever toute la valeur au gage sur lequel les capitalistes se sont crus en droit de compter? Et ce gage n'est pas autre chose que les recettes concédées, et auxquelles on voudrait porter atteinte par la concurrence.

Il faut donc chercher ailleurs l'interprétation de l'article 60, telle qu'elle résulte du texte lui-même et de l'intention des parties. « L'État s'est réservé le droit de concéder d'autres chemins *dans la contrée,* c'est-à-dire de faire convenablement desservir le trafic en tous sens, autrement dit, il a entendu ne pas être arrêté là où il croirait entrevoir la nécessité d'installer une ligne, si voisine qu'elle soit d'une ligne déjà exploitée, pourvu toutefois que cette nouvelle ligne soit appelée à desservir d'autres localités, à produire un trafic différent [1]. »

(1) Albert Richard, *Législation des chemins de fer d'intérêt local,* p. 171.

Nos grandes Compagnies, en effet, bien que leurs
réseaux aient été constitués de telle façon qu'elles des-
servent des régions différentes, ont cependant des
points de contact nécessaires pour mettre en relations
toutes les parties du territoire ; c'est notamment à Paris
que cinq d'entre elles sur six ont établi le centre de
leur exploitation, et les principales lignes partent de
là comme les rayons d'une circonférence. Mais les
besoins du commerce et des considérations stratégiques
exigent que d'autres lignes relient entre elles les grandes villes de province ou les points de défense des
frontières ; ces chemins suivront une direction qu'il
était impossible d'arrêter au moment où les grandes
Compagnies se sont fondées : tantôt ils marcheront
perpendiculairement aux voies ferrées existantes, tantôt
ils se développeront parallèlement ou en biais et en
se rapprochant viendront se réunir à elles. Le voisinage forcé des Compagnies, la rencontre inévitable de
leurs réseaux auraient pu amener de leur part des
réclamations, même des protestations et des demandes
d'indemnités, plus ou moins bien fondées ; pour cou-
per court à toutes ces difficultés, ne pas être gêné
dans ses décisions, l'État a cru nécessaire d'insérer
une clause lui laissant sur ce point toute liberté d'action, dans les limites où elle pourrait se concilier avec
les intérêts des Compagnies existantes. Mais il y a loin
de là à prétendre que les traités de concession ont
réservé à l'État le droit exorbitant de céder une seconde fois ce qu'il a déjà aliéné complètement ; pour
accepter une semblable solution, nous aurions besoin
d'avoir un texte précis, une réserve formelle de l'État,
affirmant son droit de faire, quand il le jugerait à

propos, la concession d'une ligne concurrente. Reste
à savoir, si une semblable prétention n'eût pas fait
hésiter les concessionnaires qui ont entrepris les premières lignes de chemins de fer et les hommes de
finance qui les ont soutenus de leur argent.

On a encore fait remarquer que l'État, pour parer
aux insuffisances du nouveau réseau, a obligé les Compagnies à prélever, au delà d'un certain chiffre, une
partie des recettes des anciennes lignes, et à la déverser sur les lignes nouvelles et moins rémunératrices ; de telle sorte que si une concurrence s'établissait (et naturellement elle ne s'établirait que pour
lutter contre les lignes de l'ancien réseau les plus favorisées), le concessionnaire primitif, obligé de prélever
sur ses recettes nettes une somme à déverser sur le
nouveau réseau, se trouverait dans des conditions iné-
gales pour résister à une concurrence déloyale que
lui aurait suscitée le Gouvernement [1].

Ainsi donc, nous devons conclure qu'en fait de
chemin de fer d'intérêt général, l'État constitue au
profit du concessionnaire un monopole, ou, pour parler
plus exactement, crée à son propre profit un monopole
dont il cède la jouissance dans des conditions déterminées au concessionnaire, et qu'il ne peut pas le céder
à un second concessionnaire tant que durent les effets
du premier contrat et qu'il doit par conséquent s'opposer à toutes les tentatives, faites dans le but plus ou
moins déguisé, de faire concurrence aux chemins exis-
tants.

Et ce que nous disons des grandes Compagnies, nous

[1] Alb. Richard, *Chemins de fer d'intérêt local.*

devons le dire également des petites Compagnies concessionnaires de chemins de fer d'intérêt local. Le
département ou la commune, qui fait une concession
épuise son droit, et ne peut céder une seconde fois le
trafic qu'elle a loué ; ce n'est qu'un principe de droit
commun, nous dirons même un axiome de simple bon
sens. Nous constatons cependant avec regret que la loi
de 1880, préparée au milieu des préoccupations que
faisait naître la situation future des chemins de fer,
renferme une exception maladroite à ce principe. Voici
ce que dit l'article 8 : « Aucune concession ne pourra
faire obstacle à ce qu'il soit accordé des concessions
concurrentes, à moins de stipulation contraire dans
l'acte de concession. » Sans jeu de mots, cet article
n'est pas autre chose qu'une concession aux dispositions
malveillantes d'un certain nombre de membres de nos
assemblées législatives vis-à-vis des grandes Compagnies,
dont le monopole a été attaqué avec une vivacité que
l'on ne retrouve que dans les discussions politiques.
Il n'y avait pas d'autre moyen de triompher des droits
des Compagnies, que de racheter leurs concessions ; et
on a reculé devant une opération si colossale et si ha-
sardeuse. Mais, pour donner satisfaction aux esprits
prévenus, les auteurs de la loi ont cru devoir admettre,
comme possible, le système de la concurrence en matière de chemins de fer d'intérêt local. Reconnaissons
toutefois que dans la plupart des cas, ces chemins de
fer seront créés et exploités par des Compagnies à faibles
ressources, sans attache avec la haute banque et les
hommes politiques et qu'il n'y aura pas à craindre de
les voir se transformer en puissantes féodalités financières. La fin de l'article 8 permet du reste de stipuler

une réserve en faveur du concessionnaire; une clause de ce genre devra donc devenir de style dans toutes les concessions.

Telle est, à notre avis, la seule interprétation vraie des textes relatifs à l'étendue du droit des concessionnaires de chemins de fer : pour les concessionnaires de lignes d'intérêt général, les règles, conformes à la raison et au droit commun, constituent un monopole en faveur de l'État, qui en confère l'exercice et la jouissance pendant la durée de la concession; pour les concessionnaires de lignes d'intérêt local, la loi, contraire à la saine notion des choses et au droit commun, pose le principe de la concurrence, mais elle admet la renonciation à ce principe.

Est-ce à dire que désormais, l'État pour les lignes d'intérêt général, les départements et les communes pour les lignes d'intérêt local, doivent renoncer, chacun en ce qui le concerne, augmenter notre réseau ferré? Non certes, à mesure que le commerce se développe dans une contrée jusque-là déshéritée, une voie ferrée doit le solliciter et le favoriser, si les résultats peuvent compenser les sacrifices des autorités concédantes et des concessionnaires. Mais il ne faut pas que les nouvelles concessions aient un autre but, et ne visent qu'à faire concurrence à une ligne déjà construite; si une demande se présentait dans ces conditions, elle devrait impitoyablement être rejetée.

Le réseau français n'est peut-être pas le plus développé; mais il est à coup sûr le mieux conçu, celui qui, malgré bien des déceptions, a encore le moins occasionné de dépenses inutiles; il est aujourd'hui pour ses actionnaires un succès légitime et bien mérité, il est dès maintenant pour l'État une propriété en réserve, qui à l'expiration des concessions, sans bourse délier, y trouvera la source la plus importante de ses revenus [1]. Ce réseau a du reste été constitué de telle façon que son organisation ne saurait être touchée, sans que tout le système ne soit bouleversé de fond en comble. Sur les 26,800 kilomètres, qui composent le domaine des six grandes Compagnies, 4,000 à peine sont des lignes vraiment rémunératrices ; les autres ne parviennent pas à couvrir les dépenses d'exploitation et le service du capital engagé ; si leur construction et leur exploitation ont pu être menées à bonne fin, elles le doivent aux recettes réalisées sur les 4,000 kilomètres de l'ancien réseau [2]. Il existe entre les différentes lignes d'une Compagnie une telle solidarité que la concession de l'une a sa raison d'être dans la concession de l'autre et qu'on ne peut porter la moindre atteinte aux avantages qu'elle retire de quelques centaines de kilomètres sans compromettre tout son équilibre ; et il va sans dire que la plupart de projets de lignes concurrentes, préparés par les conseils généraux, étaient toutes établies dans les régions les plus riches et parallèles aux chemins les plus rémunérateurs.

Indépendamment des motifs juridiques que nous venons d'examiner, l'expérience démontre que la concurrence n'est pas possible en matière de chemins de fer,

(1) Les recettes nettes des grandes Compagnies varient entre 580 et 600 millions.

(2) Les lignes les plus productives sont toutes classées dans l'ancien réseau, qui en renferme d'autres dont les rendements sont loin d'être brillants. Cette observation est vraie surtout pour les réseaux de la Compagnie de Lyon.

L. B.   7*

et que le but poursuivi par ses partisans n'est jamais atteint. On prétend que la concurrence aurait pour effet d'amener un abaissement dans les tarifs; ce résultat ne sera jamais que passager, mais il en est un autre qui se produira infailliblement, c'est la ruine d'un des concurrents, quand les deux concessionnaires seront de force inégale; ce sera leur entente pour le relèvement des tarifs, quand ils disposeront des mêmes ressources et comprendront que la lutte est également préjudiciable pour tous deux. Partout où les partisans de la concurrence ont vu triompher leurs idées, les effets que nous signalons n'ont pas manqué de se produire. En Belgique, en Hollande, en Angleterre, aux États-Unis de l'Amérique du Nord, l'application de ce système a eu de déplorables conséquences, diamétralement opposées aux espérances qu'on en avait conçues.

En Angleterre, on est parti d'un principe complètement différent de celui adopté en France; on a admis la liberté absolue en matière de chemins de fer; toutes les concessions demandées ont été accordées. Pendant quelques années les choses ont marché à souhait, les tarifs ont été abaissés dans des proportions invraisemblables [1], puis quand toutes les ressources ont été épuisées, les adversaires ont fini par se réconcilier et se sont entendus pour relever leurs tarifs, et c'est le public qui, après tout, a payé les frais de la lutte. Stephenson avait

---

[1] Citons deux exemples que rapporte M. de Franqueville dans son ouvrage sur le *régime des travaux publics en Angleterre* : « En 1857, grâce à la compétition du London and North-Western et du Great-Northern, les tarifs entre Londres et Manchester (293 kilomètres) tombèrent de 75 francs (première classe) et 50 francs (deuxième classe) à 8 fr. 75 et 7 fr. 50. Les Compagnies écossaises du Caledo-

dit que là où la coalition est possible, la concurrence est impossible ; ses compatriotes ont méconnu cette maxime, et l'Angleterre a consacré des milliards à la construction de chemins parfaitement inutiles, et dont le sixième à peine rapporte un intérêt supérieur à 5 0/0, malgré le mouvement considérable des voyageurs et des marchandises, et un revenu brut qui n'est pas inférieur à 1,450 millions. Du reste, les pouvoirs publics se sont inquiétés de cette situation et ont favorisé, dans les limites du possible, la suppression de la concurrence par la fusion des Compagnies, la constitution des grands réseaux et un système de contrôle gouvernemental plus ou moins efficace. De leur côté, les représentants des Compagnies les plus considérables, dans une assemblée tenue à Londres en 1858, votèrent à une très grande majorité les quatre propositions suivantes : « 1°) les tarifs des voyageurs et des marchandises doivent être établis de façon à assurer aux Compagnies les bénéfices les plus considérables sans pourtant sacrifier les intérêts du public ; 2°) lorsque deux ou plusieurs Compagnies desservant les mêmes points ne peuvent s'entendre pour établir des tarifs uniformes, elles doivent avoir recours à un arbitrage pour fixer les points en litige ; 3°) lorsqu'il existe deux ou plusieurs routes pour aller d'un endroit à un autre, les tarifs doivent être égaux pour toutes ces routes ; 4°) l'assemblée recommande vivement aux Compagnies de faire trancher leurs différends par des arbi-

nian et d'Edimburgh-Glascow abaissèrent les tarifs entre ces deux villes (93 kilomètres) de 10 francs, 7 fr. 50, et 5 fr. à 1 fr. 25, 0,90 c. et 0,62 cent. Il en avait été de même pour les houilles et autres marchandises dans certaines régions. Le public y gagnait, mais les Compagnies s'en lassaient chaque jour davantage » (t. I, p. 30).

tres, au lieu d'avoir recours à des procès ruineux. »
Ainsi, la concurrence en Angleterre a abouti à la fusion
et à la coalition.

Les États-Unis de l'Amérique du Nord avaient, en
1880, un réseau qui ne s'élevait pas à moins de 150,000
kilomètres de voie ferrée, dont une grande partie a été
établie dans des conditions de simplicité inconnues en
Europe ; le coût moyen n'a pas dépassé 200,000 fr. par
kilomètre. Aucun contrôle n'a fixé la direction des lignes, les rapports des Compagnies ; la théorie du laisser-
faire s'est appliquée sans entraves. Mais on n'a guère eu
à s'en féliciter : de 1872 à 1876, les obligataires de 196
Compagnies ont perdu plus de 4 milliards, sans parler
des actionnaires, spéculateurs, etc. Une nouvelle crise
s'est produite en 1880, et aujourd'hui encore les Compagnies paraissent toutes vouées à la faillite et à la ruine.
À quelle cause attribuer ces catastrophes? Ce n'est pas,
à coup sûr, à l'absence de trafic, mais c'est certainement
à cet esprit de hardiesse et de rivalité, utile dans toutes
les industries, mais coupable en matière d'exploitation
de chemins de fer, et qui caractérise les populations
anglo-américaines [1].

La Belgique et la Hollande, sur le continent, ont appliqué le principe de la concurrence et elles n'ont pas
eu davantage à s'en louer. Le Ministre des Finances

(1) En même temps que la concession du chemin de fer, les Compagnies américaines du *Far-West* obtiennent la cession en pleine propriété des terres non occupées qui bordent la voie ; la ligne créée, ces
terrains acquièrent de la valeur et sont revendus avec bénéfice par la
Compagnie ; c'est de là que viennent les bestiaux et céréales qui, sur
nos marchés, font concurrence aux produits européens. Voir, sur ce
sujet, l'ouvrage de M. de Mandat-Grancey, *Voyage aux montagnes
rocheuses*, Paris, 1884.

belge, M. Jamar, disait à la Chambre des représentants :
« Il est résulté de ce système une situation de concurrence dans laquelle l'industrie et le commerce ont vu la
condition du bon marché des transports; on a cru, en
Belgique comme en Angleterre, que pour assurer ce
bon marché, il fallait empêcher le monopole des chemins de fer, qu'aux lignes existantes, il fallait opposer
des lignes concurrentes. Or, l'expérience prouve que la
concurrence des chemins de fer produit des effets en
sens inverse, qu'au lieu de la réduction, elle a pour résultat final le renchérissement des prix de transport; ce
qui se passe en Angleterre ne laisse aucun doute à cet
égard [1]. »

Telles sont les déplorables conséquences qu'ont produites la liberté et la concurrence en matière de chemins de fer. Jusqu'à aujourd'hui, malgré de violentes
attaques, le monopole des Compagnies s'est conservé,
et c'est grâce à son maintien, que nos chemins de fer
ont échappé aux vicissitudes que nous venons d'indiquer. Les assemblées départementales devront donc, en
dépit de la regrettable faculté accordée par l'article 8,
renoncer à créer des voies concurrentes à celles qu'elles
auraient déjà concédées; quant aux lignes d'intérêt
général, elles nous semblent à l'abri des tentatives des
conseils généraux et municipaux. Dans tous les cas,
l'intervention du pouvoir législatif, instituée par la loi
actuelle, saura toujours paralyser des tendances qui, si
elles se généralisaient et sortaient à effet, compromet-

---

[1] Il y a quelques années, le Gouvernement belge a dû racheter un
certain nombre de lignes, uniquement parce qu'elles faisaient concurrence au réseau de l'État.

traient gravement le régime de nos voies ferrées, les intérêts du commerce et le crédit du pays.

Concessionnaire exclusif du trafic par voie ferrée des régions que traverse la ligne, la Compagnie a le droit de percevoir un prix pour les transports qu'elle exécute; ce prix, qui ne peut varier que dans certaines limites et sous la réserve de certaines formalités, est toujours fixé par le cahier des charges de chaque concession.

Nous avons reconnu que le concessionnaire de chemins de fer est entrepreneur de travaux publics et entrepreneur de transports. Aussi les cahiers des charges mentionnent-ils deux sortes de droits perçus par le concessionnaire : les droits de péage l'indemnisant des dépenses de construction du chemin, et les droits de transport correspondant aux frais de traction. Les tarifs fixent le rapport de ces deux sortes de droits comme 2 est à 1.

La question des tarifs est une des plus complexes et des plus épineuses qu'a fait naître la création des chemins de fer; tarifs généraux et tarifs spéciaux, tarifs spéciaux conditionnels et tarifs spéciaux différentiels, ont soulevé de nombreuses difficultés et ont été discutés aussi bien par les jurisconsultes que par les économistes. Nous n'avons pas à prendre parti dans ces interminables débats. Les tarifs des cahiers des charges des lignes d'intérêt local seront généralement rédigés avec la plus grande simplicité; les lignes d'intérêt local pourront, avec avantage, adopter la classification empruntée par l'article 44 du cahier-type de 1881 aux tarifs des grandes Compagnies.

Disons, d'ailleurs, que les tarifs portés aux cahiers des charges des grandes Compagnies, sont un maximum qui ne peut être dépassé, et qui, dans la pratique, n'est pas appliqué, les Compagnies trouvant un bénéfice suffisant dans le paiement des taxes inférieures. Mais reste à savoir si, même en adoptant les chiffres maxima du cahier-type de 1881, la Compagnie concessionnaire réalisera des recettes suffisantes pour couvrir ses dépenses d'exploitation et ses frais d'établissement. Il ne faut pas oublier que les tarifs doivent varier avec le trafic, et que celui-ci peut doubler et tripler sans que les frais de transport de la Compagnie soient augmentés sensiblement; par conséquent, plus le trafic des régions à desservir sera considérable, plus le concessionnaire pourra consentir des tarifs réduits; moins le mouvement sera considérable, plus les tarifs devront être élevés. Bien que la détermination des tarifs soit essentiellement une question d'espèce, on peut penser que l'application aux petites Compagnies des taxes à peu près uniformes perçues par les grandes Compagnies, ne donnerait généralement que des recettes insuffisantes; il faudra, par conséquent, dans la plupart des cas, établir des tarifs plus élevés [1]. En 1865, le rapporteur de la loi prévoyait cette nécessité et la jugeait parfaitement acceptable : « Les tarifs, disait-il, exercent sur le rendement d'un chemin une influence capitale. Pour les chemins d'intérêt local, il sera nécessaire, dans presque tous les cas, de les élever sensiblement au-dessus des limites

---

[1] En 1877, le tarif moyen de la tonne kilométrique sur les chemins français était de 0,0590 pour les grandes Compagnies, et 0,0858 pour les petites Compagnies, mais le tarif moyen du voyageur kilométrique était de 0,0521 pour les grandes Compagnies, et de 0,0486 pour les petites Compagnies. Cfer. de Foville, *La transformation des moyens de transport*. Paris, 1880.

actuelles. Le tarif devra être proportionné aux dépenses d'établissement et d'exploitation comme au service rendu. Les avantages pour une localité qui aura un chemin de fer seront trop grands, à tous les points de vue, pour ne pas permettre de percevoir, pour le transport, des prix élevés qui ne grèveront pas, outre mesure, ni le producteur, ni le consommateur; ils se trouveront toujours inférieurs au prix de transport par les voies de terre. Il est impossible, ajoutait-il, de fixer à cet égard des maxima. Les tarifs varieront tellement, et seront subordonnés à tant de conditions spéciales, qu'on doit laisser toute liberté aux conseils généraux pour les fixer et les débattre avec les demandeurs en concession. L'application des taxes ordinaires rendrait impossible l'exécution de la plupart des lignes; des tarifs élevés produiront le résultat opposé, et le développement du trafic amènera graduellement leur abaissement, car on aura toujours intérêt à augmenter le produit brut.

Sans doute, l'exhaussement des tarifs ne saurait être érigé en principe pour les lignes d'intérêt local; car il aurait pour conséquence de placer les régions qu'elles desserviraient dans des conditions défavorables vis-à-vis les départements voisins traversés par les grandes lignes. On ne doit le considérer que comme un expédient à employer, lorsque l'insuffisance du trafic sera telle que la Compagnie concessionnaire ne pourra pas faire différemment, et que, de son côté, le département ne voudra pas augmenter sa subvention dans des proportions exagérées. N'est-il pas préférable d'imposer une surtaxe de quelques centimes aux expéditeurs, si l'usage de la voie ferrée lui permet de réaliser une économie consi-

dérable sur les transports par les voies de terre ? Dans
certains pays, où les communications sont difficiles, les
moyens de transport insuffisants, le coût kilométrique
de la tonne transportée s'élève jusqu'à soixante quinze
centimes et un franc; l'agriculteur et l'industriel trouveront encore avantage à payer vingt et vingt-cinq centimes et à expédier leurs produits par la voie ferrée. Du
reste, l'élévation des tarifs ne sera jamais que provisoire ; lorsque le trafic de la ligne augmentera, les prix
de transport devront s'abaisser dans une proportion
semblable, pour le plus grand avantage du public et
du concessionnaire; les deux phénomènes sont connexes
et sont la cause l'un de l'autre : l'augmentation du
trafic amène une diminution des tarifs et la diminution
des tarifs produit d'ordinaire un trafic plus important.
Les Compagnies concessionnaires auront donc tout intérêt à abaisser leurs tarifs d'elles-mêmes, aussitôt que
la chose sera possible. Du reste, les conseils généraux
pourront insérer dans le cahier des charges une clause,
en vertu de laquelle les tarifs ordinaires seront appliqués lorsque la recette brute kilométrique atteindra un
certain chiffre. Il pourra également être convenu que
les tarifs seront révisables après une période déterminée,
tous les cinq ans par exemple, et subiront des réduc-
tions en rapport avec l'accroissement du rendement du
chemin de fer.

Le cahier des charges mentionne, comme le prescrit
l'article 4 de la loi de 1880, le maximum des tarifs
à percevoir par le concessionnaire; ces tarifs, comme
l'ensemble de la concession, sont donc soumis à l'appréciation des Chambres législatives. Néanmoins, la
perception, soit de ces tarifs, soit de tarifs réduits dans

les limites du maximum, doit être homologuée par l'administration. Ce droit d'homologation a été, quant à ses conséquences, longtemps discuté par les Compagnies; l'Administration peut-elle apprécier discrétionnairement les modifications proposées par les Compagnies et refuser de les approuver, sans se fonder sur un motif de droit, et leur imposer des taxes différentes? Malgré leurs résistances, le conseil d'État a fini par donner raison aux prétentions du Gouvernement et a admis « que le mot *homologation* a toute la valeur du mot *approbation*, et qu'il appartient à l'autorité supérieure d'examiner les tarifs proposés par les Compagnies de chemins de fer au point de vue des besoins généraux du commerce du pays et au point de vue de la saine équité qui doit présider à ses transactions. Ce n'est pas à une simple homologation ou à une sorte d'enregistrement qu'est réduite l'Administration; elle a un véritable droit d'approbation [1]. — Il ne sera plus loisible à personne, disait au Sénat M. Lacrosse, de contester la portée du mot homologation; le sens en est fixé. L'homologation comprend l'approbation, la désapprobation des tarifs [2]. » On pourrait contester l'application de cette théorie aux chemins de fer d'intérêt local, car, la circulaire ministérielle du 12 août 1865, relative à l'exécution de la loi du 12 juillet précédent, expliquait que l'homologation des tarifs, déléguée aux préfets par l'article 2 de la loi que nous citons, avait pour objet « de s'assurer que les modifi-

(1) Déclaration de M. Rouher au Sénat. *Procès-verbaux*, 1857, t. I, p. 427.

(2) Séance du 9 juin 1857. *Procès-verbaux*, 1857, t. II, p. 722.

cations de tarifs proposées par les Compagnies ne constituent aucune dérogation aux dispositions du cahier
des charges. » Il semble bien résulter de la déclaration
ministérielle que le rôle de l'administration est ici
moins étendu, et cette restriction se justifie parfaitement, d'abord parce que cette attribution du Ministre
est déférée au préfet et surtout parce que la question
des tarifs est, comme nous l'avons dit, moins compli-
quée en matière de chemins de fer d'intérêt local et
qu'elle touche à des intérêts moins importants. Sans
nous montrer trop affirmatif, nous inclinerions à penser que les motifs étant les mêmes sous l'empire de la
loi de 1880, la même limitation doit, aujourd'hui encore, être imposée aux pouvoirs de l'administration,
relativement aux modifications à apporter aux tarifs.

C'est le Ministre des Travaux publics qui homologue
les tarifs des lignes d'intérêt général. Pour les chemins
d'intérêt local, il faut distinguer : si la ligne s'étend sur
plusieurs départements, ou bien s'il s'agit de tarifs
communs à plusieurs lignes, c'est le Ministre qui est
compétent; si la ligne ne sort pas du département, l'homologation appartient au préfet.

Nous avons supposé jusqu'ici que les modifications à
apporter aux tarifs avaient pour but de les abaisser en faveur du public au-dessous des maxima fixés par le cahier
des charges. Il se produira quelquefois, que les prévisions du concessionnaire sur l'évaluation du trafic n'auront pas été exactes, et que l'exploitation de la ligne donnera une recette inférieure aux calculs des contractants,
même en appliquant les tarifs maxima du cahier des
charges. Il sera alors nécessaire de les réviser et de les

relever, en apportant dans cette opération toute la prudence et la modération nécessaires. Il ne s'agit plus ici de se conformer à la lettre et à l'esprit du cahier des charges, mais d'y ajouter des conditions plus avantageuses pour le concessionnaire. A ne consulter que la rigueur des principes, nous devrions conclure que le cahier des charges ayant été sanctionné par le pouvoir législatif, le relèvement des tarifs, au-dessus du maximum fixé, est une dérogation grave aux conventions des parties et doit être soumis à l'approbation des Chambres. Le législateur de 1880 n'a pas eu ce scrupule; il fallait éviter des formalités, des lenteurs. L'article 10 exige seulement que le concessionnaire communique ses observations, soit au Conseil général, si la ligne a été concédée par le département, soit au Conseil municipal si elle a été concédée par la commune; si le Conseil les trouve fondées, son avis est joint à la demande du concessionnaire et le tout est soumis au Ministre qui statue par un décret rendu en la forme des règlements d'administration publique, c'est-à-dire le Conseil d'État entendu.

Le concessionnaire perçoit, avons-nous vu, un double droit : droit de péage correspondant aux dépenses d'établissement de la voie; droit de transport correspondant aux frais de traction; son monopole, avec le caractère que nous lui avons reconnu, lui assure, à l'exclusion de tout autre, la perception des droits de péage et des droits de transport. Les Compagnies d'intérêt général, qui ont cependant adopté le même type de voie, ont l'habitude d'opérer le transbordement des marchandises à leurs gares de jonction, afin de ne pas laisser sans emploi leur matériel roulant. Lorsqu'il se trouve des marchandises voyageant par wagon complet, afin d'éviter des transbordements qui occasionnent toujours des frais et parfois amènent des accidents, elles se contentent d'amener ces wagons sur leur réseau, les joignent à leurs trains de marchandises et les rendent à leur destination au moyen de leurs propres machines-locomotives. Elles perçoivent ainsi les deux droits de péage et de transport, et paient à la Compagnie voisine un prix de location réglé d'avance [1].

La loi de 1880 est allée un peu plus loin. Après avoir admis que l'autorité concédante aurait toujours le droit d'autoriser d'autres voies ferrées à s'embrancher sur les lignes concédées ou à s'y raccorder, ce qui est fort sage et permet de briser les résistances d'un concessionnaire primitif récalcitrant, elle ajoute qu'elle pourra accorder à ces entreprises nouvelles, moyennant le paiement des droits de péage fixés par le cahier des charges, la faculté de faire circuler leurs voitures sur les lignes concédées, art. 6-2°.

Cette disposition a peut-être été inspirée par le souvenir de ce qui s'est passé en Angleterre lors de la création des premières lignes de chemins de fer. On considérait les compagnies comme propriétaires d'une voie de transport mise à la disposition de quiconque voudrait s'en servir moyennant un droit de péage, et on pensait que la concurrence ne tarderait pas à s'établir entre les divers propriétaires de machines et de

---

(1) Si nous ne faisons pas erreur, ce prix est de 3 francs par wagon et par 24 heures. Il existe aussi des services de trains de voyageurs passant d'un réseau à l'autre sans transbordement. Citons notamment les express de Bordeaux à Marseille par Cette et de Calais à Nice par Paris.

matériel roulant. Aussi le Parlement insérait-il, dans tous les actes de chemins de fer, une clause obligeant les concessionnaires à laisser circuler sur leurs voies les machines et wagons moyennant un prix déterminé comme celui pour le transport des marchandises que les Compagnies exécuteraient elles-mêmes. Mais la concurrence entre plusieurs entrepreneurs ne s'est jamais établie en réalité, d'abord, parce que les Compagnies n'étaient tenues de fournir que l'usage de la voie, et ensuite, parce qu'il était indispensable de maintenir l'unité dans la direction de l'exploitation [1].

Nous ne ferons pas remarquer que l'article 6-2° constitue une exception au principe du monopole du concessionnaire, principe méconnu d'ailleurs par l'article 8 ; mais nous ne comprenons pas bien la rédaction de ce § 2 : ou bien le concessionnaire, propriétaire de la voie, devra se contenter de percevoir de la part du concessionnaire voisin le droit de péage, mais alors il faudra que ce dernier se charge de la traction des voyageurs et des marchandises, en un mot fasse circuler des *trains* avec tous leurs accessoires ; ou bien, il n'est tenu que de faire passer les *voitures* du concessionnaire et alors il devra percevoir les droits de péage et les droits de transport, sauf à payer la location des wagons. Si c'est la seconde hypothèse que la loi a prévue, nous la trouvons fort raisonnable, elle n'est que la consécration des usages des grandes Compagnies, mais alors il ne suffit pas que le concessionnaire perçoive les droits de péage, comme le veut l'article 6-2°, il faut encore qu'il perçoive les droits de transport, sauf à payer un droit de

(1) Ch. de Franqueville, *Les travaux publics en Angleterre*, t. I, p. 9.

location pour les véhicules transbordés. Si, comme nous le croyons, la loi a voulu donner à un concessionnaire postérieur le droit de lancer sur la ligne du concessionnaire primitif des trains complets avec locomotives, tenders, wagons, etc., ce dernier ne percevra sans doute que les droits de péage, mais la loi aurait dû substituer au mot *voitures*, qui a un sens particulier, le mot *trains*, qui comprend l'ensemble d'un convoi et du matériel roulant.

Durée des concessions.

Les concessions de chemins de fer d'intérêt local, comme celles des chemins d'intérêt général, ne sont en définitive qu'un contrat de louage intervenu entre l'autorité concédante et le concessionnaire; la voie ferrée et ses accessoires appartiennent dès l'origine au concédant, qui doit les reprendre le jour où expireront les délais de la concession.

À l'origine, alors que le caractère juridique des concessions n'était pas encore fixé comme il l'est aujourd'hui, les concessions furent perpétuelles : citons celles des lignes de la Loire à Saint-Étienne (1823), Saint-Étienne à Lyon (1826), Andrézieux à Roanne (1828), Alais à Beaucaire (1833). Postérieurement, les concessions furent faites pour une période, qui n'a jamais dépassé 99 ans. Jusqu'en 1852, les concessions furent souvent faites sous forme d'adjudications, et le rabais porta sur la durée de la concession, qui descendit jusqu'à 27 ans. À partir de cette date, les conventions, passées avec les Compagnies, adoptèrent le chiffre de 99 ans et firent disparaître les concessions perpétuelles.

Mais il faut remarquer que, pour les concessions de
lignes nouvelles faites à des Compagnies existantes, on
a admis une durée limitée à celle qui reste à courir
pour l'ensemble du réseau ; c'est une conséquence de
ce que le cahier des charges des anciennes lignes a été
étendu aux nouvelles. Un certain nombre de lois de
concession, rendues en 1875, l'ont même stipulé expressément, soit pour des concessions faites aux grandes
Compagnies, soit pour des concessions faites à des Compagnies nouvelles.

Pour les chemins de fer d'intérêt local, il n'a jamais
été question de leur enlever le bénéfice des règles du
droit commun ; ils ont failli le perdre cependant.
Lorsque la Chambre des députés fondit en une seule loi
les deux lois sur les chemins de fer d'intérêt local et
sur les tramways, ces derniers ne pouvaient être concédés pour plus de 50 ans. Cette limitation fut généralisée par les rédacteurs de la nouvelle loi ; mais l'erreur
fut signalée au Sénat, qui fit disparaître toute exception, aussi bien pour les chemins de fer que pour les
tramways. Les départements et les communes adopte-
ront donc la durée qui leur paraîtra convenable, et qui,
pensons-nous, ne devra pas être inférieure à 75 ans. Elle
ne paraîtra pas exagérée si l'on songe que les dix ou
vingt premières années ne seront pas très fructueuses,
et que l'amortissement du capital-actions et du capital-
obligations exigera une annuité d'autant moins forte
que la durée de la concession sera plus longue.

Quant au point de départ de la durée de la concession, il a varié selon les cas. Les premiers actes de
concession l'avaient fixé à la date de la loi ou du décret
homologuant la concession ; mais on jugea préférable

de choisir le jour fixé pour l'achèvement des travaux, la véritable jouissance de l'exploitation ne commençant qu'à ce moment. C'est ce système que reproduit l'article 38 du cahier des charges-type des chemins de fer d'intérêt général. Pour les six grandes Compagnies, dont les réseaux se sont formés par la réunion d'un certain nombre de lignes, concédées dans des conditions fort différentes, on a choisi une date précise (1) et arbitraire pour chacune d'elles.

On retrouve les mêmes variations dans les concessions de chemins de fer d'intérêt local antérieures à la loi de 1880; le cahier-type de 1881, prend comme point de départ la date de la loi qui approuve la concession.

Indépendamment de l'expiration des délais de la concession, qui est le seul mode normal de l'extinction des droits et des obligations du concessionnaire, il peut se produire bien des faits qui, avant cette date, viendront, soit modifier plus ou moins profondément les clauses du cahier des charges, soit anéantir complètement la concession elle-même, et dégager pour l'avenir le concédant et le concessionnaire de toutes obligations réciproques.

Il est impossible d'énumérer les modifications qui, durant le cours de la concession, pourront affecter d'une manière accessoire, les obligations des parties : création de stations nouvelles, augmentation de trains, pose de voies de garage supplémentaires, etc. Elles ne sont pas assez importantes pour nécessiter l'intervention de l'administration supérieure : par suite, il

(1) Le 1er janvier 1858.

L. B.   8*

suffira, si la concession émane du département, qu'il
y ait accord entre le Conseil général et le concessionnaire, conformément à l'article 48-5° de la loi du 10
août 1871; et la convention ressortira son plein effet,
si, dans les trois mois, un décret motivé n'en a pas sus-
pendu l'exécution (article 49). Si la concession a été
faite par une commune, les modifications seront débattues entre le conseil municipal et le concessionnaire, mais la délibération du Conseil municipal devra être approuvée par le Préfet, article 10-2° de la loi
de 1880.

D'autres événements, dus soit à la volonté d'un des
contractants ou de l'État, soit aux circonstances, mo-
difieront la situation des parties et leurs rapports, tels
qu'ils résultent de l'acte de concession. La loi les a
prévus et réglementés; nous devons les examiner successivement.

Du rachat. — Nous n'avons pas à nous étendre
sur ce sujet et à l'étudier en lui-même, dans ses avantages et ses inconvénients. Il a eu pendant plusieurs
années le privilège d'être discuté par tous les hommes
compétents et par beaucoup d'ignorants : depuis les
grands journaux de Paris jusqu'à la dernière feuille
de province, pas un ne s'est cru dispensé de le traiter.
Dans les Chambres législatives, dans les conférences
publiques de Paris et des départements, des orateurs
autorisés ont fait ressortir toutes les conséquences que
le rachat des grandes Compagnies aurait pour l'État,
le crédit public, les porteurs de titres et le commerce;
une foule de brochures, d'imprimés ont présenté le
pour et le contre à la masse des lecteurs. Et de fait,

la question du rachat, d'où devaient découler la concurrence et l'abaissement des tarifs, intéressait tout le monde des affaires, tous ceux qui soit pour eux-mêmes, soit pour l'expédition de leurs marchandises se servent des chemins de fer. Toute cette agitation produite par des projets, dont le sort était incertain et n'a pas abouti au gré de leurs auteurs, a eu pour conséquence les conventions de 1883, dont le résultat unique semble être l'obligation pour les Compagnies de construire un grand nombre de lignes sans profit et dans un délai trop rapproché; quant à l'abaissement des tarifs, il n'y faut pas compter de longtemps, et pour cause. Somme toute, le principal avantage de ces conventions a été de mettre un terme aux incertitudes des porteurs de titres et du monde des affaires : le commerce n'a pas obtenu une diminution de frais de transport; en retour, on a stipulé pour lui huit mille kilomètres de voies ferrées, qui seront une charge pour les Compagnies et ne desserviront que des régions peu fortunées.

Quoi qu'il en soit de toutes les discussions que le rachat des chemins de fer a soulevées, le droit de l'État est incontestable; il se trouve expressément affirmé par tous les cahiers des charges et se justifie parfaitement en théorie.

Les chemins de fer d'intérêt général ne peuvent être rachetés que par l'État qui en a fait la concession; les chemins de fer d'intérêt local, concédés par le département ou la commune, peuvent être rachetés par le département ou la commune; quand ils sont classés comme lignes d'intérêt général, le concessionnaire peut être évincé et recevoir une indemnité.

C'est l'article 6-3° qui consacre le droit de rachat pour

l'autorité concédante, aux conditions qui seront fixées par le cahier des charges.

Cette formule est la consécration des traditions antérieures en matière de rachat des chemins de fer; mais elle fait en même temps disparaître certaines difficultés assez malheureuses qu'on avait essayé de faire naître pour les lignes d'intérêt général, notamment la question de savoir si la faculté de rachat peut être exercée par le concédant, en dehors des conditions posées par le cahier des charges et sans le consentement de la Compagnie, si le rachat peut s'exercer partiellement, etc.? La formule de l'article 6-3° telle qu'elle se trouve dans la loi, avait été primitivement donnée par le Sénat, mais la Chambre des députés supprima les mots « aux conditions qui seront fixées par le cahier des charges, » de façon à rendre le rachat possible à toute époque et ne donner aucun élément pour la fixation de l'indemnité. Le Sénat rétablit les mots supprimés par la Chambre; toutefois, envisageant l'hypothèse où les droits du concessionnaire ne seraient pas réglés par un accord préalable ou par un arbitrage établi, soit par le cahier des charges, soit par une convention postérieure, il décida que l'indemnité due au concessionnaire serait liquidée par une commission spéciale, fonctionnant dans les conditions réglées par la loi du 29 mai 1845. Cette commission, instituée par décret du Gouvernement, doit être composée de neuf membres : trois désignés par le Ministre des Travaux publics, trois par le concessionnaire et trois par l'unanimité des six membres désignés; dans le cas où ces derniers ne pourraient s'entendre pour la désignation de ces trois collègues, ceux-ci seraient choisis par le premier président et les

présidents de chambre de la Cour d'appel de Paris
(art. 6, *in fine* et 11, § 3 de la loi de 1880).

L'article 36 du cahier-type de 1881 a voulu se conformer à la fois aux précédents suivis pour les chemins
d'intérêt général et à l'esprit de la nouvelle loi. Il a
envisagé les deux hypothèses du rachat opéré avant
l'expiration des quinze premières années de la concession et du rachat opéré postérieurement. Pour le premier cas, il ne fournit aucune base d'évaluation de
l'indemnité, qui devra être fixée conformément à l'article 11, § 3 de la loi de 1880 (le terme de quinze ans
étant compté à partir de la mise en exploitation effective de la ligne ou à partir de la fin du délai fixé par
le cahier des charges). Pour le second cas, l'indemnité
de rachat est calculée conformément aux règles du
cahier des charges des grandes Compagnies : on relè-
vera les produits nets annuels obtenus par le concessionnaire pendant les sept années qui auront précédé
celle où le rachat sera effectué, et en y comprenant les
annuités payées à titre de subvention ; on en déduira
les produits nets des deux plus faibles années et l'on
établira le produit net moyen des cinq autres années.
Ce produit net moyen formera le montant de l'annuité
qui sera due et payée au concessionnaire pendant chacune des années restant à courir sur la durée de la
concession ; le montant de l'annuité ne devra jamais
être inférieur au produit net de la dernière des sept
années prises pour les termes de comparaison. Le département est obligé de reprendre la totalité des objets
mobiliers qui se trouvent entre les mains du concessionnaire et le prix doit en être payé dans les six mois.

Une troisième hypothèse est celle où le rachat du

chemin d'intérêt local serait fait par l'État ; l'indemnité
à payer au concessionnaire serait ainsi fixée : si le
rachat se produit plus de quinze ans après le commencement de l'exploitation, on applique les mêmes dispositions que nous venons d'indiquer ; s'il se produit
dans les quinze premières années, l'indemnité est liquidée par la commission spéciale de l'article 11 de la
loi de 1880.

Le rachat partiel n'est pas prévu ; en conséquence,
nous le croyons impossible aussi bien pour les lignes
d'intérêt local que pour les lignes d'intérêt général. Il
ne faudrait pas le confondre avec la faculté accordée
par l'article 6 en vertu duquel l'autorité concédante a
le droit de supprimer ou de modifier une partie du
tracé, lorsque la nécessité en aura été reconnue après
enquête. Cette disposition s'appliquera principalement
en vue des cas où les chemins de fer d'intérêt local
emprunteraient le sol d'une voie publique et où des
raisons quelconques obligeraient à le leur faire abandonner ; le tracé abandonné cesserait d'être exploité
d'une façon absolue par la voie ferrée, et la dépossses-
sion du concessionnaire ne peut être assimilée au rachat, après lequel le chemin continue à être exploité,
soit par le concédant, soit par un nouveau concessionnaire. En cas de silence du cahier des charges sur ce
point, c'est la commission de l'article 11 qui liquidera
l'indemnité à payer au concessionnaire.

*De la substitution de l'exploitation directe à l'exploi-
tation par concession.* — Elle sera la conséquence, non
nécessaire du reste, du rachat. Le département ou la
commune, ayant dépossédé le concessionnaire, se trou-

vera à la tête du chemin de fer et l'exploitera. Avons-
nous besoin de dire que l'exploitation dirigée par des
agents départementaux ou communaux ne donnera pas
de bons résultats, que tous les inconvénients, que l'on
a si souvent signalés dans l'exploitation par l'État, se
reproduiront avec la même intensité dans l'exploitation
par le département ou la commune? Nous comprenons
que la négligence du concessionnaire compromette la
sécurité du service ou impose aux subventionnants le
paiement d'annuités considérées comme exagérées. Le
rachat, puis la rétrocession à une compagnie fermière,
ayant déjà fait ses preuves, présenteront alors des avantages; mais en dehors de cette hypothèse assez rare,
nous ne croyons pas que le rachat doive être opéré, et
nous considérons l'exploitation par les agents départementaux ou municipaux comme condamnée d'avance.

Ce changement devra en tous cas être décidé par le
conseil général ou municipal et confirmé par un décret
rendu en Conseil d'État.

De la transmission de la concession. — La transmission de la concession peut se produire de diverses fa-
çons : le concessionnaire primitif cédera à un tiers toute
sa concession ou seulement une partie; plusieurs concessionnaires de lignes d'intérêt local voisines trouveront avantage à se réunir en une seule Compagnie,
diminuant leurs frais généraux, ou bien la faiblesse de
leurs recettes les engagera à céder leurs concessions
à une Compagnie plus heureuse; dans un cas différent,
un concessionnaire peut tomber en faillite et se voir
impuissant à remplir ses engagements, et l'autorité
concédante renonce à prononcer la déchéance et lui

permet de liquider sa situation dans les meilleures conditions et de céder ses droits et ses obligations à un
nouveau concessionnaire (1). Dans tous les cas, le cahier
des charges se trouve plus ou moins atteint dans ses
effets; il renferme un ensemble de conventions passées
par le concédant et le concessionnaire, dont le choix
avait été fait à cause des qualités personnelles, son honorabilité, ses connaissances spéciales, ses ressources
financières. Il semble difficile d'admettre que pour une
opération qui intéresse si directement le concédant, le
concours et le consentement de celui-ci ne soient pas
nécessaires pour valider la transmission; aussi, malgré
le silence de la loi et des cahiers des charges, l'autorité
administrative et l'autorité judiciaire ont constamment
exigé cette autorisation. Par un avis du 17 février
1876, le Conseil d'État a déclaré qu'il n'y avait pas lieu
d'insérer, dans un décret relatif à un chemin de fer
d'intérêt local, un article portant que les traités de cession, fusion ou autre mesure, seraient subordonnés à

(1) Nous ne mentionnons que pour mémoire le cas assez fréquent
où la concession serait faite à une personne, qui aurait l'intention
connue d'avance de la céder à une société. Telle serait une société
de crédit, obtenant la concession et constituant une société industrielle pour la construction et l'exploitation du chemin de fer. Le
cahier des charges devra contenir une clause énonçant l'intention
des parties contractantes sur ce point, et semblable à celle que nous
lisons dans la concession du chemin d'Haironville à Triaucourt : « Le
concessionnaire aura le droit, après l'obtention du décret d'utilité
publique et l'autorisation législative, de constituer une société anonyme pour l'émission des titres, actions ou obligations. La société
qui sera ainsi formée, se substituera au concessionnaire et deviendra,
lorsqu'elle sera constituée conformément à la loi sur la matière, res-
ponsable vis-à-vis du concédant de tous les engagements contractés
envers ce dernier par le concessionnaire. »

l'approbation du Conseil général et du Gouvernement ; il invoquait cette considération, qu'une clause de ce genre n'avait jamais été stipulée et qu'elle semblerait mettre en doute un droit incontestable, qui ressort de la nature même du contrat de concession.

La loi de 1880, article 10, a confirmé cette jurisprudence constante, elle exige un décret rendu en Conseil d'État sur l'avis conforme du Conseil général ou municipal. L'inobservation de cette condition entraîne la nullité de la cession et peut donner lieu à la déchéance.

Il n'y a pas à distinguer si la cession se fait à l'amiable ou si elle est la conséquence d'une faillite. Le Conseil général prendra dans ces circonstances toutes les mesures pour assurer le service de l'exploitation, qui se concilieront avec celles prises dans l'intérêt des créanciers. La nature particulière du droit de concession et l'impossibilité de procéder à une vente judiciaire empêcheront le syndic de consentir seul à la cession en vertu de ses attributions en ce qui concerne l'aliénation soit des meubles (Co., art. 486, 534), soit des immeubles (Co., art. 487, 534, 574). Il faudra appliquer les dispositions de l'article 570, qui paraissent seules, par la nature et le but de l'opération qu'elles prévoient et par les garanties qu'elles assurent à tous les intéressés, en rapport avec la cession d'une concession qui constitue, à vrai dire, tout l'actif de la faillite [1].

Il ne faudrait pas assimiler la cession de la concession à un traité d'exploitation. Fort souvent, surtout pour les lignes à voie normale, les concessionnaires de che-

1) Aucoc, *Droit administratif*, t. III, 1334.

mins de fer d'intérêt local auront avantage à traiter avec la grande Compagnie voisine, qui fournira son matériel roulant et se chargera de l'exploitation et percevra pour son compte les droits de transport [1].

En principe, il suffira que cette convention soit approuvée par le Conseil général ou municipal, article 10-2°; l'approbation du Gouvernement semble inutile. Elle se produira néanmoins forcément dans la plupart des cas. Les traités d'exploitation interviendront d'ordinaire entre deux Compagnies, qui, chacune pour leur réseau, seront liées vis-à-vis l'État par des conventions relatives à la garantie d'intérêts et au partage des bénéfices; le Gouvernement devra vérifier si les traités d'exploitation ne sont pas de nature à modifier la situation des deux contractants et influer sur leurs droits et leurs obligations vis-à-vis le Trésor.

De la déchéance. — Nous avons déjà parlé de la déchéance : elle peut se produire dans le cas où le concessionnaire n'a pas remis au préfet les projets définitifs des travaux et lorsqu'il n'en a pas commencé

_____

[1] De nombreux décrets, même antérieurs à la loi de 1880, ont confirmé des traités d'exploitation. Citons notamment le décret du 24 mai 1872 pour l'exploitation du chemin de Poitiers à Saumur par la Compagnie de la Vendée, les décrets des 7 juillet et 18 octobre 1873 pour l'exploitaton des chemins d'Epernay à Romilly, de Nancy à Château-Salins et de Nancy à Vézélise par la Compagnie de l'Est, et le décret du 20 mai 1876 autorisant la Compagnie du Nord à exploiter les lignes concédées aux Compagnies du Nord-Est et de Lille-Valenciennes. Cette approbation, donnée primitivement par le ministre des travaux publics, l'est depuis 1872 par des décrets rendus en Conseil d'État. On avait soutenu que ces traités devaient être soumis à l'approbation du Parlement; mais depuis la loi de 1880, cette formalité ne saurait être exigée.

l'exécution dans les délais fixés par le cahier des charges (art. 33 du cahier-type), et lorsqu'ayant interrompu l'exploitation il ne se trouve pas à même de la reprendre dans un délai de trois mois (art. 39 du cahier-type). La rigueur même de ses conséquences fait un devoir aux autorités concédantes de n'employer ce moyen d'action que dans les cas extrêmes.

III.

Droits et obligations de l'État.

La participation de l'État dans la concession des chemins de fer d'intérêt local est plus importante que ne semblerait le comporter le caractère de cette concession. La loi de 1865 avait laissé une certaine liberté aux conseils généraux; mais, le mauvais usage qu'ils en ont fait a obligé le législateur de 1880 à revenir sur ces dispositions bienveillantes et à apporter un contrôle plus efficace aux délibérations relatives aux chemins de fer d'intérêt local.

Plus ou moins limitée, cette intervention se justifie parfaitement; les chemins de fer sont étroitement unis aux intérêts commerciaux, militaires, sociaux d'une nation; l'établissement même des plus modestes ne saurait appartenir complètement aux pouvoirs locaux et se soustraire aux décisions contraires de l'autorité supérieure.

L'État sanctionne la concession et peut donner une subvention, dont il fixe le montant, pour couvrir les insuffisances de recettes et assurer l'exploitation.

En retour, la loi ou le cahier des charges lui font retirer des chemins de fer d'intérêt local de précieux avantages.

Du déclassement. — La loi de 1880, art. 11, a consacré et réglé en faveur de l'État le droit de distraire un chemin de fer d'intérêt local du domaine public départemental ou communal et de le classer dans le domaine de l'État.

Lors de la discussion, on s'est attaché à bien faire ressortir cette idée, que c'est le classement seul qui détermine si une ligne est d'intérêt local ou d'intérêt général. Les circonstances de fait y sont bien pour quelque chose; il est incontestable que le plus souvent ce sont elles qui inspireront la décision de l'autorité supérieure, mais elles ne sauraient prévaloir en cas de conflit. Nous en concluons qu'une ligne, classée par une loi comme étant d'intérêt local pourra, par une loi postérieure, être classée comme étant d'intérêt général, sans autre motif que la loi elle-même. Ce droit existait, pensons-nous, sous le régime de la loi de 1865; la procédure seule a été modifiée par la loi de 1880.

Ce droit, selon la manière dont il sera exercé, peut avoir des conséquences plus ou moins étendues.

L'État se contentera parfois de faire entrer dans son domaine public et de classer dans le réseau d'intérêt général une ligne concédée par le département ou la commune comme ligne d'intérêt local. Il se substitue aux droits et aux obligations du concédant à l'égard des entrepreneurs ou concesionnaires, tels que ces droits et obligations résultent des conventions. La situation du concessionnaire n'est nullement modifiée; son mode d'exploitation reste le même; les garanties que lui assurait le cahier des charges lui sont conservées. Il n'en est plus de même du concédant, département ou commune : il a, par la concession créée à son profit une propriété, qui lui a coûté des sacrifices, mais qui doit un jour lui revenir, et compenser par ses recettes les sommes consacrées à son établissement. Une indemnité lui est due pour cette dépossession; elle sera fixée par un décret délibéré en Conseil d'État, lorsqu'elle n'aura pas pu l'être à l'amiable, art. 11 *in fine*.

D'autres fois, l'État ne se contentera pas de déposséder le concédant, il voudra encore évincer le concessionnaire pour confier l'exploitation à une autre Compagnie, ou exploiter lui-même; il y aura lieu à rachat. Le règlement des dédommagements à lui payer, se fera soit dans les conditions posées dans l'art. 36 du cahier-type ou dans une convention postérieure, soit à l'amiable et par des arbitres, soit par la commission spéciale, dont nous avons déjà parlé, et dont les fonctions sont déterminées par la loi du 29 mai 1845.

Du partage des bénéfices. — En retour de la garantie d'intérêts, l'État a droit au partage des bénéfices du concessionnaire, lorsque l'exploitation du chemin de fer réalise certaines conditions prévues par l'art. 15 de la loi de 1880.

Du service gratuit et réduction des prix. — Les chemins de fer d'intérêt local, qui reçoivent ou ont reçu une subvention du Trésor sont les seuls qui peuvent être assujettis envers l'État à un service gratuit ou à une réduction du prix des places (art. 17).

Les traités particuliers, qui sont formellement interdits au concessionnaire dans ses rapports avec le public (art. 47 du cahier-type), sont autorisés en faveur du Gouvernement dans l'intérêt des services publics. Les personnes, qui font ressortir avec tant de complaisance les sacrifices que s'est imposés l'État pour la création des chemins de fer, ne tiennent pas compte des bénéfices considérables qu'il retire de leur exploitation, et des économies qu'elles lui font réaliser (art. 54-58 du cahier des charges d'intérêt général).

En effet, les Compagnies ne perçoivent que le quart de la taxe du tarif fixé par le cahier des charges sur les militaires, marins, leurs chevaux et leurs bagages, voyageant en corps ou isolément, pour cause de service ou pour cause de congé et de libération. Si le Gouvernement a besoin de diriger des troupes ou du matériel sur un point desservi par le chemin de fer, les Compagnies doivent immédiatement mettre tous leurs moyens de transport à sa disposition pour la moitié de la taxe du tarif. La loi du 24 juillet 1873 (art. 26), la loi du 13 mars 1875 (art. 52), la loi du 3 juillet 1876, un décret du 2 août 1878 (art. 57-64) ont augmenté les obligations des Compagnies, dans le détail desquelles il serait trop long d'entrer.

Les fonctionnaires et agents chargés de l'inspection, du contrôle et de la surveillance du chemin de fer, les agents des contributions indirectes et douanes chargés de la surveillance des chemins de fer, dans l'intérêt de l'impôt sont transportés gratuitement.

Le service des postes et télégraphes entraîne aussi de lourdes charges pour les Compagnies. L'administration a droit à des compartiments de deuxième classe dans

.es trains ordinaires, à des convois spéciaux, si besoin est, payés à prix réduits, à des voitures spéciales affectées au transport et à la manutention des dépêches, l'entretien des châssis et des roues étant à la charge de la Compagnie. Elle a le droit de faire le long des voies toutes les constructions nécessaires au service des postes et télégraphes et de poser tous les appareils d'une ligne télégraphique sans nuire au service du chemin de fer.

Les lois des 3 mars, 24 et 25 juillet 1881 ont imposé des règles nouvelles pour le transport des petits paquets, pesant moins de 3 kilogrammes, auxquels on a donné le nom de colis postaux.

Citons quelques chiffres. Le rapporteur de la loi de 1865 évaluait à 15,870,000 francs (soit 3,708 francs par kilomètre) les charges imposées à la Compagnie de Lyon par les services gratuits ou à prix réduits exécutés pour le compte de l'État. Mais en 1878, l'État a économisé une somme de 74,793,000 francs sur les transports administratifs effectués par les chemins de fer, et en 1883, une seule Compagnie lui a permis de réaliser sur ces mêmes transports une économie de 11,886,000 francs, en moyenne deux centimes par tonne kilométrique, soit un tiers de la taxe payée par le commerce [1].

Ces charges si lourdes pour les grandes Compagnies ne sauraient être supportées par les petites Compagnies locales; elles devront être diminuées dans de grandes proportions en faveur de ces dernières, quand on ne pourra pas les supprimer. Nous ne pouvons que reproduire sur ce point les observations présentées en 1865

[1] Chiffres donnés par le journal *le Siècle*, numéro du 3 mai 1884.

par M. le Hon, à propos de l'article 7, devenu l'article 17 de la loi de 1880 : « Les chemins de fer secondaires, exécutés principalement avec les ressources locales, ne recevant de l'État qu'une subvention relativement faible, et voués à la plus sérieuse économie, pourront difficilement supporter une charge quelconque en faveur des services publics. Il serait peu équitable d'exiger d'eux des tarifs exceptionnels au profit des administrations publiques; elles devront autant que possible, être traitées comme le public. » Les chemins de fer locaux établis sans subvention sont libres de tout service public gratuit et de toute réduction du prix des places; ceux qui auront reçu du Trésor une subvention pourront y être assujettis; c'est facultatif de la part de l'État. Il a paru juste de lui donner le droit de s'arroger une certaine compensation pour sa coopération; mais néanmoins, l'application de ce droit devra être très limitée, « car l'État lui-même aura intérêt à faciliter l'exécution des lignes locales, en ne les grevant pas de charges. »

Par des traités avec les grandes administrations, le concessionnaire du chemin de fer pourra se charger moyennant une somme fixe de tous les transports qu'elles lui confieront.

De l'impôt foncier, du droit sur les titres, de l'enregistrement, de l'impôt sur les transports. — Les concessionnaires des chemins de fer d'intérêt général, sont astreints au paiement d'un certain nombre d'impôts : pour les uns il est le débiteur personnel de l'État et doit les porter au compte d'exploitation [1];

_____

(1) C'est pour cela que les calculs faits pour fixer le montant de la

pour les autres, il se contente d'en faire l'avance et
les recouvre sur les expéditeurs.

En premier lieu, ils doivent payer l'impôt foncier,
dû par tous les biens productifs de revenus. La voie
ferrée, les gares, magasins, ateliers de construction,
sont, de même que les canaux, taxés comme terres de
première qualité; mais ils ne sont pas soumis au droit
de main-morte comme les biens des établissements ou
personnes civiles, parce que le chemin de fer n'appartient pas au concessionnaire. La loi du 15 juillet
1880 mentionne les Compagnies de chemins de fer
percevant un droit de péage parmi les contribuables
soumis au droit de patente; le concessionnaire d'un
chemin de fer d'intérêt local y sera donc soumis quand
il aura exécuté les travaux d'établissement de la ligne.

Les titres des Compagnies sont frappés d'un droit
de timbre, perçu généralement par voie d'abonnement
(loi du 5 juin 1850), et soumis à un droit de transmission (loi du 23 juin 1857). Ces deux droits sont une
charge sociale, atteignant les actions comme les obligations; une obligation 3 0/0 au porteur, d'un revenu
brut de 15 francs, paye un impôt annuel de 1 fr. 20 c.

Il y a enfin un impôt à la charge des concessionnaires, que mentionne et fixe avec raison l'article 24
de la loi de 1880. Nous voulons parler du droit d'enregistrement, qui est dû pour l'acte de concession
comme pour tous les contrats.

En vertu de la loi du 15 mai 1818, les concessions de

---

subvention à exiger de l'État et du département sont établis en faisant déduction des impôts, art. 13; il en est de même pour fixer le
point de départ du partage des bénéfices, art. 15.

L. B.   9*

chemins de fer étaient soumises, comme les marchés de
travaux publics, au droit fixe de 1 0/0. La loi du 15 mai
1850 avait porté ce droit à 2 0/0 pour les marchés de
travaux publics, mais l'usage se conserva de maintenir
l'ancien droit de 1 0/0 en faveur des concessions de
chemins de fer; si cette coutume était légale, quand
la concession était faite par une loi, le doute fut possible sous l'Empire, alors que les concessions étaient
faites par simple décret du Chef de l'État. La question
ne fut pas soulevée à cause de son peu d'intérêt pour
le Trésor. Mais la loi du 28 février 1872 a frappé d'un
double droit les marchés de travaux publics : un droit
fixe de 3 ou 5 francs, et un droit fixe gradué. Son
application était fort admissible pour les concessions,
malgré la difficulté d'évaluation; mais les lois relatives
aux concessions ne les frappaient que du droit fixe
de 3 francs. Pour les chemins de fer concédés par
décret, la pratique peu régulière ne percevait que le
droit le plus faible, c'est-à-dire celui de 3 francs.

Pour les chemins de fer d'intérêt local concédés par
les départements, la question était beaucoup délicate;
elle a été tranchée dans un sens favorable au concessionnaire ; l'article 24 de la loi de 1880 n'exige que le
droit fixe de un franc, revenant ainsi au régime libéral
de la loi de 1818.

Nous n'avons pas à insister sur les impôts dont la
perception est faite au profit de l'État par le concessionnaire qui les ajoutera aux sommes perçues en vertu
des tarifs. Citons seulement : les droits sur le prix des
places des voyageurs (10 0/0 et en réalité 23 0/0), sur
le transport des marchandises en grande vitesse (10 0/0
et en réalité 23 0/0), sur le transport des marchan-

dises en petite vitesse (5 0/0 et supprimés en 1878); — les droits de timbre des lettres de voiture et des récépissés; — le droit de timbre sur les quittances. Rappelons pour mémoire le droit de transmission sur les titres nominatifs et au porteur (loi du 23 juin 1857), et l'impôt sur les revenus des valeurs mobilières (loi du 29 juin 1872). La Compagnie les retient sur les titres négociés ou les coupons; mais en réalité, ces impôts retombent sur les actionnaires et les obligataires, c'est-à-dire sur les capitaux de l'entreprise [1].

Remarquons en terminant que soit pour le calcul de la garantie d'intérêt, soit pour le calcul du partage des bénéfices, la loi exige toujours que l'on fasse déduction des impôts (art. 13 et 15).

[1] En 1878, l'État a prélevé 160,815,000 francs d'impôts de diverses natures sur les chemins de fer; en 1883, une seule Compagnie a payé 19,944,000 francs. Si nous ajoutons à ces chiffres ceux que nous avons déjà donnés à propos des économies réalisées sur les transports administratifs, nous voyons qu'en 1878 les chemins de fer ont, sous une forme ou sous une autre, procuré à l'État des avantages qui ne sont pas inférieurs à 235,608,000 francs.

CHAPITRE IV.

DES RESSOURCES FINANCIÈRES DES CONCESSIONNAIRES
DES CHEMINS DE FER D'INTÉRÊT LOCAL.

En matière de chemins de fer d'intérêt local, comme dans toute entreprise commerciale, la première condition à remplir c'est la réunion des capitaux nécessaires pour exécuter la construction de la ligne et en assurer l'exploitation.

La loi s'est montrée assez facile dans la constitution des sociétés ayant pour but la création de nos grandes lignes d'intérêt général qui, après bien des vicissitudes, ont fini par se concentrer pour la plupart entre les mains des six grandes Compagnies. Ces fusions successibles n'ont pas été un événement malheureux; au contraire, c'est grâce à elles que s'est constitué l'ensemble de notre réseau, dont bien des parties sont exploitées dans des conditions défavorables et n'auraient jamais pu être concédés isolément [1]. Disposant de puissantes res-

(1) On sait qu'à l'exception de quelques lignes se trouvant dans des conditions spéciales (notamment les chemins algériens concédés à la Compagnie de Lyon), les chemins de fer français sont distribués en

— 133 —

sources, dirigées par des hommes d'une valeur incontestée, elles offrent toutes les garanties désirables aux capitalistes, dont elles sollicitent les fonds pour l'extension et l'amélioration de leurs lignes, à l'État et au public, qui ont droit à une exploitation régulière et vigilante.

Les mêmes garanties ne se présentent plus quand on se trouve en présence des petites Compagnies constituées pour créer des lignes d'intérêt local. Elles n'ont pas un passé qui réponde pour leur avenir, un réseau puissamment organisé et assurant par ses bénéfices la construction et l'exploitation des nouvelles concessions qui leur sont faites. L'histoire financière des chemins de fer d'intérêt local n'est point brillante; des financiers malhonnêtes ont voulu faire des affaires aux dépens des Conseils généraux illusionnés, des capitalistes trop confiants et du public ignorant. La loi de 1865 semblait devoir contribuer au développement normal de nos voies ferrées; mal appliquée, détournée de son véritable but, elle a occasionné bien des ruines, rendu les capitaux méfiants et risqué la popularité des assemblées départementales plus aveugles et imprudentes que coupables. Elle a mis en évidence, d'une façon bien triste, ce manque d'initiative que l'on reproche tant à notre nation et qui ne nous permet pas d'agir, en dehors de la tutelle administrative, avec persévérance et réussite.

Est-ce à dire que l'idée, qu'elle essayait d'appliquer, fût mauvaise et d'une réalisation impossible? Nous ne le croyons pas; au contraire, elle renfermait des élé-

deux groupes, appelés ancien réseau, et nouveau réseau, et qu'une partie des revenus de l'ancien réseau doit être déversée sur le nouveau pour parfaire ses insuffisances.

ments qui, mis en œuvre avec prudence et en dehors de toute préoccupation de spéculation, devaient répondre à ce besoin de notre époque, faciliter dans les plus larges mesures possibles la circulation des voyageurs, le transport des produits de l'agriculture et de l'industrie.

Après quinze ans de malheureuse expérience, le législateur est intervenu pour réglementer la réunion des capitaux nécessaires, modifier les bases des subventions fournies tant par l'État que par les départements et les communes, en un mot, empêcher que les fonds fournis pour l'entreprise ne soient détournés de leur destination, et assurer, les travaux une fois terminés, l'exploitation régulière de la ligne concédée.

Nous allons examiner comment chacune des parties, intervient au point de vue financier dans la création des chemins de fer d'intérêt local. Le concessionnaire, en effet, en dehors de ses ressources personnelles, s'adressera à des obligataires, à l'État, au département et aux communes, et enfin aux propriétaires intéressés.

I.

Du capital-actions.

La loi de 1880 n'a donné aucune règle pour la réunion du capital-actions. Il faut donc s'en rapporter au droit commun. Le concessionnaire, nous le savons, peut être un entrepreneur isolé, des associés en nom collectif, avec ou sans commanditaires, ou enfin une société anonyme [1]. Ce dernier cas sera le plus fréquent.

Ce que les conseils généraux devront surtout exiger, c'est que le capital se compose en très grande partie de fonds disponibles en argent ou d'objets et de matériaux pouvant être utilement employés, soit pour la construc- tion, soit pour l'exploitation de la ligne. Des hommes d'affaires ne manqueront pas, ayant une certaine sur- face et paraissant offrir toute garantie, qui aussitôt la concession obtenue, ne songeront qu'à battre monnaie avec, je veux dire, organiseront une société anonyme en se faisant donner soit des parts de fondateur, soit des actions gratuites en représentation de leur apport. Les leçons de l'expérience sont là, assez sévères, pour rap- peler aux assemblées départementales combien ont été funestes pour les lignes locales l'influence de la spécu- lation et l'intrusion des financiers de profession.

Mais, au contraire, nous pensons qu'il sera avanta- geux de donner des actions à des industriels, qui les recevraient en paiement de leurs travaux ou de leurs fournitures. Tels seraient un entrepreneur de terras- sements exécutant les travaux d'infrastructure, un cons- tructeur-mécanicien, qui fournirait les rails, locomo- tives, wagons, etc. Ce procédé offrirait l'avantage de résoudre les difficultés que l'on rencontre toujours lorsqu'il s'agit de réunir des capitaux pour une indus- trie à établir; de plus, ces fournisseurs, étant intéressés dans l'avenir du chemin de fer, seraient plus portés à exécuter les travaux dans de bonnes conditions et à fournir des objets de première qualité et de solide con-

(1) Une fausse interprétation de l'article 10 de la loi de 1845 avait fait conclure à divers auteurs que les concessions des chemins de fer ne pouvaient être faites qu'à des sociétés anonymes.

fection. Il y a cependant un inconvénient à éviter : ces industriels sont aussi des actionnaires, comme tels ils doivent courir les mêmes risques et participer aux mêmes avantages que les capitalistes qui ont fourni leur argent; qu'ils trouvent dans les travaux le bénéfice qu'ils trouveraient dans une entreprise étrangère, rien de mieux ; mais il n'est pas juste que, sous prétexte qu'ils ne reçoivent que du papier, ils prétendent recevoir une majoration de vingt, trente, peut-être cinquante pour . cent. Ce danger serait d'autant plus à craindre qu'une partie importante du capital social se composerait d'apports en travaux ou en fournitures. Tant pis pour les autres actionnaires, dira-t-on, c'est à eux à y veiller; oui, mais, malheureusement, c'est aussi tant pis pour l'État, le département et le public. Les conseils généraux, qui feront la concession, les Chambres qui la ratifieront, auront assez d'éléments d'action et de contrôle, pour deviner les projets dangereux pour l'entreprise commune et paralyser leur exécution.

II.

Du capital-obligations.

Dans le principe, les Compagnies se sont constituées avec un capital-actions suffisant pour exécuter l'ensemble des lignes concédées; elles ne recouraient aux emprunts qu'à titre exceptionnel, en s'adressant soit à l'État, soit aux particuliers. Peu à peu, elles pensèrent que, leur crédit se développant, il serait préférable, au lieu d'augmenter leur capital social, d'émettre des obligations, de manière à faire bénéficier les actionnaires

de la différence entre les revenus des lignes à construire
et le service des capitaux empruntés. Une fois engagées
dans cette voie, les Compagnies n'hésitèrent pas recourir
à cette mesure pour se procurer les fonds nécessaires au
développement de leurs réseaux, au fur et à mesure
que de nouvelles lignes leur étaient concédées. Le type
et le taux de ces obligations ont varié selon les temps
et le crédit des Compagnies; les unes ont été garanties
par l'État, les autres ne le sont pas; dans le premier
cas, l'État a fixé sa garantie au taux de 4,50 0/0, soit
5,75 intérêt et amortissement compris. À l'heure actuelle, la plus grande partie du réseau français est due
au capital-obligations des grandes Compagnies, qui dépasse de beaucoup leur capital-actions [1]. Le même phé-
nomène s'est produit chez les nations étrangères, en
Angleterre, en Belgique, en Espagne, en Prusse. Cette
tendance, qui peut ne pas avoir d'inconvénients lorsqu'il
s'agit de puissantes Compagnies, ayant des ressources
financières importantes, un réseau rémunérateur et
assuré de la garantie de l'État, avait attiré les préoccupations des divers gouvernements, alors que l'émission
d'obligations, était faite par des Compagnies de création
récente, de peu d'importance et ayant tout à créer. Il
fallait empêcher que les capitalistes, soucieux de sauvegarder leur argent et préférant un placement de tout
repos et à faible rendement, ne fussent trompés par la
similitude des procédés et privés des garanties sur lesquelles ils comptaient. Les abus qu'entraîne la faculté

[1] Au premier janvier 1880, les six grandes Compagnies avaient
réalisé 1,475 millions en actions et 7,840 millions en obligations (chiffres ronds); en 1884, elles ont émis pour plus de 900 millions d'obligations.

d'émettre des obligations en quantité illimitée, ont été signalées à diverses reprises et la plupart des législations étrangères ont cherché dans ces dernières années à maintenir une certaine proportion entre les actions et les obligations [1].

Avant notre loi de 1880, la législation française n'avait pas réglé cette matière d'une façon générale; c'était seulement par des concessions isolées, par des conventions particulières, que l'on avait essayé de procurer des garanties aux obligataires. Tout d'abord, l'émission des obligations, garanties par l'État, ne put avoir lieu qu'avec la double autorisation du Ministre des Travaux publics et du Ministre des Finances; cette règle a été généralisée et appliquée à toutes les grandes Compagnies à la suite des conventions de 1859 (décret du 2 mai 1863, art. 27). Mais aucune proportion entre les actions et les obligations n'était déterminée. La loi de 1865 avait laissé, par son silence, subsister le droit commun. Mais le décret du 30 avril 1870, relatif à l'adjudication du chemin de fer de Clermont à Tulle, décidait que le montant des obligations ne pourrait pas dépasser les trois cinquièmes du capital-actions. Le projet de refonte de la loi de 1865, soumis au Corps législatif en 1870, contenait une disposition analogue, en défendant l'émission d'obligations pour une somme supérieure au montant des actions et des subventions réunies (art. 11). Ce projet n'aboutit

(1) Notamment les lois anglaise, belge, espagnole, prussienne; on peut en voir les principales dispositions dans les *Conférences de droit administratif* de M. Aucoc, III, § 1296. Consulter également une note de M. Demogeot, dans le *Bulletin de la société de législatiom comparée*, 1874, et, pour ce qui concerne l'Angleterre, l'ouvrage déjà cité de M. de Franqueville, I, p. 241 et suiv.

pas ; mais depuis lors, des clauses spéciales ont appliqué cette réglementation à toutes les lignes d'intérêt local concédées postérieurement [1], et le Conseil d'État a jugé que le Gouvernement, à qui la loi de 1865 attribuait la mission de déclarer l'utilité publique et d'autoriser les travaux, avait le droit de prendre les mesures relatives à assurer toute sécurité aux capitaux, qui concouraient à l'entreprise sous forme d'obligations. On admit donc désormais que toute émission d'obligations devrait être autorisée par le Ministre des Travaux publics, après avis des ministres des Finances et de l'Intérieur, qu'elle ne devrait pas dépasser le capital à réaliser en actions, et qu'elle ne pourrait avoir lieu avant que les quatre cinquièmes du capital aient été versés et employés en achat de terrains, travaux, matériel, etc.

Cette jurisprudence du Conseil d'État et du Gouvernement a été appliquée par l'Assemblée nationale lors de la concession de la ligne de Besançon à Morteau (depuis rachetée) ; l'art. 8 de la loi du 23 mars 1874 interdisait l'émission d'obligations pour une somme supérieure au capital-actions, dont la moitié au moins devait être employée et justifiée telle au moment de l'autorisation.

Le principe de la limitation des droits des Compagnies en matière d'émission d'obligations a donc été reconnu par une pratique constante des faits, non-seulement pour les chemins de fer d'intérêt local, mais encore pour les lignes d'intérêt général concédées à de

[1] Les premières décisions en ce sens portent la date du 5 août 1872 (décret de concession relatif au chemin de fer d'intérêt local de Nantes à Paimbœuf), du 6 novembre 1872 (décret de concession du chemin de fer de Nançois-le-Petit à Gondrecourt), etc.

nouvelles Compagnies. Il y a eu cependant des variations quant à la proportion des actions et des obligations : elle a été tantôt des deux cinquièmes, tantôt de la moitié. Quant à la quotité du capital-actions à employer avant l'émission des obligations, elle a oscillé entre la moitié et les quatre cinquièmes. Ce dernier chiffre a toujours été adopté par la jurisprudence en ce qui concerne les chemins de fer d'intérêt local. Néanmoins, dans un avis en date du 17 février 1876, le Conseil d'État reconnaissait, non sans raison, que cette règle ne pouvait pas s'appliquer, que l'emploi utile des quatre cinquièmes demanderait un certain temps pour être justifié, et que le dernier cinquième pourrait être dépensé avant que l'émission d'obligations ne fût autorisée et préparée ; il ajoutait que, l'état du marché étant soumis à mille influences, il arriverait que le placement des obligations se fît dans des conditions défavorables ou ne pût même pas s'exécuter et entraînât la suspension des travaux, si l'émission coïncidait avec une crise même passagère. Il concluait en disant que les concessionnaires pourraient être autorisés à faire une émission anticipée d'obligations, lorsque les actions seraient complètement libérées et la moitié employée en acquisitions de terrains, travaux, matériel, etc. Le produit de ces émissions serait déposé à la Banque de France, au Crédit foncier, à la Caisse des dépôts et consignations, pour n'en être retiré par le concessionnaire que sur l'autorisation du Ministre des Travaux publics, au fur et à mesure de l'avancement des travaux.

La loi de 1880, intervenant après une jurisprudence constante pendant dix ans, ne pouvait que s'en inspirer et la consacrer; c'est ce qu'elle a fait (art. 18). L'examen que nous venons de faire des précédents nous dispensera d'être bien étendu sur le texte même de l'article.

Le § 1 décide que toute émission d'obligations, pour les entreprises de chemins de fer d'intérêt local, devra être autorisée par le Ministre des Travaux publics, après avoir pris l'avis du Ministre des Finances.

Le montant des obligations ne doit pas être supérieur au montant du capital-actions; celui-ci devra donc être fixé à la moitié au moins de la dépense jugée nécessaire pour le complet établissement et la mise en exploitation du chemin de fer (§ 2). Au sein de la commission de la Chambre des députés, on fit observer que pour des entreprises nouvelles, comme l'étaient celles des chemins de fer d'intérêt local, il serait souvent impossible de trouver un capital-actions égal à la moitié du capital de premier établissement, et l'on proposa de donner aux concessionnaires la faculté d'émettre des obligations jusqu'aux trois quarts de ce capital, un quart seulement devant être de toute nécessité représenté par des actions. Cette solution fut rejetée; comme le disait avec raison M. Brice dans son rapport, « si les lignes projetées inspirent assez peu de confiance aux capitaux pour que leurs concessionnaires soient impuissants à former leur capital-actions de la moitié de la dépense que leur construction doit entraîner, le mieux est d'y renoncer et de s'abstenir. » Il ajoutait que « le capital-actions doit demeurer assez considérable pour que la garantie, qui lui est accordée et qu'il recevra si les frais d'exploitation sont couverts par les recettes, soit suffisante, si les recettes trompent toutes les espérances et tous les calculs, pour faire face à tous les besoins de l'exploitation. »

Nous avons dit, à propos du capital-actions qu'il
pourrait être avantageux de payer en actions les acquisitions de terrains, les travaux de terrassement, les
fournitures de matériel; mais nous avons signalé un
grave inconvénient de ce procédé, qui ne devra être
employé qu'avec beaucoup de prudence et de réserve.
Les actionnaires sont plus ou moins à même de s'assurer de l'exactitude des vérifications d'apports; les
obligataires sont dans une situation toute différente, la
loi ne veut pas qu'ils soient victimes de fraudes, qu'ils
ne pourront pas soupçonner et constater; aussi le § 2 *in
fine* décide que pour fixer le montant de l'émission des
obligations, il ne pourra être tenu compte que des actions libérées où à libérer uniquement en argent. Si
nous supposons que la Compagnie concessionnaire a été
constituée au capital de deux millions, dont le quart
a été versé en apports autres que de l'argent, il ne
pourra pas être émis d'obligations pour un capital nominal supérieur à quinze cent mille francs [1].

Le § 3 ne permet d'accorder une autorisation d'é-
mission d'obligations qu'autant que les 4/5ᵒˢ du capital-
actions auront été versés et employés en achats de
terrains, approvisionnements sur place ou en dépôt de
cautionnement. Nous avons signalé un avis du Conseil
d'État, en date du 17 février 1876, qui reconnaissait
les difficultés que présentait l'application rigoureuse
de cette règle; aussi le § 4 apporte-t-il un tempé-
rament, fort sage et conforme à l'avis précité, en admettant la possibilité pour le concessionnaire d'obtenir

[1] Nous disons *nominal*, car le capital-obligations dû ne doit pas
se calculer d'après le prix d'émission, mais d'après le prix de son
futur remboursement.

l'autorisation d'émettre des obligations, lorsque la totalité du capital-actions aura été versée et que plus de
la moitié sera justifiée avoir été employée en acquisitions
de terrains, matériaux, etc.; les fonds provenant de
cette émission devront être déposés à la Caisse des dépôts et consignations pour n'être mis à la disposition
du concessionnaire que sur l'autorisation formelle du
Ministre des Travaux publics. Ces mesures, rigoureuses
et empreintes d'une défiance indéniable vis-à-vis les
administrateurs des petites Compagnies, ne laisseront
pas que d'être assez gênantes pour la réalisation des
fonds nécessaires à l'entreprise, qui est une des principales préoccupations des concessionnaires. Il nous
semble qu'il eût été préférable de laisser les conseils
d'administration libres de fixer l'époque où devra se
faire l'émission des obligations ; les négociations, pour-
suivies à cet effet auprès des banquiers et des capitalistes, devraient être entravées le moins possible, car
elles ne sont pas de nature à offrir de grandes chances
de bénéfices. On aurait mieux fait de rendre possible
l'autorisation de l'émission des obligations, aussitôt que
les actions auraient été entièrement souscrites et libérées d'un quart ; les obligataires, en souscrivant, auraient versé une somme assez faible, variant de vingt
à cinquante francs par titre, selon le prix de l'obligation, les versements successifs seraient échelonnés à
intervalles réguliers, au fur et à mesure des besoins
du concessionnaire, et de telle manière, que les trois
autres quarts du capital-actions fussent libérés successivement avant le paiement total du prix des obligations.
La Compagnie concessionnaire fixerait elle-même les
dates des versements successifs à faire sur les obliga-

tions émises. Ce procédé, scrupuleusement employé offrirait, croyons-nous, les mêmes garanties aux obligataires et présenterait un double avantage pour la Compagnie : celle-ci aurait une marge suffisante pour préparer l'émission et la faire dans les meilleures conditions; n'ayant jamais que peu de fonds en caisse, elle ne serait pas obligée de servir des intérêts à des capitaux improductifs ou à peu près [1]. L'émission d'obligations à libérer par des versements successifs était, du reste, signalée dans le rapport de la commission sénatoriale; il eût été à désirer de lui voir faire un pas de plus, en rendant possible la souscription des obligations à un moment quelconque, aussitôt après le versement du premier quart sur les actions.

Le § 5 et dernier dispose que les règles des §§ 2, 3 et 4 ne sont pas applicables lorsque la concession est faite à une Compagnie déjà concessionnaire d'autres chemins de fer en exploitation, si le Ministre des Travaux publics reconnaît que les revenus nets de ces chemins sont suffisants pour assurer l'acquittement des charges résultant des obligations à émettre.

Cette dispense se comprend et se justifie d'elle-même; les précautions minutieuses, édictées par les précédents paragraphes, ont été inspirées par le peu de garanties que présentaient pour les obligataires les con-

---

[1] L'art. 18-4° indique la Caisse des dépôts et consignations comme devant recevoir les fonds provenant des émissions anticipées. Il sera bien difficile à une Compagnie locale d'emprunter à un taux inférieur à 7 et 8 0/0, intérêts et amortissements compris, et la Caisse ne donne qu'un intérêt de 3 0/0 à partir des soixante jours qui suivent la remise des fonds ; la différence entre le service des obligations et les intérêts donnés par la Caisse sera à la charge de la société.

seils d'administration des petites Compagnies ; la loi les a donc placés sous la tutelle étroite, et quelque peu gênante, du Ministre des Travaux publics. Mais il se peut que la concession soit faite à une des grandes Compagnies ou à une puissante société constituée en vue de créer des lignes d'intérêt local [1]; dans ce cas, pourquoi imposer à la société, concessionnaire de lignes fort rémunératrices, des entraves pour le moins inutiles? Nous trouvons encore ici une application de la jurisprudence antérieure du Conseil d'État, qui n'imposait aucune condition particulière à l'émission d'obligations par les grandes Compagnies, concessionnaires de lignes locales.

On a critiqué à tort, selon nous, cette exception possible à la règle établie, et on a dit qu'il eût été préférable de généraliser cette pensée, au lieu de la spécialiser dans un cas qui constitue une inégalité de traitement [2]. Supposons, dit l'auteur que nous citons, supposons une ligne dont les frais de premier établissement sont évalués à dix millions, le concessionnaire devra réunir cinq millions en actions et cinq millions en obligations. Au lieu de demander immédiatement la concession de tout le réseau, il peut ne demander que la concession d'un seul tronçon, estimé à un million, et arrêter son capital-actions à cinq cent mille francs. Plus tard, il demandera successivement la concession des autres parties de la ligne, et, si le Ministre reconnaît que les revenus des parties exploitées sont suffisants pour assurer le service des obligations à émettre, il autorisera peut-être à couvrir

(1) Nous avons mentionné plus haut la Société générale des chemins de fer économiques.
(2) Chaillou, *op. cit.*, sur l'art. 18.

L. B.   10*

toutes les dépenses supplémentaires par le capital-obligations; de telle sorte, qu'en changeant le mode de procéder pour la demande en concession, on arrive à former le capital de premier établissement avec cinq cent mille francs d'actions et neuf millions cinq cent mille francs d'obligations.

Nous avouons ne pas bien comprendre le reproche adressé sur ce point à l'art. 18. En définitive, la loi de 1880 a voulu améliorer la situation des obligataires, dont les intérêts ne paraissaient pas suffisamment protégés par la législation antérieure, surtout en matière de chemins de fer d'intérêt local: Cette garantie, cette protection, elle a cru la trouver dans l'égalité entre le montant du capital-actions et le montant du capital-obligations; elle est partie de cette idée, vraie ou fausse peu importe, qu'un chemin de fer d'intérêt local ne garantit complètement les obligations souscrites, qu'autant qu'elles ne composent pas plus de la moitié des fonds consacrés à sa création. Ce n'est là sans doute qu'une présomption; mais elle est absolue vis-à-vis un concessionnaire qui n'exploite pas déjà des lignes dont les revenus peuvent garantir les intérêts et l'amortissement des obligations à émettre; faudra-t-il la faire cesser à l'égard de celui qui affirmerait se trouver dans des conditions exceptionnellement favorables et pouvoir garantir neuf millions et demi de titres-obligations avec un capital-actions de 500,000 francs seulement? Que la garantie existe dans cette hypothèse, la chose est possible, mais la loi ne peut l'admettre; elle ne l'admettra que lorsque la preuve matérielle se sera produite dans la réalité des faits. Pour notre part, nous ne verrions aucun inconvénient à ce qu'un département ayant l'in-

tention d'établir un chemin de fer, dont les différentes
sections devront donner des revenus sensiblement iné-
gaux, ne commence à concéder que le tronçon le plus
rémunérateur avec la condition que le concessionnaire
entreprendra l'achèvement de la ligne, aussitôt que le
revenu kilométrique atteindra un chiffre déterminé
dans le cahier des charges. Les travaux complémentaires, pourront alors être exécutés au moyen d'obligations émises en vertu de l'art. 18-5°; le Ministre aura
d'ailleurs un pouvoir discrétionnaire, qui lui permettra
de refuser l'exemption des règles fixées dans les paragraphes 2, 3 et 4, même si le concessionnaire se trouve
dans le cas d'exception prévu par le § 5; la rédaction
même de ce paragraphe nous semble laisser cette latitude au Ministre.

On pourrait se demander si les formalités et les conditions déterminées par l'art. 18 pourraient être rem-
placées par des mesures analogues ou plus rigoureuses.
Bien que les travaux préparatoires et la jurisprudence
du Conseil d'État ne se soient pas prononcés sur ce
point, on peut admettre l'affirmative. Le cahier des
charges, intervenu entre le Conseil général de la Gi-
ronde et la Société générale des chemins de fer économiques et sanctionné par la loi du 22 août 1881, porte dans
son article 5 que : « aucune émission d'obligations ne
pourra avoir lieu qu'en vertu d'une autorisation donnée
par le Ministre des Travaux publics, sous la condition
préalable des constatations prescrites par l'art. 18-5° de
la loi du 11 juin 1880, après avis du Ministre des Finances et après achèvement de la mise en exploitation
des lignes ou sections de lignes concédées. Le capital à
réaliser par les émissions d'obligations ne pourra être

supérieur aux dépenses d'établissement des lignes ou
sections de lignes mises en exploitation, et l'exécution
ne sera autorisée que sous la condition que l'annuité,
destinée à couvrir l'intérêt et l'amortissement des titres
à émettre, ne dépassera pas le montant de l'intérêt à
5 0/0 garanti sur lesdites dépenses. »

Telles sont, étudiées en détail, les diverses mesures
prises par la loi de 1880, pour assurer le plus possible
le paiement des intérêts et l'amortissement des titres-
obligations, émis par les petites Compagnies d'intérêt
local. Elles sont la consécration de la jurisprudence
du Conseil d'État pendant les huit années qui ont précédé la réforme de la loi de 1865; elles sont, à coup
sûr, un progrès; faut-il dire que le but poursuivi a
été pleinement atteint, que les souscripteurs d'obligations trouveront une garantie complète dans les dispositions de l'article 18? Nous hésitons à répondre oui.
Le législateur de 1880 a accepté ce principe, que le
seul moyen de garantir pleinement la créance des
obligataires était d'exiger qu'elle ne fût pas supérieure
au montant du capital-actions. Mais cette idée n'est pas
juste, et la proportion exigée par l'article 18 sera, tantôt
une garantie insuffisante, et tantôt une garantie inutile.
Dans le cas où les revenus des chemins ne seraient
pas suffisants pour en couvrir les frais d'exploitation,
et le cas se présentera peut-être pour quelques lignes
locales, quelle sera la garantie des obligataires, bien
qu'ils n'aient fourni que la moitié des capitaux de
l'entreprise? Dans d'autres circonstances, où une ligne
pourrait s'établir à bon marché et rémunérer largement les capitaux engagés, les obligataires trouveraient

une garantie parfaite, lors même qu'ils auraient peut-
être fourni les trois quarts des fonds de l'opération. On
a dit : L'obligation est une créance; il faut donner un
gage d'une valeur au moins égale au capital emprunté;
ce gage, c'est le montant du capital-actions. Là est
l'erreur. La garantie des obligations n'est pas dans le
capital-actions; ce capital n'est pas destiné à rester
inactif, consigné; il doit se transformer; il serait plus
juste de dire qu'il sert à créer la garantie des obligataires, c'est-à-dire le chemin de fer dans son ensemble
et avec ses accessoires, la voie ferrée, son matériel,
son trafic éventuel, les stipulations de garantie de l'État
et du département. Or, la valeur du chemin de fer ne
dépend pas des sommes employées à la construire; elle
sera tantôt supérieure, tantôt inférieure à ce qu'il aura
coûté; une voie ferrée, comme toute industrie, au
reste, ne vaut pas ce qu'elle a coûté, mais ce qu'elle
produit. La loi elle-même le reconnaît par la manière,
stipulée par les cahiers des charges, pour régler le
chiffre de l'indemnité à fournir aux Compagnies, dé-
possédées de leurs concessions avant le délai fixé à
l'avance (art. 36 du cahier des charges-type des chemins d'intérêt local).

Nous ne voulons pas condamner, d'une façon absolue, le système adopté successivement par le Conseil
d'État et la loi de 1880. Du moment où l'on croyait
nécessaire d'autoriser les Compagnies d'intérêt local à
recourir au crédit public et à émettre des emprunts
sous forme d'obligations semblables à celles des grandes
Compagnies déjà existantes, il fallait les soumettre à
une réglementation pour prévenir les abus et offrir
des garanties aux capitalistes; dans l'état actuel de

notre législation il n'y avait qu'une ressource, c'était
de déterminer à l'avance les rapports du capital-actions
et du capital-obligations ; on aurait pu les fixer au tiers,
à la moitié, aux deux tiers, au double ; le législateur,
qui ne pouvait prévoir chaque cas particulier et voulait
cependant fixer un maximum au montant des obligations, a accepté la proportion de un à un. Si, dans l'application, on se trouvait vis-à-vis d'un concessionnaire,
placé dans des conditions particulièrement défavorables, le Ministre pourrait, sans abuser de ses attributions, pensons-nous, refuser l'autorisation d'émettre des
obligations au delà de la moitié ou du tiers du montant
du capital-actions ; à plus forte raison, le cahier des
charges pourrait-il aggraver par une clause spéciale
les dispositions de l'article 18.

Certaines législations étrangères ont créé, en faveur
des obligataires et des créanciers des chemins de fer, des
garanties résultant de privilèges et d'hypothèques sur la
voie ferrée, les immeubles et le mobilier des Compagnies, le matériel roulant, etc. Mais il eût été impossible, sans bouleverser la nature juridique de la concession, d'introduire des dispositions analogues dans notre
législation.

Ce qui eût été plus simple, c'est d'obliger les Compagnies locales à employer les mêmes procédés dont ont
fait usage les grandes Compagnies, c'est-à-dire de construire la plus grande partie de leur réseau au moyen de
leur capital-actions, l'émission d'obligations n'étant autorisée que pour certains travaux complémentaires, la
pose de secondes voies, etc., et de telle façon que le
service en soit assuré par le produit net des travaux
exécutés. Il faut cependant reconnaître, qu'on serait ar-

rivé, dans la pratique, à priver d'une façon à peu près
absolue les Compagnies locales d'un instrument de crédit très puissant et fort répandu et à les empêcher d'user
de leur crédit, sous une forme à laquelle sont depuis
longtemps habitués les petits capitalistes, étrangers au
maniement journalier des affaires et désireux cependant de contribuer à une entreprise, dont ils seront sans
doute les premiers à profiter.

III.

De la subvention des départements
et des communes.

Les chemins de fer, soit d'intérêt général, soit d'intérêt local, ont un tel caractère d'utilité publique, l'intervention des autorités centrales et départementales est
si importante, les frais de leur établissement si considérables et si lents à rétribuer d'une façon satisfaisante les capitaux engagés, qu'il a toujours été admis
que l'État, les départements et les communes, destinés
à rentrer un jour dans la pleine possession de ces chemins, doivent contribuer d'une façon quelconque à leur
création et subventionner le concessionnaire.

Les grandes lignes d'intérêt général, appelées à réunir les grands centres entre'eux et à les mettre en communication avec l'étranger, ont été subventionnées à
peu près uniquement par l'État; mais lorsqu'il s'est agi
de développer le réseau existant par des lignes secondaires, destinées exclusivement à desservir des relations locales, fallait-il encore imposer au Trésor public

des charges fort lourdes, auxquelles semblait devoir
le soustraire le caractère des nouvelles voies ferrées à
ouvrir? Le Gouvernement ne le pensait pas : « Ce n'est
pas à l'État, qui a sillonné le territoire de voies ferrées
magistrales, que doit incomber la tâche d'exécuter les
lignes moins importantes. Non, ce mandat est naturellement dévolu au département. C'est à lui qu'il
appartient, par le sage emploi de ses ressources, de
s'enrichir de ces puissants véhicules de prospérité,
tandis que la tâche des pouvoirs publics doit consister
à donner uniquement au Conseil général la liberté
et la puissance nécessaires à l'accomplissement de sa
mission (1). »

Déjà, au commencement du siècle, le premier Empire, consacrant la personnalité des départements, avait
mis certains travaux publics à leur charge, notamment
la construction des routes départementales (2), dont l'ensemble du réseau se monte à près de 25,000 kilomètres
et n'a pas coûté moins d'un demi-milliard. Plus tard,
sous la monarchie de Juillet, la loi du 21 mai 1836
avait imposé aux départements et aux communes la
création et l'entretien des chemins vicinaux, dont l'établissement a coûté plus de trois milliards, et encore ce
réseau n'est-il pas terminé.

Il était donc permis de s'adresser aux ressources locales pour subventionner les futures lignes à établir.
Les ressources des départements et des communes proviennent, soit des excédents des recettes normales,
lorsqu'il a été pourvu aux dépenses ordinaires, soit des

(1) M. Rouher. Discours prononcé à la session du Conseil général
du Puy-de-Dôme, 1865.
(2) Décret du 16 décembre 1811.

centimes additionnels, qui servent de gage à leurs emprunts et en assurent le service. Mais les recettes normales des communes sont généralement absorbées par
leurs dépenses, et le projet de loi sur les chemins
d'intérêt local de 1865 appliquait à l'exécution de ces
lignes une partie des prestations et des ressources fournies en vertu de la loi de 1836, en se fondant sur
l'identité des avantages à retirer des nouvelles voies de
communication. Cette extension fut vivement critiquée.
On faisait remarquer que le réseau vicinal était loin
d'être achevé et qu'il ne convenait pas de détourner
la moindre part des fonds qui y étaient consacrés; que,
par leur nature même, les prestations de la loi de 1836
s'opposaient à leur affectation aux chemins de fer départementaux, lesquels devaient être une gêne pour
les cultivateurs, qui profitaient surtout des chemins
vicinaux, etc. Un amendement proposait d'autoriser les
Conseils généraux à porter au double les impositions
en prestations et en centimes votées conformément à
la loi de 1836, de façon à suffire en même temps à
la dépense des chemins vicinaux et à celle des chemins de fer d'intérêt local. Malgré ces critiques, l'a-
mendement fut repoussé, et l'article 3 fut rédigé et
adopté en ces termes : « Les ressources, créées en vertu
de la loi du 21 mai 1836 peuvent être affectées en partie
par les communes et les départements à la dépense
des chemins de fer d'intérêt local. » Il n'y avait là
qu'une faculté pour les Conseils généraux qui demeu-
raient juges des cas où il faudrait user de ces ressources et de la mesure dans laquelle ils devraient
le faire. Si certains départements n'ont que des ressources insuffisantes pour assurer la création et l'entre-

tien de leur réseau, d'autres peuvent se trouver dans
une exception heureuse et disposer de sommes libres
en faveur de leurs chemins de fer; la situation financière des premiers peut du reste se modifier avec le
temps; il n'eût pas été juste de prohiber absolument
l'application aux chemins de fer d'intérêt local des
ressources que permet de réaliser la loi de 1836.

C'est ce qu'ont pensé les auteurs de la loi de 1880.
Le projet, présenté par le Gouvernement, portait que
« les ressources, créées en vertu de la loi de 1836, peuvent être appliquées en partie à des dépenses des chemins de fer d'intérêt local par les communes, qui ont
assuré l'entretien de tous leurs chemins classés et qui
ont achevé leur réseau subventionné tel qu'il a été
déterminé en exécution de la loi du 11 juillet 1868. »
Cet article, modifiant l'art. 3 de la loi de 1865, avait
pour but de prévenir les tendances regrettables qui
amèneraient les assemblées départementales à sacrifier
les chemins vicinaux, dont le rôle est aussi utile que
modeste et effacé, pour subventionner le concessionnaire de quelques kilomètres de chemins de fer desservant une région favorisée. Il allait même un peu loin,
puisqu'il fallait attendre l'achèvement du réseau
subventionné et arrêté par la loi de 1868, pour affecter
aux lignes locales un centime provenant des ressources
créées par la loi de 1836. Le texte définitif, modifié
dans sa rédaction, est au fond la reproduction du projet
du Gouvernement. Les chemins vicinaux, pour lesquels
il aurait été voté des subventions par le département
ou les communes, ne pourront pas en être privés; il
en est de même des subventions accordées par l'État
en vertu des lois de 1868 et de 1879 et payables par

annuités; bien que l'hésitation soit permise devant le silence du texte, un chemin vicinal, classé et non encore exécuté, ne doit pas être privé des ressources de la loi de 1836 en faveur du chemin de fer. A plus forte raison, l'entretien des chemins vicinaux, qui incombe aux départements et aux communes selon les distinctions de la loi, ne doit-il pas souffrir le moins du monde de négligences résultant de la désaffectation des fonds qui lui sont destinés.

En un mot, ce n'est que lorsque les Conseils auront complètement assuré l'entretien et le développement régulier de leurs chemins vicinaux que l'art. 12 les, autorise à consacrer l'excédent des ressources, résultant de l'application de la loi de 1836, à subventionner leurs chemins de fer. Il n'en faut pas conclure que les communes devront avoir terminé l'exécution de leurs chemins vicinaux; il suffit qu'elles en aient assuré l'exécution par un moyen quelconque, notamment par un emprunt. Quant à l'appréciation de l'entière exécution des conditions imposées par l'article 12, elle appartiendra au maire pour les petits chemins vicinaux, au préfet pour les chemins vicinaux de grande communication, enfin au Ministre des Travaux publics en cas de désaccord ou d'intérêt commun à plusieurs départements.

L'article 12 ne mentionne que les communes; c'est, pensons-nous, sans intention qu'il a oublié les départements; nous concluons donc que l'on pourra, sous le bénéfice des réserves que nous venons d'étudier, appliquer aux chemins de fer les ressources fournies par l'art. 8 de la loi de 1836 aux chemins vicinaux de grande communication.

Rien, dans l'art. 12, n'impose aux départements et aux communes l'obligation de n'accorder les subventions, provenant des ressources mentionnées par la loi de 1836, que sous la forme de garantie d'intérêt; les Conseils départementaux restent donc maîtres de disposer de l'excédent de ces recettes, comme ils le jugeront convenable.

On comprend aisément que les autorités locales ne pourraient pas apporter un concours efficace au concessionnaire, si elles ne devaient le plus souvent chercher ailleurs les fonds qu'elles désirent consacrer à leur chemin de fer. Si elles veulent donner une subvention ferme, elles négocieront un emprunt, soit auprès des capitalistes, soit auprès du Crédit foncier; si elles préfèrent suivre l'exemple de l'État, elles solliciteront des Chambres le droit de s'imposer extraordinairement et elles consacreront à la garantie d'intérêt les produits de leurs taxes supplémentaires. L'importance de la subvention par les départements et les communes est un maximum, sur laquelle se réglera la garantie de l'État, ne l'atteignant pas toujours, mais ne la dépassant jamais; il convient que les bonnes dispositions du Ministre en faveur d'un chemin de fer d'intérêt local ne soient pas paralysées par la différence et l'obtention des Conseils départementaux.

Nous disons plus haut que la subvention, fournie par les départements et les communes sur les excédents des chemins vicinaux, nous paraissait pouvoir se produire sous une forme quelconque, somme d'argent, garantie d'intérêt, etc. Les mêmes motifs, qui ont amené le législateur à imposer à l'État la garantie d'intérêt comme le mode le plus avantageux, se rencontrent pour dicter une solution analogue, mais non obligatoire, aux Conseils départementaux ; ceux-ci se guideront d'après les ressources dont ils disposeront et l'utilité pour le concessionnaire à recevoir une subvention ferme ou une garantie d'intérêt. Lorsque la voie ferrée empruntera le sol d'un bien communal ou départemental, lorsque le département ou la commune possédera des forêts dont les bois pourront être utilisés par le concessionnaire, il semble naturel d'adopter le système de la subvention en fournitures de terrains et de matériaux ; mais, quant à la subvention ferme, consistant en une somme d'argent, nous pensons qu'on devra n'en user que le plus rarement possible et avec la plus extrême prudence. Elle offrirait du reste plus de difficultés à réaliser, car « les budgets départementaux et municipaux peuvent fournir plus facilement des annuités réparties sur une longue période que des capitaux représentant la valeur de ces annuités [1]. »

Pour faciliter aux départements et aux communes le moyen d'accorder des subventions fermes, on avait proposé d'instituer pour les chemins de fer d'intérêt local, une caisse de prêts analogue à celle qui a donné de si utiles résultats pour la construction des chemins vicinaux [2]. Mais cette proposition fut rejetée pour un double motif : on fit valoir que les sacrifices du Trésor ne pouvaient pas être illimités et qu'il était préférable de les réserver pour donner tout le développement possible au système de la garantie d'intérêt, comme offrant plus de sécurité aux entreprises et aux capitaux ; puis,

---

(1) Labiche, *Rapport au Sénat.*

(2) Cette idée a été reprise par MM. Chéneau et Labuze dans leur projet modifiant la loi du 11 juin 1880.

sans interdire aux départements et aux communes la concession de subventions fermes, il valait mieux, à raison des considérations qui ont motivé la modification apportée au mode de concours de l'État, que les autorités locales fussent amenées à employer le même système.

Dans le même but, on avait demandé que l'argent nécessaire aux chemins de fer d'intérêt local fût avancé aux départements et aux communes par l'État au moyen de l'émission de 3 0/0 amortissable et avec la condition pour les départements et les communes ayant participé à ces emprunts, de tenir compte, chaque année, à l'État de la moitié de la dépense qui lui serait imposée en amortissement et intérêt, pour le service des sommes empruntées. Ce procédé présentait l'avantage de faire bénéficier les départements et les communes des facilités que rencontre l'État pour se procurer les capitaux qu'il demande au crédit; il était signalé, dès 1878, par le Ministre des Travaux publics : « Sur plusieurs points du territoire, disait-il devant le Conseil supérieur des voies de communication, des chambres de commerce ont fait l'avance du capital destiné à exécuter les travaux nécessaires et l'État s'est engagé à leur rembourser ces fonds au moyen d'annuités. Ne serait-il pas préférable que l'État, qui peut emprunter à un taux inférieur, fît lui-même la dépense et demandât aux chambres de commerce un concours dont la quotité serait à déterminer? » L'État aurait fait la dépense, fourni les capitaux pour la construction des chemins de fer; les départements et les communes lui auraient remboursé la moitié de la dépense, l'autre moitié devant elle-même lui être remboursée par les excédents de recettes au-

dessus d'un certain chiffre; telle était la solution que
proposait la commission de la Chambre des députés, et
qui fut rejetée sur les observations du Ministre des Finances, pour les mêmes motifs qui avaient fait abandonner l'idée de créer la caisse des chemins vicinaux.

Quel que soit le mode de subvention employé par les
autorités locales, il faudra en déterminer le montant.
Si les Conseils votent une subvention ferme en argent,
rien n'est plus simple, l'obligation des concédants est
parfaitement certaine, connue et fixée à l'avance; s'ils
ne donnent qu'une garantie d'intérêt, leur obligation
n'est pas déterminée, et même la somme allouée annuellement au concessionnaire variera selon que les
bénéfices auront été plus ou moins importants; mais les
éléments, qui en sont la base, seront indiqués et arrêtés
par le cahier des charges. Il sera convenu, par exemple,
que les Conseils généraux et municipaux garantiront un
certain taux des capitaux engagés ou une recette kilométrique brute, etc.; le chiffre maximum des insuffisances à couvrir par le budget départemental ou communal sera généralement limité par l'accord des parties, afin de ne pas faire supporter aux concédants les
conséquences d'événements imprévus ou de fautes lourdes commises par le concessionnaire (1).

Cette subvention doit être réalisée par le département
et par les communes appelées à bénéficier des avan-

(1) Dans les concessions faites par certains départements à la Société des chemins de fer économiques, les Conseils généraux ont garanti un produit brut suffisant pour couvrir les dépenses d'exploitation et donner un intérêt de 5 0/0 au capital de premier établissement.
Ce procédé généralisé pourrait être critiqué, car il a pour effet d'en-
gager indéfiniment le département et de ne pas intéresser le concessionnaire à une exploitation économique.

tages du nouveau chemin de fer. La loi n'a donné aucune règle pour assurer la répartition des dépenses entre les diverses localités; elle devra se faire de la façon
la plus juste et la plus équitable, en tenant compte
des circonstances de fait et des considérations particulières à chaque région. Les Conseils municipaux seront
d'ordinaire assez portés à contester l'importance des services que leur rendra la voie ferrée et à ne pas accepter
la quote-part qui leur sera imposée dans le total de la
subvention. Ces résistances auraient toujours des conséquences fâcheuses; mais le Conseil général, qui dans
la pratique fixe la part contributive de chaque commune, aura le moyen d'en venir à bout en modifiant
les tracés et amoindrissant l'utilité de la ligne pour les
localités récalcitrantes. C'est cette plus ou moins grande
utilité qui aidera à déterminer la contribution de chacune; elle résultera notamment de ce fait qu'elles seront desservies immédiatement par le chemin de fer ou
se trouveront dans une zône plus ou moins éloignée,
tout en leur procurant une économie de temps et d'argent pour l'approvisionnement de leurs marchés et l'exportation de leurs produits. Il faudra également prendre
en considération le chiffre de la population de chaque
commune, la nature et l'importance de ses industries et
de ses ressources, etc. L'ensemble de ces données permettra d'assurer une répartition équitable, ne pesant
pas sur les unes pour alléger les autres, et conforme
aux notions de solidarité entre les parties d'une région.

Associés aux débuts et aux difficultés de l'entreprise,
il n'est que juste que le département et les communes
rentrent dans leurs avances, le jour où le concession-

naire réalisera, par le trafic de la ligne, un bénéfice
rémunérateur. La loi elle-même, intervenant, a décidé
que, lorsque les dépenses d'exploitation sont couvertes
et un dividende de 6 0/0 donné au capital de premier
établissement, l'excédent des recettes est attribué, moitié au concessionnaire, moitié à ceux qui ont subventionné la ligne, dans la proportion de leurs avances et
jusqu'à concurrence de leur complet remboursement,
art. 15. Cette disposition, fort équitable, n'a rien d'absolu, au moins en ce qui concerne le département et
les communes ; le cahier des charges pourrait élever à 7
ou 8 0/0 le dividende réservé, de même qu'il pourrait
déroger aux dispositions de la loi, en ce qui concerne
la limite de la garantie au § 3 de l'art. 13.

IV.

De la subvention de l'État.

Tout en reconnaissant que l'État doit restreindre ses
charges lorsqu'il s'agit d'établir des chemins de fer d'intérêt local, on saurait néanmoins admettre qu'il peut
rester totalement étranger aux efforts sérieux tentés par
les Conseils départementaux et ne pas les appuyer de son
crédit et de ses ressources.

En dehors du principe de la solidarité qui unit les diverses régions d'une même nation et les appelle à jouir
des mêmes bienfaits comme à supporter les sacrifices
communs, l'intervention du législateur et les bénéfices
que l'État retire immédiatement de l'industrie des chemins de fer, expliquent suffisamment, sans qu'il soit besoin d'y insister, la légitimité de la participation finan-

L. B.   11*

cière de l'État au développement des chemins de fer, qui, quel que soit leur caractère, sont d'une utilité publique incontestable et constituent un élément fécond de la richesse nationale.

Cette participation financière de l'État dans la construction des lignes d'intérêt local, le projet de loi de 1865 la considérait comme juste et nécessaire; aussi portait-il que le montant des subventions pourrait s'élever jusqu'au quart de la dépense, que le traité de concession laisserait à la charge des départements, des communes et des intéressés, art. 5. Cette proportion invariable du quart, suffisante pour les départements riches, devenait trop faible pour ceux dont les ressources sont minimes. Reconnaissant qu'il était équitable de subordonner les sacrifices de l'État aux besoins plus ou moins grands des départements, on estima « que le produit du centime sur le principal des quatre contributions directes, sans donner la mesure absolue de la fortune des départements, fournissait néanmoins, à cet égard, l'indication la plus exacte pour évaluer les ressources de chacun. » Pour établir de justes proportions, on fit un classement basé sur un chiffre déterminé dans le produit du centime. Les départements furent répartis en trois catégories : — la première était celle des départements (au nombre de dix-huit) dont le centime était supérieur à 40,000 fr.; — la seconde celle des départements (au nombre de quarante-huit) dont le centime variait de 20 à 40,000 francs; la troisième celle des départements (au nombre de vingt-trois) où le produit du centime était inférieur à 20,000 francs. Le montant de la subvention, calculée sur la part de la dépense laissée par le contrat de concession à la charge du département

et des communes, était du quart au plus pour les départements de la première catégorie, du tiers pour ceux
de la seconde, et de la moitié pour ceux de la troisième [1].

La somme affectée chaque année sur les fonds du
Trésor au paiement de ces subventions ne devait pas
dépasser six millions, article 6. Trop faible, si tous les
départements eussent sollicité à la fois des subventions,
ce crédit paraissait suffisant pour subvenir aux premières demandes qui seraient adressées à l'Administration. Celle-ci, du reste était libre, soit de refuser toute
subvention, soit de ne l'accorder que dans des limites
inférieures au chiffre fixé par la loi. On s'était demandé
si cette somme de six millions était un maximum qui
ne pourrait, sans aucun prétexte, être dépassé ; discutée
pendant plusieurs années, cette question fut résolue à
la tribune du Corps législatif (séance du 24 avril 1869)
par le Ministre des Travaux publics, combattant une
proposition de M. Dalloz ; il résultait, affirmait-il, tant
de la loi même que du rapport qui l'avait précédée, le
droit pour le Gouvernement, dans des cas et des circonstances exceptionnels, de saisir le Corps législatif de
projets de loi tendant à prêter aux départements l'assistance qui leur serait nécessaire.

Cette réglementation de la subvention fut critiquée
lors de la discussion de la loi de 1865. Le but même de
la loi est manqué, disait-on ; on a voulu proportionner
la subvention de l'État aux besoins et aux ressources des
départements ; mais un département, classé à cause du

---

(1) Il est inutile de rappeler les critiques et les modifications proposées à l'art. 5, qui se sont fait jour à la tribune du Corps législatif
lors de la discussion de la loi. On peut consulter le recueil des *documents législatifs et administratifs*, par Thérion. Paris, 1872.

produit de son centime dans la même catégorie que tel autre département, rencontrera des difficultés plus grandes que lui dans sa situation topographique, son étendue, les travaux d'art à exécuter sur le tracé de sa ligne et demandera une subvention plus forte. Il fallait donc tenir compte autant du coût kilométrique de la voie ferrée que de la richesse de son département. On faisait également ressortir les conséquences injustes du système adopté par la loi, en démontrant par un calcul de chiffres que les départements riches et ne recevant des subventions dont le maximum était fixé au quart de la dépense totale, seraient cependant beaucoup plus favorisés que les départements pauvres, qui recevraient une subvention de la moitié des frais de la ligne à construire. Ces critiques, malgré leur valeur théorique, ne l'ont pas emporté; ces inconvénients pouvaient dans la pratique être atténués par le pouvoir discrétionnaire du Gouvernement, libre d'apprécier les réclamations et de n'allouer que des subventions inférieures à celles prévues par la loi. Il faut bien reconnaître qu'il n'existait aucun procédé pour déterminer de prime abord la situation financière, variable du reste, des départements, estimer les ressources dont ils peuvent disposer et évaluer le coût kilométrique des chemins de fer d'après la nature de leur sol, montagneux ou coupé de rivières. Si l'on n'avait pas craint de mettre les Conseils généraux à la discrétion du Gouvernement, il n'y avait qu'une chose à faire, c'était de décider que la somme, inscrite chaque année au budget pour la création des chemins de fer d'intérêt local, serait à la disposition du Ministre, qui la répartirait à son gré; cette mesure a paru excessive et on a fixé la quote-part de la participation de l'État à un chiffre basé sur la fortune présumée des départements.

Le système de subvention, adopté par la loi de 1865, était conservé par le projet de 1870; seulement l'État participait dans une plus large mesure à la création des chemins de fer d'intérêt local. Tout d'abord, la somme affectée chaque année sur les fonds du Trésor au paiement des subventions était portée de six millions à vingt-cinq millions (art. 6). La répartition des départements entre trois catégories selon le revenu annuel de leur centime, était maintenue : seulement, les départements, dont le centime est d'un produit supérieur à 40,000 francs, recevaient le tiers de la dépense au lieu du quart; ceux dont le produit du centime variait entre vingt et quarante mille francs, recevaient la moitié au lieu du tiers; enfin, la subvention était des deux tiers au lieu de la moitié pour les départements, dont le centime était inférieur à vingt mille francs (art. 5). Il semble résulter de la rédaction du projet que la subvention ne pouvait être refusée par le Gouvernement; comme, en vertu de la loi de 1865, le montant en était déterminé par le chiffre de la dépense laissée par la concession à la charge des départements, des communes et des intéressés; elle était calculée sur un coût kilométrique maximum de 120,000 francs. Enfin, il pouvait être accordé des subventions extraordinaires pour l'exécution des grands travaux d'art, ponts, viaducs, tunnels, etc.

Lorsque l'on prépara la refonte de la législation des chemins d'intérêt local et le projet qui est devenu la loi du 11 juin 1880, le Gouvernement et les commissions législatives furent unanimes à condamner le système de la subvention, accordée sous forme de capital. Elle a l'avantage de donner au concessionnaire les premiers fonds nécessaires à l'entreprise, et à établir son crédit et à lui gagner la confiance des capitalistes ; mais dans la pratique, elle a eu de déplorables conséquences. Elle a permis à des spéculateurs malhonnêtes de lancer des affaires sans chance de réussite, sans garantie réelle, qui n'ont pas tardé à succomber, laissant les actionnaires et les obligataires désillusionnés et ruinés, les départements impuissants à compléter les travaux d'exécution et à organiser l'exploitation. Il fallait donc abandonner le principe de la subvention sous forme de capital ; on songea à le remplacer et à lui substituer celui de la subvention sous forme de garantie d'intérêt : au lieu de donner au concessionnaire une somme fixe, on garantirait, pour un temps et un taux déterminés, le rendement de la ligne. Cette réforme offrait aux capitalistes, si malheureusement éprouvés, une sécurité qui jusque-là leur avait fait défaut ; au lieu des gros bénéfices, que leur promettait la spéculation, la garantie d'intérêt leur permettait de compter sur un revenu peu élevé, mais à l'abri de tout mécompte. Elle sauvegardait également l'exécution des engagements pris par la concessionnaire vis-à-vis les départements. En effet, il ne suffit pas de construire la ligne, il faut en assurer l'exploitation, qui ne donne dans la première période qu'une rémunération insuffisante ; la chose est impossible lorsque la subvention en capital aura été plus ou moins utilement employée en dépenses de premier établissement. Il faudra alors ou bien recourir au rachat par l'État, ou bien abandonner l'exploitation de lignes utiles ou bien imposer des sacrifices constants

au budget départemental pour l'organiser. La subvention sous forme de garantie d'intérêt, en rémuné-
rant les capitaux engagés pour la construction, n'est
accordée qu'aux lignes exploitées, et assure le service
du chemin de fer quand les revenus ne couvrent pas
les frais d'exploitation. Enfin, selon l'observation du
Ministre des Travaux publics, la garantie d'intérêt
permet un contrôle financier permanent , qui est pour
le concessionnaire un frein contre des tendances à des
dépenses exagérées et un appui auprès des capitalistes
méfiants [1].

Déjà, en 1870, le Conseil général d'Eure-et-Loir,
redoutant les témérités des administrateurs de la Compagnie d'Orléans à Rouen, refusait de consentir le paiement de la subvention départementale, suivant le mode
accepté pour les subventions de l'État, c'est-à-dire en
quelques années, sous la seule justification des dépenses de premier établissement; il exigeait que la subvention départementale fût répartie en cinquante annuités et fût affectée à garantir à la fois l'exécution des
travaux et l'exploitation des lignes concédées. Cette
application incomplète du principe de la nouvelle loi
n'a, sans doute, pas suffi à assurer au département
l'exécution de tous les engagements pris par les con-

(1) Le législateur a vu tant d'avantages à substituer la garantie
d'intérêt à la subvention en capital qu'il a admis que, les autorités
concédantes et les concessionnaires étant d'accord , la substitution
à la subvention en capital, promise en exécution de l'article 5 de la
loi de 1865, de la subvention en annuités stipulée par la loi de 1880,
pourrait, par décret délibéré en Conseil d'État, être autorisée en
faveur des lignes d'intérêt local déclarées d'utilité publique et non
encore exécutées au moment de la promulgation de cette loi (art. 23).

cessionnaires, mais elle lui a du moins évité de voir dissiper en opérations aléatoires, les subventions promises; elle lui a donné la garantie que, dans le cas où les insuffisances de produit auraient mis obstacle à la continuation de l'exploitation, il aurait trouvé dans les annuités en réserve, les moyens de couvrir ces insuffisances et d'assurer le service de ses chemins de fer [1]. »

En mars 1877, MM. Ernest Picard, Cordier, Gouin et Labiche déposaient une proposition de loi, qui tendait à substituer une garantie d'intérêt par l'État et les départements, dans certaines conditions déterminées, à la subvention en capital telle qu'elle est fixée par la loi de 1865.

Le projet de loi, présenté au Sénat, par M. de Freycinet, dans la séance du 29 avril 1878, renfermait dans l'article 11 des dispositions nouvelles, qui ont été les éléments, modifiés et amendés, de l'article 13 de la loi de 1880.

En vertu de cet article, la subvention n'était accordée qu'aux chemins de fer d'intérêt local établis sur le territoire de plusieurs communes, et l'État était toujours libre de la refuser. Elle avait pour effet de faire participer le Trésor au paiement des sommes nécessaires pour couvrir les dépenses de l'exploitation et l'intérêt à 5 0/0 du capital de premier établissement, mais à la condition que le département, avec ou sans le concours des communes, accordât une subvention au moins égale. La charge annuelle, imposée au Trésor ne devait en aucun cas dépasser 2,000 francs par

(1) Brice, *Rapport à la Chambre des députés.*

kilomètre exploité, et 200,000 pour l'ensemble des lignes situées dans un même département. La subvention cessait trente ans après la mise en exploitation dans tous les cas, plus tôt quand la recette kilométrique brute atteindrait les chiffres de 8,000 et de 6,000 francs, selon que la voie serait établie de façon à recevoir ou non les véhicules des grands réseaux.

Cet article fut modifié, lors de la première discussion au Sénat, sur le rapport de M. Labiche. Il abolissait la distinction entre les chemins de fer établis sur le sol de plusieurs communes et ceux ne sortant pas du territoire d'une seule commune ; il limitait la part *maxima* de l'État à la moitié de la somme nécessaire pour élever le produit brut aux chiffres de 9,000 francs pour les lignes à voie normale et à 7,000 francs pour les lignes à voie réduite. La garantie d'intérêt cessait soit après la trentième année, soit plus tôt quand la recette brute annuelle atteignait 9,000 francs et 7,000 par kilomètre. La Commission sénatoriale se montrait plus large que le Ministre à un double point de vue : en faisant participer tous les chemins de fer d'intérêt local sans distinction à la subvention, et en élevant de mille francs le chiffre du revenu kilométrique, à partir duquel la subvention cesserait d'être accordée.

La Commission de la Chambre des députés modifia le projet voté par le Sénat et augmenta encore la participation de l'État. La subvention pouvait être accordée, lorsque le produit brut était insuffisant pour couvrir d'abord les dépenses d'exploitation, ensuite l'intérêt et l'amortissement du capital de premier établissement, augmenté des insuffisances constatées jusqu'au 31 décembre de l'année qui suit la mise en exploitation. Elle ne devait pas être supérieure à celle fournie par le département et les communes. L'intérêt et l'amortissement devaient être calculés d'après le taux moyen des négociations qui auraient amené la réalisation des capitaux ; jusqu'au règlement définitif, on devait appliquer le taux de 5,75 0/0. La charge annuelle imposée au Trésor ne devait, en aucun cas, dépasser 2,875 francs par kilomètre exploité et 400,000 francs pour l'ensemble des lignes situées dans un même département. La participation de l'État cessait lorsque la recette brute annuelle atteignait les chiffres de 10,000 francs pour les lignes à voie normale et de 8,000 francs pour les lignes à voie réduite [1].

Sur les observations du Ministre des Travaux publics, des modifications furent apportées à l'article 17. L'intérêt et l'amortissement garantis, au lieu de varier selon les espèces et d'être provisoirement fixés au taux de 5,75 0/0, étaient ramenés au taux de 5 0/0; cette formule, au dire du rapporteur, M. Brice, avait le mérite de poser des règles invariables, d'une application facile et uniforme, quel que fût le coût et quelle que fût la nature des lignes construites. Le capital de

(1) Nous avons substitué aux expressions dont se sert la loi de 1880 : *lignes établies de manière à recevoir les véhicules des grands réseaux*, *lignes ne pouvant pas recevoir ces véhicules*, celles-ci : *lignes à voie normale*, *lignes à voie réduite*, qui ont l'avantage d'être plus brèves, bien qu'elles puissent ne pas avoir absolument la même signification. On sait, en effet, que des lignes à voie normale ne peuvent pas recevoir les véhicules des grands réseaux par suite de la légèreté des rails; hâtons-nous de dire que l'économie réalisée de ce chef (7 à 8,000 francs par kilomètre) est assez faible pour que les Conseils généraux et les concessionnaires ne soient guère tentés de recourir à un procédé de ce genre.

premier établissement était augmenté, s'il y avait lieu, des insuffisances constatées entre le jour de l'ouverture de la ligne et le jour où la circulation était régulièrement établie sur la totalité du parcours.

La subvention de l'État, dont le paiement demeurait subordonné à la condition qu'une subvention au moins égale serait payée par les départements et les communes, se composait : d'une somme fixe de 500 francs par kilomètre exploité; du quart de la somme nécessaire pour élever la recette brute annuelle au chiffre de 10,000 et 8,000 francs par kilomètre, selon que la ligne serait à voie normale ou à voie réduite. Le paiement de la subvention cessait de plein droit lorsque les recettes brutes annuelles atteignaient les limites sus-indiquées. En aucun cas, la charge annuelle imposée au Trésor ne devait dépasser 400,000 francs pour l'ensemble des lignes situées dans un même département.

Dans la séance du 18 mars 1880, le Sénat ajouta un paragraphe, disant que « en aucun cas, la subvention de l'État ne pourra élever la recette brute au-dessus des chiffres de 10,500 et 8,500 francs, ni attribuer au capital de premier établissement plus de 5 0/0. » On voulait ainsi enlever aux concessionnaires tout intérêt à maintenir la recette brute au-dessous de la limite fixée. Puis, au lieu d'exiger que le département et les communes accordassent une subvention *égale* à celle de l'État, on pensa préférable de l'exiger *équivalente* [1]; les autorités départementales avaient ainsi toute latitude pour arrêter le mode de l'assistance qu'elles prêteraient aux con-

[1] Pour établir le montant maximum de la garantie de l'État, on

cessionnaires. La subvention, surtout lorsqu'elle ne consistera pas en argent, sera plus avantageusement et plus facilement fournie en capital, notamment en terrains, bois, etc.

Ainsi successivement remanié et corrigé, cet article 17 est devenu l'art. 13 de la loi du 11 juin 1880.

La classification des départements en trois catégories, basées sur l'importance du revenu du centime, a été abandonnée avec raison. Elle constituait un élément trop imparfait et souvent peu sûr pour apprécier les ressources régionales, car « l'égalité de l'impôt direct n'implique pas l'égalité de la richesse... Tel département, peu étendu et dans lequel le centime donne un moindre produit, peut avoir une richesse relative plus considérable que tel autre département beaucoup plus prospère. Pour avoir une règle de répartition à l'abri de toute critique fondée, il faudrait qu'elle pût être établie, non-seulement sur la constatation exacte de la richesse effective, mais aussi sur l'appréciation de beaucoup d'autres éléments : par exemple, de la superficie, de la densité de la population, du nombre, de l'étendue, de l'état des voies déjà établies par l'État, de la configuration du pays, qui peut modifier beaucoup la dépense de premier établissement, du prix de la main-d'œuvre, de la valeur des terrains, etc..... [1]. » Dans l'impossibilité de formuler un système de répartition parfaite, on s'est décidé à établir une règle invariable : tous les départements auront des droits égaux à la sub-

évalue les capitaux fournis par le département et les communes ; la subvention de l'État ne doit pas dépasser l'intérêt à 4 0/0 de ces capitaux.

(1) Labiche, *Rapport au Sénat.*

vention, ou plutôt leur inégalité résultera, non pas de leurs ressources évaluées d'après telle ou telle présomption, mais des sacrifices qu'ils s'imposeront pour assurer le développement de leurs réseaux. En d'autres termes, l'État, sous la réserve des conditions et dans les limites énoncées par l'art. 13, donne une subvention égale à celle du département et des communes, qui peut lui être inférieure, mais ne jamais la dépasser.

Cette exigence de la loi est fort naturelle. Les chemins de fer d'intérêt local — leur nom l'indique suffisamment — ne répondent pas à des besoins généraux; leur rôle se borne à développer le trafic d'une région assez restreinte, ou à la mettre en relation avec les grandes artères de communication déjà existantes; ils sont destinés, à la fin de la concession, à devenir la propriété du département et des communes qui en auront décidé la création, et y trouveront des revenus considérables. Ce sont donc les ressources locales qui doivent le plus contribuer à couvrir les insuffisances des premières années, à garantir le concessionnaire contre une rémunération trop faible; et il semble que l'État se montrera assez large quand, adoptant pour sa subvention le maximum autorisé par l'art. 13, il accordera une garantie d'intérêt égale à celle des pouvoirs locaux.

Cette participation de l'État, déterminée d'après les conditions de l'art. 13, on l'a jugée notoirement insuffisante; tout en l'acceptant sous la seule forme de la garantie d'intérêt, on aurait voulu la voir dépasser, dans la plupart des cas, la subvention des départements et des communes. Revenant au système des catégories établies d'après le rendement du centime par la loi de 1865, un amendement fut proposé, en

vertu duquel « les départements dont le centime produit 40,000 francs et au-dessus devront payer une partie
au moins égale à la partie payée par l'État ; ceux dont
le centime produit de 30 à 40,000 francs, une partie
au moins égale aux trois quarts ; ceux dont le centime
produit de 20 à 30,000 francs, une partie au moins
égale à la moitié, et ceux dont le produit du centime
est inférieur à 20,000 francs, une partie au moins égale
au tiers [1]. » Pour justifier cette proposition, voici le rai-
sonnement que faisait son auteur : A la différence d'un
père de famille, un département n'est pas un capita-
liste ; il fait des emprunts, jamais des placements ; ses
recettes sont balancées par des dépenses équivalentes.
Les quelques rares ressources, réservées pour les cas
imprévus, sont généralement dépensées et même dépassées. D'autre part, les chemins de fer départementaux nécessiteront une garantie d'intérêt assez considérable. Quelque bonne que soit sa situation, un
département, voyant tous ses revenus absorbés par des
dépenses corrélatives, recourra nécessairement à des
centimes additionnels. Or, il se produira ce fait que,
pour obtenir la même garantie de l'État — supposons-la
de cent mille francs — un département, dont le centime donne un produit élevé, n'aura à s'imposer que
de deux ou trois centimes, tandis qu'un département
d'un revenu plus modeste sera obligé d'écraser son
budget par des votes de huit et dix centimes. En établissant une proportionnalité entre les départements
selon leurs ressources présumées, l'amendement proposé maintenait l'égalité entre eux au point de vue des

(1) Discours de M. Laborde au Sénat, séance du 4 février 1879.

sacrifices, qu'ils auraient à s'imposer pour subventionner les concessionnaires et obtenir la même garantie de l'État.

Cet amendement, combattu par M. Labiche, fut repoussé. En effet, il n'augmentait pas la part contributive de l'État, il se contentait de réduire la part contributive des départements, de telle sorte que la subvention kilométrique dans les départements pauvres aurait un maximum moins élevé que celui que fixait le projet de loi. En second lieu, l'adopter, c'eût été bouleverser l'esprit de la loi, essentiellement loi de décentralisation, stipulant le concours de l'État en faveur d'entreprises d'intérêt local; c'eût été changer les rôles, substituer l'action de l'État à celles des départements et des communes, dont il ne doit être que l'auxiliaire, et faire supporter parfois au Trésor jusqu'aux sept huitièmes de la dépense totale. Mais alors, pourquoi laisser aux autorités départementales l'initiative et la direction des travaux et ne pas les attribuer à l'État, qui y engagerait ses fonds et sa responsabilité?

Deux conditions sont nécessaires pour que la subvention de l'État soit accordée : 1) il faut que le produit brut soit insuffisant pour couvrir les dépenses de l'exploitation et pour donner un intérêt annuel de 5 0/0 au capital de premier établissement, tel qu'il a été prévu par l'acte de concession, augmenté, s'il y a lieu des insuffisances constatées pendant la période assignée à la construction; 2) il faut que le département, les communes, avec ou sans le concours des intéressés, donnent une subvention au moins équivalente à celle de l'État.

Nous n'avons pas à insister sur cette seconde condition, qui nous paraît parfaitement justifiée; mais nous
devons examiner la première.

Créer un chemin de fer d'intérêt local dans une région, dont le trafic ne semblerait pas de longtemps
devoir couvrir les frais d'exploitation, nous semblerait
une entreprise passablement hasardée, à moins que ses
organisateurs se fussent inspirés de considérations autres
que purement commerciales. Néanmoins, il arrivera
que dans les premières années avant que le commerce
ne se soit habitué à emprunter le service de la voie
ferrée, une petite ligne ne pourra réaliser un rendement kilométrique de 3,500 à 4,000 francs, coût probable des frais d'exploitation. La subvention de l'État
s'appliquera tout d'abord à ces dépenses; c'est là un
des avantages que présente la subvention accordée
sous forme de garantie d'intérêt; des combinaisons
inexactes, des circonstances malheureuses paralyseront
le développement normal du trafic et priveront les
actions et les obligations de tout rendement; l'intérêt
public n'en souffrira pas, l'exploitation de la ligne se
poursuivra régulièrement, et si les dépenses faites ne
répondent pas aux avantages présumés, on ne pourra
pas dire qu'elles n'ont produit que des non-valeurs et
ont été faites en pure perte.

Mais dans la plupart des cas, si les évaluations ont
été exactes, si les travaux ont été exécutés dans des
proportions modestes et dans des conditions économiques, les frais d'exploitation seront rapidement couverts
et au delà par les recettes de la ligne. Il faudra attribuer ces recettes aux capitalistes qui, sous forme d'actions ou d'obligations, auront fourni les fonds de l'en-

treprise, en d'autres termes, au capital de premier établissement.

S'il y a dans l'administration des Compagnies de chemins de fer un point qui ait été vivement attaqué, c'est à coup sûr la vérification des comptes de premier établissement ; on a signalé, non sans exagération, les tendances des Conseils à y faire figurer toutes les dépenses qui n'avaient pas le caractère de dépenses de pure administration ; on a demandé que ce compte fût clos une fois pour toutes. La chose est impossible ; on ne peut pas plus obliger les Compagnies à clôturer définitivement les comptes de premier établissement, qu'on ne pourrait obliger un industriel, malgré le développement de ses affaires, à ne pas agrandir ses usines, acquérir des machines plus puissantes et plus perfectionnées. « Nous ne pouvons pas dire, écrit M. Aucoc, qu'il ait été facile d'établir des règles fixes et uniformes pour l'application des conventions relatives à la garantie d'intérêt, ni qu'on soit arrivé sur tous les points de cette vaste comptabilité à une exactitude absolue. Mais la participation que nous avons prise aux travaux des commissions de vérification des comptes, nous permet de dire qu'après des études approfondies, on est arrivé à des solutions qui nous paraissent conformes à l'intention commune des parties contractantes et satisfaisantes au point de vue des intérêts du Trésor [1]. »

Quelles dépenses faut-il comprendre sous ce titre : frais de premier établissement? Sans aucun doute, ce sont celles de la construction de là ligne et de sa mise en service, frais d'études, de personnel, acquisition des

[1] *Conférences de droit administratif,* III.

L. B.   12*

terrains, travaux de terrassement, bâtiments, acquisition du matériel fixe et du matériel roulant, en un mot, les dépenses constatées lors de la réception et de la mise en exploitation de la ligne. Mais ce ne sont pas les seules; elles embrassent encore d'autres éléments : les dépenses dites de parachèvement des lignes, c'est-à-dire la réfection, à une distance assez rapprochée de l'ouverture du chemin de fer, des travaux exécutés d'une manière provisoire et insuffisante, tels que la consolidation d'un tunnel, le remplacement d'un pont en charpente par un pont en fer ou en maçonnerie, etc.; les dépenses dites de travaux complémentaires, tels que la pose de secondes voies ou de voies de garage, l'agrandissement des gares, l'augmentation du matériel roulant, etc. Les améliorations dans l'installation des voies ont donné lieu à quelques questions délicates; citons les frais d'éclissage des rails, l'addition de nouvelles traverses et de nouveaux coussinets, la substitution des rails en acier aux rails en fer, etc.

D'une façon générale, à raison des améliorations, des augmentations dont un chemin de fer est susceptible, on peut dire que les frais de premier établissement sont permanents, et qu'au bout d'un certain nombre d'années, ils peuvent représenter de nouveau le coût de la construction [1].

Pour les chemins de fer d'intérêt local, pour lesquels la simplicité et l'économie doivent être une règle absolue, les frais de premier établissement, en dehors des dépenses de construction et de la mise en exploitation

(1) Brasseur. Déposition devant la Commission sénatoriale d'enquête sur les chemins de fer.

de la ligne, seront peu élevés, tant que le trafic ne se développera que dans des proportions régulières et ordinaires.

Généralement, les actes de concession stipuleront un forfait, fixant à un chiffre invariable les frais de premier établissement du chemin de fer; difficilement inférieur à 80,000 francs par kilomètre, il ne devra jamais dépasser 150,000 francs; la moyenne semble devoir être de 100 à 120,000 francs. Le règlement d'administration publique, en date du 20 mars 1882, fixe ainsi les éléments du capital de premier établissement, qui doit servir de base pour l'évaluation de la subvention de l'État. « Ce capital, porte l'art. 1, comprend toutes les sommes [1] que le concessionnaire justifie avoir dépensées, dans un but d'utilité, pour l'exécution des travaux de construction proprement dits, l'achat du matériel fixe et d'exploitation, le parachèvement de la ligne après sa mise en exploitation, la constitution du capital-actions, l'émission des obligations, les intérêts des capitaux engagés pendant la période assignée à la construction par l'acte de concession ou jusqu'à la mise en exploitation, si elle a lieu avant le délai fixé. » Il arrive parfois que l'ensemble de la ligne n'est pas ouvert en même temps à l'exploitation, mais que les sections sont successivement desservies au fur et à mesure de leur achèvement; l'exploitation dans ces conditions défavorables n'est pas très lucrative, les voyageurs y trouvent des facilités pour les petits parcours, certaines modifications de détail peuvent être apportées en temps utile; mais les com-

---

(1) Le capital est ainsi fixé non d'après la valeur de la voie, mais d'après ce qu'elle a coûté. En cas de rachat, l'indemnité se calcule non d'après ce que la voie a coûté, mais d'après ce qu'elle rapporte.

merçants hésiteront à livrer au concessionnaire des marchandises soumises à plusieurs transbordements sur une distance relativement courte. C'est pour cela, qu'adoptant une disposition consacrée par les conventions passées par l'État avec les grandes Compagnies, l'art. 1 ajoute que le capital de premier établissement « peut être augmenté, s'il y a lieu, des insuffisances de recettes résultant de l'exploitation partielle des sections qui seraient ouvertes pendant ladite période de construction. »

Il ne faut pas oublier que la constitution du capital-actions, l'émission des obligations entraînent des dépenses de nature diverse : réclames, annonces, primes payées aux banquiers, agents d'affaires, etc.; elles sont également admises en compte dans les frais de premier établissement, mais jusqu'à concurrence d'un maximum spécialement prévu par l'acte de concession, art. 1-2°.

Examinons maintenant en quoi consiste la subvention de l'État.

Elle comprend tout d'abord une somme fixe annuelle de 500 francs par kilomètre exploité.

Puis, on établit la recette brute kilométrique annuelle (impôts déduits); on défalque cette somme du chiffre de 10,000 francs ou de 8,000 francs selon que la ligne est à voie normale ou à voie réduite. L'excédent est divisé en quarts, dont l'un constitue le montant de la subvention de l'État. Un exemple fera bien comprendre le mécanisme imaginé par l'art. 13. Supposons un chemin de fer d'intérêt local à voie normale, dont le revenu kilométrique est de 6,000 francs. La

subvention se composera d'abord d'une somme fixe de
500 francs ; ensuite, on soustraira 6,000 de 10,000,
reste 4,000 francs ; le quart, soit 1,000 francs, consti-
tuera, ajouté aux 500 francs sus-indiqués, la subvention
de l'État, en tout 1,500 francs par kilomètre. Si nous
supposons le chemin à voie étroite, et rapportant la
même somme, nous défalquerons 6,000 de 8,000, reste
2,000, dont le quart, soit 500 francs, s'ajoutant aux
500 francs, qui constitue la subvention fixe, arrêtera à 1,000 francs le montant de la subvention kilométrique.

Rappelons que la subvention de la part de l'État n'est
pas obligatoire ; il peut s'engager dans la limite maximum que nous indiquons, comme il peut ne pas le faire
du tout ou n'accorder qu'une subvention plus faible.
Ce dernier cas se présentera forcément lorsque, pour
une cause quelconque, les autorités locales ne pourront
donner une subvention égale au maximum prévu par
la loi ; l'État ne pourra faire des sacrifices plus grands
que ceux que le département, les communes et les
intéressés auront pu s'imposer.

On peut remarquer que la subvention de l'État se
compose de deux éléments : le premier est une somme
de 500 francs, invariable, indépendante des frais
d'exploitation et des recettes brutes ; le second varie
chaque année et est en rapport inverse avec le montant
des bénéfices.

Pour calculer le montant de la subvention dans un
cas donné, on a indiqué la formule suivante :

$$S = \left(500 + \frac{10,000 - R}{4} \right) \times 2.$$

$$S' = \left(500 + \frac{8,000 - R}{4} \right) \times 2.$$

Dans cette autre formule S et S' représentent le montant de la subvention, selon que la ligne est à voie normale ou à voie réduite, R représente le revenu kilométrique brut. Cette formule comprend la subvention de l'État et celle des pouvoirs locaux, que nous supposons de même valeur.

Dans aucun cas, la subvention de l'État ne peut élever la recette brute au-dessus de 10,500 francs et de 8,500 francs, selon les cas. On a pensé que ce revenu était suffisant pour assurer le service de l'exploitation, rémunérer et amortir le capital de premier établissement.

La loi ajoute que la subvention de l'État cessera, lorsque le trafic permettra d'attribuer au capital de premier établissement un dividende de plus de 5 0/0. Cette limite est manifestement trop étroite, et on ne comprend guère pourquoi le législateur l'a adoptée. Pour les grandes Compagnies de chemin de fer, qui ont un crédit puissamment établi, des revenus considérables assurés, le Gouvernement a garanti pour des lignes peu rémunératrices un intérêt de 4,50 0/0 et l'amortissement au même taux, soit en tout 5,75 0/0 ; et il suffit de parcourir le tableau des emprunts faits par ces Compagnies pour constater que les obligations émises par elles l'ont été rarement à un taux inférieur à 5 0/0, amortissement compris ; il a souvent dépassé

6 0/0 ; le taux minimum de 4,80 0/0 n'a été atteint que
deux fois en 1870 par la Compagnie du Nord, en 1878
par la Compagnie de Lyon ; de 1870 à 1880, elles ont
emprunté au taux moyen de 5,50 0/0 sous forme d'obligations remboursables à 500 francs et coûtant de 300 à
310 francs. Depuis lors l'état du marché s'est modifié
dans un sens favorable, et les obligations des grandes
Compagnies se capitalisent à 4,35 et 4,50. Mais cette
situation est exceptionnelle ; les événements politiques
et financiers des dernières années ont rendu les capitalistes méfiants à l'excès, les ont fait se porter uniquement vers les placements considérés comme offrant une
sécurité absolue, les fonds d'État, les obligations du
Crédit foncier, des grandes Compagnies de chemins de
fer. Quant aux valeurs industrielles, elles n'inspirent
guère de confiance, et les petites Compagnies de chemins
de fer d'intérêt local, qui ont contre elles les préven-
tions d'un passé peu brillant, ne peuvent guère espérer
faire exception à la loi commune.

Lors de l'enquête ouverte en 1878 sur les chemins
de fer d'intérêt général, la plupart des déposants ont
insisté sur les difficultés qu'ont les petites Compagnies
à se procurer l'argent indispensable au succès de leurs
entreprises. La Compagnie des Vosges a emprunté à
7 0/0, et des lignes, dont le coût n'aurait pas excédé
130,000 francs par kilomètre, si elle avait emprunté
à 5 0/0, lui sont revenues, par suite de majorations
onéreuses, à près de 165,000 francs ; d'autres Compagnies ont emprunté parfois à plus de 10 0/0. Et les
ruines consommées d'un certain nombre d'entre elles,
comme les Charentes et la Vendée, n'ont pas contribué à raffermir leur crédit.

Sans doute, en substituant la garantie d'intérêt à la subvention en capital, l'État garantit le capital réalisé en actions ou obligations, mais cette garantie est trop faible dans tous les cas et peut se trouver notoirement insuffisante.

Supposons une petite Compagnie émettant des obligations du même type que les grandes Compagnies [1], elles ne pourront guère les placer à un prix supérieur à 300 francs ; il en faudra 333 pour construire un kilomètre du prix de 100,000 francs ; ces obligations étant remboursables à 500 francs, le capital à amortir est de 166,500 francs. Le service de cet emprunt nominal, intérêts et amortissement en cinquante ans [2], est de 6,460 francs, soit de 6,45 0/0. Et la garantie à 5 0/0 de l'État, accordée à des obligations de chemins de fer d'intérêt local, amortissables en cinquante ans et sans prime, assurerait au porteur un intérêt de 4,17 0/0 ; pense-t-on qu'il y ait là une perspective tentante pour les capitalistes? Nous supposons, du reste, que les frais d'exploitation sont couverts par les recettes, ce qui n'est pas toujours vrai, au moins dans les années de début [3]. Si une situation aussi anormale persistait un

(1) Au mois d'avril 1885, la Société générale des chemins de fer économiques a émis des obligations à 3 0/0 de 500 francs au prix de 335 francs ; mais ce prix serait trop élevé pour une petite Compagnie locale.

(2) L'amortissement en 50 ans exige une annuité de 0,48 centimes 0/0 : en 75 ans, l'annuité n'est plus que de 0,13 centimes.

(3) Dans un rapport inséré au *Journal officiel* (16 août 1878), M. Basire donne la formule suivante pour évaluer la dépense de l'exploitation : $D = 2,000$ fr. $+ 0,33$ R. (D représente la dépense et R le revenu kilométrique). Mais il n'est pas possible de supposer le minimum de la dépense inférieur à 3,000 fr. par kilomètre ; d'autre part, les dépenses n'augmentent pas dans la même proportion que les recettes.

certain temps, cette garantie d'intérêt serait illusoire
et se réduirait à bien peu de chose ; elle serait même
un danger pour les capitaux, pleins de confiance dans
une émission d'obligations, annoncée avec la garantie
de l'État, et qui risqueraient de ne toucher qu'un intérêt
de 2 ou 2,50 0/0.

L'addition du § 3 fut faite par la Commission sénatoriale.

Par la première restriction apportée à l'allocation
de la subvention, on voulait enlever aux concessionnaires tout intérêt à maintenir la recette brute au-
dessous du chiffre fixé. Examinons l'hypothèse telle
que l'envisageait le rapporteur, M. Labiche. Nous supposons un chemin de fer à voie étroite (dont la recette
doit s'élever à 8,500 francs pour qu'il n'y ait pas subvention) ; le capital de premier établissement est de
8,000 francs, la recette brute de 7,900 francs ; les 5 0/0
du capital de premier établissement s'élèvent à 4,000
francs, les frais d'exploitation à 4,600 francs, en tout
8,600 francs ; la différence est de 700 francs. En appliquant l'article 13-3°, la subvention ne pourra élever
la recette brute au-dessus de 8,500, c'est-à-dire dépasser 600 francs ; si le § 3 n'existait pas, les concessionnaires seraient portés à dire : « La recette brute étant
inférieure à 8,500 francs, nous devons recevoir de
l'État et du département : la subvention fixe, soit 1,000
francs, la moitié du déficit sur une recette brute de
8,500 francs, soit 300, en tout 1,300 francs. En maintenant la recette brute totale au-dessous de 8,500 fr.,
les concessionnaires obtiendraient une augmentation
de subvention de 700 francs, portant le produit brut
total à 9,700 francs.

La seconde restriction du § 3, en vertu de laquelle,
lorsque le capital engagé reçoit une rémunération de
5 0/0, il ne doit pas y avoir lieu d'invoquer l'assistance
de l'État, même quand la recette brute n'atteint pas
8,500 francs et 10,500 francs, avait été critiquée. On
faisait remarquer que son application présenterait dans
certains cas une anomalie en attribuant au capital un
intérêt proportionnellement moindre quand la recette
brute augmenterait. Ainsi, d'après les tableaux expo-
sant le fonctionnement de la subvention, avec une
dépense kilométrique de premier établissement de
70,000 francs, la subvention servie au capital repré-
sentera 5 0/0 pour une recette brute de 7,000 francs
et 4,79 0/0 pour une recette brute de 8,000 francs.
De même, avec une dépense kilométrique de premier
établissement de 80,000 francs, la subvention repré-
sentera 5 0/0 pour une recette brute de 6,000 francs et
4,19 0/0 pour une recette brute de 8,000 francs.

A cela, M. Labiche répondait que les chiffres prévus
dans ces tableaux supposaient une loi de progression
des dépenses d'exploitation constamment proportionnelle à l'augmentation de la recette brute et pouvaient
par conséquent être notablement réduits. D'ailleurs,
en admettant la certitude de cette loi de progression
constante, il ne fallait pas oublier que les subventions
servies ne sont que des avances remboursables, et qu'il
peut y avoir avantage à ne recevoir que 4,79 0/0 du
capital, si cet intérêt est donné par des bénéfices définitivement acquis, plutôt que 5 0/0, si ces 5 0/0 sont
donnés au moyen d'avances qu'il faudra rembourser
le jour où l'affaire donnera un produit élevé.

La participation de l'État est suspendue quand la

recette brute annuelle atteint les chiffres de 10,500 et
8,500 francs, art. 13-4°. Un chemin de fer, dont le
trafic assure ce bénéfice, coûtera bien de 4,000 à 6,000
francs de frais d'exploitation ; si nous fixons le coût de
premier établissement à 100,000 francs (et nous sommes
certainement bien au-dessous de la vérité pour les
lignes à voie normale), on voit que ce chiffre de 10,500
et 8,500 francs n'est pas très élevé ; d'autant plus qu'il
faudra un temps assez long pour que le trafic per-
mette de réaliser un tel bénéfice [1]. En étudiant la
participation des départements et des communes, nous
avons dit que la loi leur laissait toute latitude tant au
point de vue du mode de la subvention qu'au point
de son importance. Les Conseils généraux, les Conseils
municipaux, les propriétaires intéressés agissant isolément ou constitués en syndicats devront s'imposer les
sacrifices nécessaires pour assurer l'établissement des
lignes locales, qui leur paraîtront d'une utilité incontestable. Examinée de près, la participation de l'État
est loin de présenter, dans la réalité des faits, tous les
avantages que pourrait le faire supposer la lecture de
l'art. 13 ; ce n'est pas que nous l'estimions trop faible.
N'ayant qu'un intérêt tout régional, destinés à devenir
la propriété des départements et des communes, les
nouveaux chemins ne peuvent attendre de l'État qu'une
assistance secondaire ; il appartient aux efforts des assemblées départementales de les soutenir de leur crédit
et de leurs ressources. Elles auront discuté longuement
les conditions du cahier des charges, surveillé les tra-

---

(1) La moyenne du produit kilométrique brut des chemins de fer
d'intérêt local au 31 décembre 1880, ne dépassait pas 6,500 francs.

vaux et maintenu l'économie dans la construction et l'exploitation; ce ne sera pas se montrer trop exigeant que de stipuler leur garantie pour le service des capitaux réellement consacrés à l'entreprise. Il faut remarquer, du reste, que plus leur engagement sera étendu, moins l'application en sera lourde, car, plus le concessionnaire sera assuré du crédit des départements et des communes, plus il empruntera à un taux inférieur, et plus le capital du premier établissement remboursable se rapprochera du capital réellement dépensé.

L'art. 14 apporte une double limite à la subvention que peut promettre l'État dans l'acte de concession.

Chaque année, la loi de finances indiquera les fonds qui seront affectés aux subventions demandées dans le courant du futur exercice. La situation politique et financière se modifie incessamment; le Trésor ne doit pas être obligé pour l'avenir. Les Chambres seront juges des restrictions que le Gouvernement devra s'imposer dans les futures concessions des lignes d'intérêt local, en tenant compte surtout des annuités que des conventions antérieures l'obligent à payer, et qui constitue un droit acquis et irrévocable pour les concédants et pour les concessionnaires.

La charge annuelle imposée au Trésor ne peut dépasser 400,000 francs pour l'ensemble des lignes situées dans un même département. Si l'on supposait que tous les départements fussent à même d'obtenir le maximum, ce serait une subvention annuelle de 36 millions que l'État pourrait s'engager à payer. Mais, en fait, la chose n'est guère possible. Il faudrait supposer, pour cela, que tous les départements concéderaient en même temps des chemins de fer et accorderaient des subventions équivalentes à une annuité de 400,000 francs, ce qui serait pour le plus grand nombre d'une impossibilité absolue.

Tous les départements ont des droits égaux à la sub-vention ; nous avons vu que le principe d'une réparti-tion proportionnelle, reconnu jusque-là, avait été écarté définitivement, moins parce qu'on le jugeait contestable qu'à cause des critiques adressées aux diverses formules proposées pour évaluer la richesse effective de chaque département. En fait, cette égalité sera favorable aux pays riches et payant déjà de fortes contributions ; ce sont d'ailleurs les seuls qui pourront assurer un certain trafic aux nouveaux chemins. Parmi les départements pauvres, il en est dont la situation ne saurait guère être améliorée par un chemin de fer ; ce sont ceux habités par une population agricole et dont les terrains sont peu fertiles ; pense-t-on qu'une voie ferrée puisse apporter une amélioration à cette situation précaire et compenser les sacrifices de l'État et du département et les risques du concessionnaire ? D'autres départements renfermeront des mines, des carrières, des forêts jus-que-là ignorées, ou inexploitées par suite de l'absence de voies de communication ; la création d'une modeste ligne peut mettre en œuvre ces richesses abandonnées. Mais alors on fera des enquêtes sur la valeur de ces mines, de ces carrières, de ces forêts ; si elles peuvent assurer le service de l'exploitation et du capital à en-gager, des concessionnaires ne manqueront de se pré-senter, et l'État secondera de son mieux, dans les limites imposées par la loi, les louables efforts des pouvoirs locaux.

La somme de 400,000 francs, montant maximum de la participation de l'État, doit être partagée entre les chemins de fer d'intérêt local et les tramways, lorsque ces deux modes de voie ferrée existeront simultanément dans le même département; c'est ce qu'il résulte des observations faites au Sénat par le Ministre et le rapporteur.

Quant au nombre de kilomètres que cette somme de 400,000 francs permettra de subventionner, il variera naturellement selon que le trafic de la ligne sera plus ou moins rémunérateur. Lorsque les recettes brutes ne couvriront pas les frais d'exploitation, la subvention ne pourra être attribuée qu'à un nombre moindre de kilomètres; quand les recettes brutes s'élèveront, un plus grand nombre de kilomètres pourra être subventionné.

On a fait remarquer [1] que la discussion de la loi n'a nulle part indiqué quelle interprétation serait donnée à la limitation de la subvention par département. Nous pensons que, dans l'acte de concession, l'État prendra pour base le maximum possible, soit 2,000 francs pour sa part avec un maximum de 200 kilomètres; mais si les lignes concédées donnaient un résultat dépassant les prévisions, l'avantage sera pour l'État et le maximum de 400,000 francs ne sera pas utilisé. Mais si, se fondant sur des prévisions trop optimistes, le département concédait 300 kilomètres, par exemple, l'État pourrait accorder une subvention *maxima* de 1333 francs par kilomètre ou de 400,000 francs, pour l'ensemble du réseau, car, en aucun cas, ce chiffre ne peut être dépassé.

[1] Chaillou, *op. cit.*, p. 52.

V.

Du partage des bénéfices.

Dans les conventions intervenues entre les grandes Compagnies et l'État, ce dernier s'est imposé des sacrifices considérables pour assurer la création des voies ferrées dans des régions qui ne devaient pas donner un revenu très-rémunérateur : tantôt il a donné des subventions en argent, tantôt il a garanti l'intérêt et l'amortissement des capitaux engagés. Mais cette subvention, sous quelque forme qu'elle se soit produite, n'est qu'une subvention remboursable, le jour où, triomphant des obstacles rencontrés dans la réalisation de leur œuvre, les Compagnies obtiendront des bénéfices prévus d'avance.

Ce qui a paru juste vis-à-vis des grandes Compagnies, la loi a pensé devoir l'appliquer aux Compagnies créées pour exploiter les chemins de fer d'intérêt local.

La loi de 1865 était muette sur ce point, sans doute à cause du peu d'importance des sacrifices que le Trésor s'imposait (1), six millions par an au plus. Mais la loi de 1880 a assimilé, dans des conditions particulières, les deux classes de voies ferrées. Elle a constitué « entre l'État, les départements ou les communes, suivant le cas, et le concessionnaire, une espèce d'association morale, tout en laissant à ce dernier la responsabilité de ses actes et par conséquent la plus grosse part des

---

(1) La subvention de l'État, sous le régime de la loi de 1865, n'a jamais dépassé la somme de 10 à 12,000 francs par kilomètre.

pertes ou des bénéfices que l'entreprise sera appelée à donner [1]. »

Lorsque les résultats de l'exploitation ne seront que modestes, ce qui peut être considéré comme la règle générale pendant les vingt ou trente premières années, le concessionnaire devra être subventionné par l'État et les pouvoirs locaux dans les limites fixées par la loi et les conventions. Mais lorsque l'accroissement progressif du trafic assurera des dividendes rémunérateurs, il n'est que juste d'associer aux bénéfices ceux qui auront apporté à l'entreprise le concours de leur crédit et de leurs capitaux.

Voyons comment la loi de 1880 a déterminé le mode de partage des bénéfices au-dessus d'un revenu réservé.

Pour que le partage des bénéfices ait lieu, il faut que le produit brut soit suffisant, d'abord pour couvrir les frais d'exploitation et pour donner un dividende de 6 0/0 au capital de premier établissement, évalué non d'après les dépenses réelles, mais d'après les prévisions de l'article 13 et le forfait accepté dans l'acte de concession. De l'excédant, il est fait deux parts, dont l'une est attribuée au concessionnaire; la seconde est partagée entre l'État, le département, les communes et les intéressés, en un mot, de tous ceux qui ont participé sous une forme quelconque à l'établissement de la ligne; la répartition se fait proportionnellement aux avances faites par chacun d'eux, jusqu'au remboursement complet de ces avances, sans intérêts [2].

Il nous semble que la loi ne s'est pas montrée assez

(1) Chaillou, *op. cit.*

(2) Les grandes Compagnies doivent pour ces avances un intérêt de 4 0/0.

large vis-à-vis le concessionnaire, en se contentant de fixer à 6 0/0 le revenu réservé. En effet, ce n'est pas dès les débuts de l'exploitation qu'un chemin de fer d'intérêt local donnera un revenu net de 6 0/0 ; les meilleurs ne donneront pas un dividende supérieur à 5 et même 4 0/0 pendant une période indéterminée. Il aurait fallu donner aux actionnaires l'espoir que les insuffisances des premières années seront compensées par les excédents des années postérieures ; sans doute, si les petites Compagnies pouvaient émettre des obligations à un taux bien inférieur à 6 0/0, les actionnaires pourraient bénéficier complètement de la différence entre le revenu du chemin de fer et le service des obligations ; mais si l'on suppose que le capital-obligations exige une indemnité de 6 0/0, une partie des insuffisances aura pendant vingt ou trente ans pesé uniquement sur le capital-actions ; puis, au moment où un excédent se produira, la moitié seulement reviendra aux actionnaires. Nous pensons que le législateur, qui réglementait si minutieusement l'émission des obligations, la participation de l'État dans la création des chemins de fer d'intérêt local, devait élever le taux du revenu réservé. Il pouvait sans inconvénient ou bien n'admettre le partage des bénéfices qu'autant que le revenu net dépasserait soit le chiffre de 7 0/0, comme le demandait la Commission législative, soit celui de 8 0/0 comme l'admettent les conventions avec les Compagnies de l'Est, du Midi, de Lyon, ou bien établir conventionnellement un revenu réservé de 12 ou 15,000 francs par kilomètre, comme le portent les conventions avec les Compagnies du Nord, d'Orléans, de l'Ouest[1].

(1) Ce revenu est : pour l'Est, 8 0/0, 6,50 0/0 et 6 0/0 selon les dif-

L. B.   13*

La loi aurait dû également calculer le revenu réservé, non d'après le capital fixé dans l'acte de concession, mais d'après les dépenses réellement effectuées, et selon les cas, d'après les charges résultant des primes à payer aux obligations et qui peuvent majorer de 20 et 25 0/0 le prix de revient d'une voie ferrée.

Quant aux sommes à rembourser aux subventionnants, la loi de 1880, plus favorable que les conventions avec les grandes Compagnies, dispense le concessionnaire d'en payer les intérêts; il n'est tenu de rembourser que les sommes allouées pour parfaire les insuffisances prévues par l'article 13.

VI.

De la justification des recettes et des dépenses.

Nous venons de voir les intérêts financiers du concessionnaire d'une part, de l'État, du département, des communes et des intéressés, d'autre part, intimement unis, tant au point de vue des dépenses qu'au point de vue des bénéfices. Pour savoir quelle sera la participation des subventionnants dans les frais d'exploitation, il faudra rechercher la valeur du capital de premier établissement, les dépenses de l'exploitation et son revenu

férentes parties du réseau : — pour le Midi, 8 0/0, 6 50 0/0 et 6 0/0 selon les lignes ; — pour le Nord, 50,275 francs par kilomètre pour certaines parties de l'ancien réseau, 6 0/0 pour le nouveau réseau ; — pour l'Orléans, 30,000 francs pour l'ancien réseau, 6 0/0 pour le nouveau ; — pour l'Ouest, 35,000 francs pour l'ancien réseau, 6 0/0 pour le nouveau réseau ; — pour le Lyon, 8 0/0, 6,50 0/0 et 6 0/0, selon les lignes. Nous ne donnons que des indications sommaires, dont le détail se trouve dans les diverses conventions.

brut; pour déterminer leurs droits dans le partage des bénéfices, les mêmes évaluations seront nécessaires.

Pour assurer la régularité de ces rapports continuels, il était indispensable d'établir, par une disposition consacrée législativement, la manière dont sera contrôlée la gestion du concessionnaire.

L'article 16 disait qu'un règlement d'administration publique déterminerait : 1°) les justifications à fournir par les concessionnaires pour établir les recettes et les dépenses annuelles; — 2°) les conditions dans lesquelles serait fixé le chiffre de la subvention due par l'État, le département ou les communes, et, lorsqu'il y aura lieu, la part revenant à l'État, au département, aux communes ou aux intéressés, à titre de remboursement de leurs avances sur le produit net de l'exploitation.

Analysons ce document, publié par un décret du 20 mars 1882; son application ne peut guère soulever de difficultés d'interprétation.

Le capital de premier établissement, qui n'a pas été fixé à forfait par une stipulation expresse, comprend toutes les sommes que le concessionnaire justifie avoir dépensées dans un but d'utilité, pour l'exécution des travaux de construction, l'achat du matériel fixe et d'exploitation, le parachèvement de la ligne, la constitution du capital-actions, l'émission des obligations, les intérêts des capitaux engagés pendant la période assignée à la construction par l'acte de concession ou jusqu'à la mise en exploitation; il peut être augmenté des insuffisances de recettes résultant de l'exploitation partielle des sections, qui seraient ouvertes pendant la période de construction.

Dans le délai de quatre mois après la mise en exploitation de la ligne entière, le concessionnaire doit remettre au préfet le compte détaillé des dépenses de premier établissement faites jusqu'à ce jour; quant à celles faites pour le parachèvement de la ligne, il présente chaque année avant le 31 mars un compte supplémentaire. En tout cas, ce compte doit être clos dans les quatre ans qui suivent la mise en exploitation de la ligne entière.

Si l'acte de concession prévoit que le capital de premier établissement pourra être successivement augmenté jusqu'à concurrence d'une somme déterminée et pendant un certain délai pour travaux complémentaires, le concessionnaire présente chaque année, avant le 31 mars, un compte détaillé des dépenses, autorisées préalablement, selon le cas, par le Ministre ou par le préfet (art. 2).

Avant le 31 mars, le concessionnaire remet au préfet un compte détaillé, avec pièces à l'appui, des produits bruts de l'exploitation et des frais d'entretien et d'exploitation, non déterminés à forfait (art. 3 et 4).

Les comptes sont soumis à une Commission, composée du préfet ou du secrétaire général, président; d'un conseiller général ou municipal, selon que la concession émane du département ou d'une commune, d'un ingénieur des ponts et chaussées ou des mines, d'un fonctionnaire de l'administration des finances; pour les lignes s'étendant sur plusieurs départements, il est institué une Commission spéciale par département, ces Commissions peuvent se réunir et délibérer en commun (art. 5).

Après avoir examiné tous les documents jugés nécessaires et même s'être transporté au siège de l'entreprise, dans les gares, bureaux, etc., la Commission adresse son rapport, avec les pièces justificatives, au Ministre des Travaux publics qui les examine et les communique à son collègue des Finances. Si les conclusions sont acceptées par le concessionnaire, le Ministre des Travaux publics arrête définitivement le capital de premier établissement; en cas de désaccord, les comptes et toutes les pièces à l'appui sont soumis à une Commission supérieure, composée de trois membres choisis par le Ministre des Travaux publics, de trois membres choisis par le Ministre des Finances, et d'un conseiller d'État, président. Sur son rapport, le Ministre des Travaux publics statue, sauf recours au Conseil d'État par voie contentieuse (art. 7 et 8).

Il est procédé de la même manière pour arrêter annuellement le chiffre de la subvention due par l'État, le département ou les communes, et, lorsqu'il y a lieu, la part revenant à l'État, au département, aux communes ou aux intéressés, à titre de remboursement de leurs avances sur le produit net de l'exploitation (art. 7).

En présentant un compte annuel, le concessionnaire peut demander une avance, déterminée par le Ministre des Travaux publics, sur la somme qui lui sera due à titre de subvention (art. 8).

Les inspecteurs généraux des finances vérifient la comptabilité des concessionnaires (art. 9).

La subvention à allouer pour l'année de la mise en exploitation se calcule au prorata du temps écoulé depuis le jour de l'ouverture de la ligne jusqu'au 31 décembre (art. 13-1°).

La loi, par laquelle l'État s'engage à subventionner un chemin de fer d'intérêt local, fixe le maximum de la charge annuelle qui peut résulter pour le Trésor de l'application de l'article 13 de la loi de 1880, de façon que le montant réuni de tous les *maxima* ne dépasse pas 400,000 francs pour les lignes situées dans un même département (art. 13-2°).

Pour les chemins de fer subventionnés seulement par le département ou une commune, les mêmes formes sont employées pour l'examen et le règlement des comptes, sauf que les attributions du Ministre des Travaux publics sont conférées au Préfet, art. 11.

Ces comptes, tels que les exige l'art. 16, sont destinés à régler chaque année le montant des subventions dues au concessionnaire ou des remboursements qui lui sont imposés sur ses recettes ; ils ne sont communiqués qu'aux autorités intéressées. Il ne faudrait pas les confondre avec le compte rendu détaillé des résultats de l'exploitation, exigé par l'art. 19 de la loi de 1880 et réglementé par l'art. 51 du cahier-type de 1881 ; celui-ci destiné à la publicité a pour but de faire connaître quels ont été, pour chaque trimestre écoulé, les résultats de l'exploitation.

La loi, qui se montre très scrupuleuse lorsqu'il s'agit de produire au grand jour les livres d'un commerçant de faire connaître sa situation à l'égard de ses créanciers et de ses débiteurs, a pensé qu'il devait en être différemment des Compagnies de chemins de fer. Elles sont autre chose que des industriels agissant pour leur propre compte ; les vicissitudes de leur exploitation intéressent, non-seulement les capitalistes qui, à divers titres, ont apporté le concours de leur argent, mais aussi le public tout entier, qui peut connaître les rendements de chaque ligne et demander avec plus ou moins de fondement les améliorations dont elle lui semble susceptible.

C'est dans ce but fort raisonnable, que les grandes Compagnies ont été obligées de publier tous les trois mois le compte-rendu de leurs dépenses et de leurs recettes, afin qu'il soit inséré à l'*Officiel* [1]. La même règle a été étendue aux concessionnaires des chemins de fer d'intérêt local. Ceux-ci sont tenus, dans le mois qui suit l'expiration de chaque trimestre, de remettre au Préfet le compte-rendu détaillé des résultats de l'exploitation, comprenant les dépenses de premier établissement, s'il y a lieu, les dépenses d'exploitation et les recettes brutes. Ce compte est dressé en trois expéditions : le Préfet s'en réserve une, et remet les deux autres au représentant de l'autorité qui a fait la concession et au Ministre des Travaux publics ; il est publié au moins par extraits au *Journal officiel,* selon l'usage adopté pour les lignes d'intérêt général.

---

(1) Chaque semaine, les Compagnies publient les résultats de leur exploitation, ancien et nouveau réseaux, lignes se trouvant dans des conditions spéciales, etc. La Banque de France fait de même connaître son bilan hebdomadaire, le Crédit foncier, l'ensemble de ses prêts, hypothécaires et communaux.

VII.

De la subvention des intéressés.

A côté de la subvention par le département, les communes et l'État, le concessionnaire trouvera quelquefois chez les propriétaires intéressés un concours généralement faible, mais toujours précieux, car il donne la mesure des avantages que procurera le nouveau chemin de fer aux régions traversées. Des industriels, de grands propriétaires, des chefs d'exploitations agricoles, s'imposeront parfois des sacrifices pour faciliter la tâche du concessionnaire, dans l'espoir d'augmenter la valeur de leurs terres ou de transporter à meilleur compte les éléments et les produits de leurs industries : ils fourniront les terrains, les bois, les pierres pour l'établissement de la voie, et surtout, ils souscriront un certain nombre d'actions et d'obligations, étant, par leur situation, mieux à même que personne d'apprécier l'avenir du chemin de fer.

Dans son rapport, M. Labiche paraissait faire assez de fond sur les bonnes dispositions des propriétaires intéressés. « La raison d'être d'un chemin d'intérêt local, disait-il, ne doit pas être cherché uniquement dans le profit du concessionnaire, on doit la trouver aussi dans l'intérêt du public appelé à s'en servir. Ainsi les industriels, dans le but de réaliser une économie de transport, des agriculteurs, des propriétaires, dans le but d'obtenir la mise en valeur de terrains sans voies de communication, des représentants des localités intéressées, dans un but de patriotisme, peuvent être amenés à consentir un apport de capitaux peu ou pas rému-

néré. Sous le stimulant de ces intérêts particuliers et
de ce patriotisme local, il peut y avoir une intervention
efficace, venant compléter les efforts de l'État, du département et de la commune.

« L'expérience démontre que ces espérances ne sont
pas des illusions. Le concours des intérêts locaux a souvent amené des résultats considérables pour la vicinalité
ordinaire, et nous pourrions citer plusieurs chemins de
fer départementaux, dont les actions et les obligations
ont été souscrites uniquement par les représentants des
intérêts locaux. Cette intervention sera d'autant plus
facile à obtenir désormais, que le système du projet de
loi assure aux entreprises nouvelles, au moyen du contrôle de l'État et du département et au moyen de la
subvention annuelle, la sécurité, aussi bien au point
de vue de l'exploitation qu'au point de vue d'une certaine rémunération du capital engagé. »

Il est une autre mesure qui, à notre avis, aurait encore engagé davantage les industriels et les agriculteurs
à s'associer largement à l'avenir des chemins de fer
d'intérêt local : nous voulons parler des traités particuliers. Ces traités auraient un double avantage : ils
assureraient au concessionnaire des recettes, dont le
minimum lui serait connu ; les particuliers bénéficieraient d'une remise de 20, 25 ou 30 0/0 sur les tarifs
en vigueur. Le législateur n'a pas voulu les autoriser
entre les Compagnies d'intérêt général et les particuliers, arrêté qu'il était par la crainte de voir les petits
industriels, les petits agriculteurs, en un mot les petits
producteurs dans une infériorité insurmontable vis-à-
vis leurs concurrents plus heureux, par suite de l'impos-

sibilité où ils se trouveraient de garantir aux Compagnies un trafic minimum élevé. Cette considération, qui
ne nous semble pas suffisante, à elle seule, pour interdire
absolument les traités particuliers, perd beaucoup de
sa valeur quand il s'agit des chemins de fer d'intérêt
local, dont la longueur ne sera jamais bien grande, en
moyenne 40, 50 kilomètres. Nous croyons qu'il eût été
préférable d'autoriser les Compagnies exploitant des
lignes locales à passer des traités particuliers, sauf à
prendre toutes les précautions jugées convenables pour
prévenir les abus qu'ils pourraient engendrer : on aurait déterminé, par exemple, le maximum du rabais à
accorder sur les tarifs appliqués ; les traités devraient
être soumis à l'approbation du Conseil d'État, etc...
Quoi qu'il en soit, la prohibition est formelle [1]; l'État
seul a le droit de passer des traités particuliers avec les
concessionnaires de chemins de fer d'intérêt local. Mais,
bien que le cahier des charges n'ait pas prévu le cas,
nous admettrons volontiers que le département ou la
commune concessionnaire pourraient, dans l'intérêt de
leurs services publics, passer des conventions de ce
genre.

[1] Art. 47 du cahier-type de 1881.

CHAPITRE V.

DE LA CONSTRUCTION ET DE L'EXPLOITATION DES CHEMINS DE FER D'INTÉRÊT LOCAL.

Sans entrer dans des détails techniques, qui ne sont pas de notre compétence et n'ont aucun rapport avec le caractère de notre étude, nous ne croyons pas inutile d'indiquer rapidement dans quelles conditions doivent être construites et exploitées les lignes d'intérêt local.

On ne saurait trop le répéter, ces chemins de fer, dont le trafic ne donnera que de faibles recettes, au moins dans les premières années, ne peuvent être copiés sur les chemins des grandes Compagnies. Toutes les lignes des réseaux d'intérêt général ne sont pas également rémunératrices; quelques-unes ne couvrent même pas leurs frais d'exploitation, mais d'autres, à côté, rapportent cinquante, soixante mille francs par kilomètre; elles couvrent les insuffisances des premières. Cette inégalité de situation a été acceptée par les Compagnies; il n'y a pas à insister sur ce point. Mais, lorsque la concession d'un chemin de fer d'intérêt local sera faite, soit à une petite Compagnie, soit à la Société générale des chemins de fer économiques, il faut bien se dire que le concessionnaire n'aura pas d'autre source de revenu que le trafic de ce chemin de fer, et se demander si les recettes, en tenant compte naturellement des différentes subventions allouées par le concédant et par l'État, suffiront pour couvrir les frais d'exploitation, et assurer l'intérêt et l'amortissement du capital de premier établissement. Eh bien! cette considération essentielle, qui devait inspirer toutes les décisions des intéressés, le guider dans le tracé, le type de la voie, du matériel, on l'a méconnue dans la plupart des cas, on l'a reléguée au second plan; avant tout, on voulait avoir un chemin de fer à peu près semblable à celui des grands réseaux, et il s'est trouvé des concessionnaires assez accommodants, sinon pour remplir tous leurs engagements, au moins pour les signer : la plupart des entreprises de ce genre étaient condamnées d'avance et ont fini par crouler. Un chemin de fer d'intérêt local ne doit pas coûter plus de cent à cent vingt mille francs à établir, et son exploitation ne doit pas monter à plus de 4,000 francs; au delà de ces chiffres, les subventions ne seront pas suffisantes pour rémunérer le concessionnaire, et si les autorités départementales prennent vis-à-vis ce dernier des engagements illimités, les sacrifices qu'elles s'imposeront risquent d'être hors de proportion avec les résultats à atteindre.

Le premier point, sur lequel devra se porter l'attention des promoteurs des lignes locales, sera naturellement l'acquisition des terrains; le mieux semble être d'y procéder à l'amiable, de traiter de gré à gré. Si les propriétaires sont persuadés que leurs terres et leurs exploitations n'ont qu'à gagner, nul doute qu'ils ne se montrent accommodants; l'expropriation doit être l'exception, la petite exception. Plutôt que de l'appliquer d'une façon générale, mieux vaudrait renoncer à l'entreprise.

Le tracé arrêté, il s'agira de choisir le type de la voie à établir : adoptera-t-on la voie de 144 centimètres ou voie normale [1], ou bien la voie étroite, dont les dimensions peuvent varier? L'adoption de la voie normale a été vivement défendue; on a signalé les inconvénients plus ou moins réels qui résultent de la rencontre de plusieurs chemins ayant chacun son mode de voie différent. Tous se ramènent aux frais du transbordement et aux pertes de temps qu'il entraîne; ajoutons, pour les marchandises délicates, les chances d'accidents amenés par des manutentions répétées. Le transbordement a sans doute des inconvénients, pas assez grands toutefois pour faire renoncer à varier le type de la voie selon le plus ou moins d'importance du trafic.

Il est en effet une règle qui ne saurait être méconnue, pas plus en matière de chemins de fer que dans toute autre industrie, à savoir que l'instrument doit toujours être proportionné au travail à exécuter. Autant nous admettons l'emploi de la voie normale, avec son puissant matériel, dans les contrées riches et bien situées, autant nous condamnons son application dans les départements pauvres, placés loin des grands centres, et n'ayant avec eux que des relations assez rares. Pour les chemins de

[1] Le type de 144 centimètres a été adopté comme voie normale par tous les États européens, sauf l'Espagne et la Russie.

fer qui les desserviront, la voie étroite nous semble devoir être adoptée de préférence, car elle permet de réaliser des économies considérables. Nous avons dit plus haut qu'un chemin de fer d'intérêt local ne doit pas coûter plus de 120,000 francs par kilomètre, et il n'est pas possible de construire avec la voie normale un chemin de fer ne coûtant pas deux, trois fois plus et même davantage. Les chemins alsaciens, construits en 1858, n'ont coûté, il est vrai, que 117,300 francs en moyenne; mais le matériel roulant n'est pas compté, puisque l'exploitation était faite par la Compagnie de l'Est; de plus, il faut remarquer que l'on se trouvait dans des conditions éminemment favorables, que l'on ne rencontrerait plus guère aujourd'hui. « La grande plaine d'Alsace, disait le rapport de M. Coume, présente à cet égard des facilités exceptionnelles; elle est insubmersible; les tracés ne rencontrent aucun cours d'eau important, et ne coupent aucun faîte. Sur de grandes longueurs, le tracé a pu être établi au ras du sol, comme une route ordinaire. » Mais dans les pays montagneux, coupés de ravins, d'un accès difficile, les travaux d'art, ponts, tunnels, les remblais, les tranchées, entraîneraient à des dépenses qui ne seraient pas inférieures à cinq ou six cent mille francs [1]. C'est l'emploi seul de types variés de voies en rapport avec la nature des terrains à traverser, l'importance du futur trafic, qui permettra de doter d'un chemin de fer les départements peu fortunés. Le cahier des charges-type de 1881 prévoit trois types, mais il va sans dire que sont naturelle-

---

[1] Nous avons eu l'occasion de citer la déclaration de M. Vuitry, relativement aux chemins de fer d'Auvergne qui ont coûté 650,000 francs et ne peuvent servir qu'au trafic régional.

ment admis tous les modèles intermédiaires. Ces trois types sont la voie de 75 centimètres, celle de 100, et celle de 144. Nous n'hésitons pas à affirmer que la voie de 75 centimètres suffira, dans tous les cas, aux exigences du trafic sur les lignes d'intérêt local, et que la moitié des lignes concédées aux grandes Compagnies auraient pu sans désavantage être établies avec le type d'un mètre, en permettant de réaliser des économies considérables.

La voie étroite dispense en effet de bien des frais, tant au point de vue de la construction qu'au point de vue de l'exploitation. Les courbes qui, avec la voie normale, ne peuvent pas avoir moins de 250 mètres de rayon, n'en auront plus que 100 ou 50, ce qui permettra de suivre les accidents de terrains [1], les flancs des montagnes et d'éviter les souterrains; la couche de ballast sera moins épaisse; les rails moins forts et moins lourds. Le matériel roulant sera en rapport avec la voie; les locomotives, les wagons seront plus légers et on pourra diminuer la proportion du poids mort remorqué comparé au poids payant des voyageurs et des marchandises [2].

[1] Il faut d'ailleurs reconnaître que les courbes augmentent les frais de traction; la résistance des wagons sur une courbe de 400 mètres (voie normale) est le double de celle opposée par ces véhicules roulant sur une ligne droite.

[2] Le poids mort augmente considérablement les frais de traction; sur les grands réseaux, il est généralement de 250, 200 et 150 kilos par voyageur selon qu'il s'agit de première, deuxième, ou troisième classe. On peut l'estimer à 700 kilos par tonne de marchandises. « Pour l'industrie des transports par chemin de fer, disait en 1866 M. Rouher, la grande plaie, je vais le dire en termes techniques, c'est le poids mort. »

Quant à prétendre, que la voie étroite ne saurait
suffire à un trafic important, c'est là une erreur, que
les faits réfutent complètement. Il existe dans le pays
de Galles une petite ligne de 22 kilomètres, qui n'a
guère été étudiée par les ingénieurs anglais et français
que depuis une quinzaine d'années; nous voulons parler du chemin de fer du Festiniog. Les rails n'ont que
60 centimètres d'écartement; pour éviter les travaux
d'art, on a dû construire la voie en courbes très rapprochées, dont quelques-unes n'ont que 35 mètres de
rayon; comme il n'y a presque pas d'alignement droit
entre les courbes en sens contraire, on forme des trains
de 300 mètres de long qui se trouvent quelquefois en
même temps sur trois courbes de sens différents. Dans
ces dernières années, le développement du trafic a
exigé l'emploi de locomotives, marchant à raison de
45 à 50 kilomètres à l'heure, vitesse que sont loin
d'atteindre bien des trains de nos lignes d'intérêt général et qui est double de celle admise pour les chemins d'intérêt local. En 1877, les recettes brutes des
22 kilomètres du Festiniog se sont élevées à 682,000 fr.,
soit 31,000 fr. par kilomètre [1].

Examinons maintenant l'objection des adversaires
de la voie étroite, qui se plaisent à voir dans le transbordement un motif suffisant pour imposer à tous les
chemins de fer un type uniforme.

On affirme qu'il y a là des frais; il est certain que le
transbordement exige un personnel plus nombreux
aux gares de jonction. Mais cette augmentation n'est

[1] Le poids mort, sur le chemin de fer du Festiniog, peut s'élever
de 100 à 120 kilos par voyageur et à 300 kilos par tonne de marchandises.

pas assez sensible pour faire renoncer à un mode de construction, qui diminue de 100 ou 200 0/0 les frais de premier établissement. Il ne faut du reste rien exagérer : le transbordement ne coûtera jamais plus de 25 à 30 centimes par tonne et quelquefois 15 à 18 centimes ; il n'y a pas là de quoi augmenter sensiblement les charges des expéditeurs[2]. Nous ferons du reste observer que, en dehors des cas où les marchandises voyagent par wagon complet, les Compagnies ont l'habitude de les transborder, non-seulement aux points de jonction des réseaux, afin de conserver la libre disposition de leurs véhicules, mais encore aux grandes gares de leurs propres réseaux. Les usages des Compagnies présentent donc les mêmes inconvénients que fait naître forcément l'emploi de la voie réduite.

En ce qui concerne les lenteurs occasionnées par les transbordements, nous ne nous y arrêterons guère ; tant d'autres causes, plus ou moins justifiées, empêchent les Compagnies d'obéir aux prescriptions des cahiers des charges, que nous n'avons pas à craindre de voir le transbordement influer, d'une manière sensible, sur les retards que mettront les Compagnies à transporter et à livrer les marchandises.

Certaines marchandises risqueront, il est vrai, d'être

(1) Le rapport des ingénieurs anglais sur le *State Railway* de l'Inde considère la dépense nécessitée par les transbordements comme égale à celle d'un parcours de 30 kilomètres environ. Juste ou exagéré dans l'Inde, ce calcul ne saurait être accepté pour les chemins de fer français. Le prix de 30 centimes pris comme moyenne, correspond au transport d'une tonne kilométrique par les voies de terre. L'installation plus ou moins heureuse des gares de transbordement modifiera beaucoup les prix de transbordement ; d'après M. Level, le transbordement de la houille à Commentry ne revient qu'à 4 centimes.

L. B.   14*

détériorées par plusieurs transbordements successifs;
tels sont les verres, les porcelaines, les objets en terre
ou en ardoise employés dans l'industrie du bâtiment.
Mais on voit, tous les jours, des colis de ce genre confiés
aux chemins de fer, que les hommes d'équipe manient
avec assez de sûreté pour que les indemnités à payer
de ce chef ne soient pas trop considérables.

Du reste, lorsque des marchandises voyageraient par
wagon complet ou seraient trop fragiles pour être transbordées sans inconvénient, rien ne serait plus facile,
pensons-nous, que de faire passer directement ces marchandises sur les grands réseaux. Il suffirait de construire un certain nombre de wagons, dont la caisse
serait mobile et pourrait être détachée du châssis et des
roues; lorsque ces véhicules arriveraient à la gare de
jonction, une grue pivotante saisirait la caisse et la
déposerait sur des trucs roulant sur la voie normale.
Le transbordement se ferait ainsi rapidement et sans
danger (1).

Les difficultés et les légers frais du transbordement
ne doivent donc pas faire hésiter à adopter la voie
étroite pour les chemins de fer d'intérêt local; ces frais
nous paraissent insignifiants et, soit pour un motif,
soit pour un autre, les Compagnies transbordent jour-

(1) Le chemin de fer du Festiniog, dont nous parlions tout à l'heure,
vient s'embrancher avec le Cambrian-Railway, à la station de Mynf-
ford-Junction. Nous empruntons à une brochure de M. Decauville,
la description de la manière dont s'exécute le transbordement : « Les
chemins de fer se croisent perpendiculairement en passant l'un sur
l'autre. Le Festiniog est en dessus, et a établi un embranchement
qui descend en courbe de très petit rayon et se partage en trois voies
pour s'accoler aux voies du Cambrian. Le trafic spécial de la ligne
oblige, en effet, à trois genres de transbordement : pour les ardoises;
en raison de leur fragilité elles sont transbordées à la main, et, pour

nellement des marchandises circulant sur des lignes construites d'après le même type.

Dans son rapport, M. Labiche, sans se prononcer absolument, pensait que les autorités départementales devaient être laissées libres du choix de la voie à adopter : quand les évaluations permettront de compter sur un revenu de huit à dix mille francs, il jugeait avantageux d'adopter le type de 144 centimètres; si, au contraire, le rendement probable ne devait pas dépasser trois ou quatre mille francs, la voie réduite pouvait seule être employée. Nous nous permettrons de faire remarquer qu'aujourd'hui il serait bien difficile de trouver une ligne de chemin de fer à construire, permettant de compter sur un revenu de huit à dix mille francs, surtout depuis les conventions de 1883; ajoutons que le prix moyen des chemins de fer du nouveau réseau des grandes Compagnies a été de 450,000 francs à peu près. Nous ne pouvons évaluer à moins de 200,000 francs le coût kilométrique moyen d'une ligne d'intérêt local à voie normale, en ne la supposant pas établie dans une région d'accès trop difficile. Il faut encore ajouter les frais d'exploitation, l'acquisition et l'usure du matériel roulant. Nous en arrivons à conclure qu'en supposant un ensemble de circonstances favo-

simplifier la manutention, le sol des voies a été établi à des niveaux différents, pour que les bords des petits wagons à ardoises du Festiniog soient à même hauteur que les bords des grands wagons du Cambrian ; — pour le charbon, le transbordement se fait mécaniquement au moyen d'une plaque tournante spéciale, oscillant sur deux axes, et qui permet de vider en cinq minutes un wagon de dix tonnes du Cambrian dans cinq wagons de deux tonnes du Festiniog ; — pour les marchandises, elles sont roulées ou brouettées d'un wagon à l'autre, les fonds étant au même niveau et une grue pivotante opère le transbordement des colis les plus lourds. »

rables, impossibles à réunir, l'emploi de la voie normale donnera des résultats peu satisfaisants et devra,
par suite, être généralement abandonné.

Quant au type à adopter, ce sera pour chaque cas
particulier une question d'espèce. Nous avons cité le
Festiniog-Railway, qui, avec une voie de 60 centimètres,
suffit à un trafic supérieur à celui de nos meilleurs
chemins de fer d'intérêt local; c'est dire, qu'une voie
de 75 centimètres remplira parfaitement le but que se
proposeront les Conseils généraux ou municipaux, en
concédant des lignes affectées à un commerce tout régional. La plus entière liberté leur est laissée sur ce
point par le législateur [1].

Il est une autre économie que les chemins de fer d'intérêt local pourront réaliser, et que la loi a pris soin de
mentionner.

La loi du 15 juillet 1845 régit les chemins de fer
d'intérêt local aussi bien que ceux d'intérêt général;
mais une importante dérogation y a été apportée par
les deux lois de 1865 et de 1880, en ce qui concerne les
clôtures posées tout le long des deux côtés de la voie
et les barrières établies au croisement des chemins.

L'article 4 de la loi de 1865 disait que « le préfet peut
dispenser de poser des clôtures sur tout ou partie des

[1] Nous n'examinons ici que le point de vue commercial; nous
comprenons que les exigences de la défense du territoire imposent
l'emploi de la voie normale, plus avantageuse pour le transport des
troupes et du matériel de guerre. C'est là une tout autre question
laissée à l'appréciation des pouvoirs publics, qui pourront, soit classer
le chemin dans le réseau d'intérêt général, soit prendre toute autre
mesure, ménageant les intérêts du concessionnaire et sauvegardant
les droits de la défense nationale.

chemins, et qu'il peut également dispenser d'établir des barrières au croisement des chemins peu fréquentés. » Cette disposition fort raisonnable a été reproduite par la loi de 1880, dont elle forme l'article 20.

L'établissement des haies coûte environ 1,500 francs par kilomètre ; et à cela, il faut ajouter la dépréciation des propriétés riveraines, dont le service est rendu plus difficile par l'existence des clôtures. On aurait pu dispenser de ces dépenses un certain nombre de lignes appartenant aux grandes Compagnies, ainsi que cela se pratique dans plusieurs pays étrangers, en Allemagne, en Belgique, en Espagne, où la plus grande liberté est laissée aux concessionnaires sans que l'on ait eu à signaler des accidents occasionnés par l'absence de clôtures. Un simple fossé, creusé sur la limite des propriétés riveraines, suffira, pensons-nous, à recevoir les eaux de pluie, déterminer la surface du domaine du chemin de fer et empêcher les passants de s'arrêter et stationner sur la voie inutilement.

Les barrières pourront également être supprimées sans inconvénient, sauf aux approches des gares, lorsque le chemin de fer croisera une voie de terre. Elles pèsent plus lourdement encore sur le budget des grandes Compagnies que les clôtures. Elles nécessitent la présence continuelle d'un gardien, dont le traitement est d'environ 2,000 francs et pour lequel il faut construire une maisonnette ; aussi les ingénieurs font-ils tout leur possible pour éviter l'établissement des passages à niveau. Il n'y aura pas de danger à dispenser les Compagnies d'intérêt local de poser les barrières en plein champ : en effet, on peut supposer qu'une minute suffira largement pour faire traverser la voie à une voiture ou une charrette pesamment chargée; d'autre part, la vitesse maxima des trains ne dépassera pas 25 kilomètres à l'heure, et le trafic ne nécessitera pas plus de trois ou quatre trains par jour dans chaque direction, dont les heures de passage seront généralement connues des gens du voisinage; enfin, le bruit de la marche du train, le sifflet de la locomotive avertiront suffisamment les passants de l'approche du convoi [1].

Nous savons du reste, que le préfet a un pouvoir discrétionnaire pour apprécier, en ce qui concerne chaque ligne, les points où il sera nécessaire d'établir des clôtures le long de la voie et des barrières au croisement des routes. Il lui appartient de concilier dans une sage mesure les intérêts d'une exploitation économique avec la sûreté du trafic et la sécurité du public.

Nous ne dirons pas grand chose relativement à l'exploitation des chemins de fer d'intérêt local. Son organisation devra viser à réaliser toutes les économies possibles. Les trains de nuit seront supprimés. L'exploitation se fera en navette, c'est-à-dire qu'un convoi partant d'une des gares têtes de ligne, un second convoi ne quittera l'autre tête de ligne qu'après que le premier y sera arrivé; toutefois si le chemin avait une certaine longueur, deux trains pourraient partir en même temps et se croiser à une station située sur un

---

(1) Nous n'avons connaissance que d'un seul accident, occasionné par l'absence de barrière aux passages à niveau et qui ait donné lieu à un procès. Il était du reste imputable à la victime, qui a été déboutée de sa demande en dommages-intérêts. Le jugement rendu par le Tribunal civil des Andelys en faveur de la Compagnie d'Orléans à Châlons, porte la date du 1er mai 1872 et a été reproduit par M. Lamé-Fleury dans son *Code annoté des chemins de fer*.

point quelconque de la ligne. Il arrivera que le concessionnaire, pour diminuer les frais de premier établissement, établira des voies à rampes très fortes ; indépendamment du danger qui peut en résulter, les dépenses de traction augmentent dans des proportions considérables. Le cahier des charges tolère des pentes maxima de 30 millimètres ; la moyenne sera de 20 à 25 millimètres. Ce sera au concessionnaire à consulter les hommes spéciaux et à adopter des pentes, qui, sans trop élever les frais de traction, n'augmentent pas sensiblement les dépenses de premier établissement.

CHAPITRE VI.

DES CHEMINS DE FER INDUSTRIELS ET DES CHEMINS DE FER SUR ROUTES.

———◆———

Aux chemins de fer d'intérêt local on peut joindre les chemins de fer industriels et les chemins de fer sur routes. Nous devons nous y arrêter quelques instants.

I.

Des chemins de fer industriels.

Tandis que les chemins de fer d'intérêt local sont construits sur l'initiative du département et des communes, les chemins de fer industriels seront établis par des réunions d'industriels ou de grands propriétaires fonciers à l'effet de transporter les produits de leurs usines ou de leurs campagnes [1].

La loi de 1865 (art. 8), le projet de 1870 (art. 10) et

---

[1] On comptait, en France, au 31 décembre 1884, 236 kilomètres de chemins industriels à voie étroite, affectés au service du public.

la loi de 1880 (art. 23) ont reconnu l'existence de ces chemins de fer, mais sans les réglementer. Ils ne sont pas assimilés aux chemins de fer d'intérêt local; les deux lois de 1865 et de 1880 se sont contentées de dire qu'ils pouvaient, comme ces derniers, être dispensés d'avoir des clôtures le long de la voie et des barrières à l'intersection des chemins. Mais, malgré le silence des textes, une jurisprudence libérale avait reconnu aux concessionnaires de mines le droit d'établir des chemins de fer à voie étroite pour l'exploitation de leurs concessions [1], en se basant sur ce que la loi organique du 21 avril 1810 ne pouvait prévoir la création et le futur rôle des chemins de fer, mais lui conférait une servitude active sur les propriétés de la surface, renfermées dans les périmètres concédés, à l'effet d'y établir des chemins de charroi. Dans la pratique, l'autorité administrative appréciait l'utilité de l'occupation des terrains, et l'autorité judiciaire réglait les indemnités dues aux propriétaires; il y avait là une sorte d'expropriation pour cause d'utilité privée, si l'on peut parler ainsi, qui avait besoin d'une réglementation spéciale et détaillée. C'est la loi du 27 juillet 1880 qui est venue modifier la loi de 1810 et en combler les lacunes; nous devons en étudier les deux articles 43 et 44 en ce qui concerne les chemins de fer industriels.

Un arrêté préfectoral peut autoriser le concessionnaire à occuper, dans le périmètre de sa concession, les terrains nécessaires à l'établissement des chemins de fer ne modifiant pas le relief du sol.

[1] Conseil d'État, 9 juillet 1875 et 15 juin 1877. Mais elle exigeait un décret rendu en Conseil d'État pour l'établissement d'un chemin de fer à voie normale. Cons. d'État, 23 février 1870.

De deux choses l'une : ou bien l'occupation n'a été que passagère, et le sol occupé peut être mis en culture au bout d'un an, l'indemnité sera alors fixée au double du produit net du terrain endommagé; ou bien, l'occupation prive le propriétaire de la jouissance du sol pendant plus d'une année ou a rendu les terrains impropres à la culture, le concessionnaire pourra être contraint d'acquérir les terrains; cette acquisition portera sur les parcelles de terre endommagées et sera étendue à la totalité de la pièce de terre, si celle-ci est trop endommagée ou dégradée sur une trop grande partie de sa surface. Les terrains seront payés le double de leur valeur avant l'établissement du chemin de fer. Les tribunaux civils seront compétents pour connaître des contestations relatives aux indemnités réclamées par les propriétaires du sol au concessionnaire.

Un décret rendu en Conseil d'État sera nécessaire pour déclarer l'utilité publique des chemins de fer, modifiant le relief du sol, à exécuter dans l'intérieur du périmètre de la concession, ainsi que ceux à exécuter en dehors de ce périmètre; mais alors l'acquisition des terrains et le règlement des indemnités seront régis par la loi du 3 mai 1841. Cette obligation de se conformer aux formalités de la loi de 1841 sera, dans l'opinion du rapporteur, M. Brossard, un frein aux demandes peu sérieuses de certains exploitants et une garantie pour les propriétaires superficiaires. Les chemins de fer, créés en dehors du périmètre de la concession des mines, pourront être affectés à l'usage du public et transporter des voyageurs et des marchandises.

Nous devons remarquer qu'il s'agit seulement de che-

mins de fer créés par les concessionnaires de mines.
Mais d'autres industries peuvent avoir intérêt à établir
des chemins de fer; telles sont les exploitations de
pierres de taille, de pierres à chaux et à plâtre, d'ardoises, les sucreries, les grands ateliers de forges et de
constructions métalliques. Elles pourront, à coup sûr,
établir des chemins de fer industriels. Mais évidemment
on ne saurait étendre en leur faveur l'application des
art. 43 et 44 de la loi du 27 juillet 1880. Elles devront
faire l'acquisition des terrains à l'amiable, et se conformer aux règlements de police applicables aux chemins
de fer; si l'acquisition des terrains était entravée par les
résistances des propriétaires, dont les terres devraient
être traversées par la ligne, il n'y aurait pas d'autres
ressources que de solliciter la déclaration d'utilité publique. Ces chemins de fer n'auront généralement que
quelques kilomètres à parcourir et ne dépasseront pas
vingt mille mètres; c'est donc au Conseil d'État qu'il
faudra s'adresser. Mais, en retour, le concessionnaire
devra consentir à mettre la ligne concédée à la disposition du public pour le transport des voyageurs et des
marchandises. On ne comprendrait guère, sans cette
condition, les motifs qu'invoquerait le demandeur en
concession pour appuyer ses prétentions.

Aucun contrôle ne sera exercé sur la construction du
chemin de fer; mais le préfet devra autoriser le concessionnaire à ouvrir sa ligne au public. Cette intervention
du préfet engagera le concessionnaire à veiller avec soin
à la construction et à l'exploitation, car il doit être à
même de remplir les engagements pris lors de l'obtention de la concession.

Ces chemins de fer viendront généralement se rattacher soit à un chemin d'intérêt général, soit à un chemin d'intérêt local. Si les départements et les communes pouvaient consacrer dans une large mesure leurs ressources et leur crédit à développer leurs réseaux ferrés, nul doute que les particuliers, pour l'exploitation de leurs terres, de leurs forêts, de leurs usines, ne fussent engagés à construire de petits chemins de fer à voie étroite dans des conditions très économiques, suffisants pour desservir des localités peu peuplées et diminuer les frais de transport dans une notable mesure. Les tentatives de ce genre devraient être encouragées, sinon pécuniairement, du moins moralement, par les autorités départementales et les concessionnaires des chemins de fer d'intérêt local, sur lesquels viendraient se souder de petits embranchements de cinq ou six kilomètres, leur apportant chaque jour de modestes et réguliers éléments de trafic.

II.

Des chemins de fer sur routes.

Les chemins de fer d'intérêt local, même à voie étroite, coûteront, nous l'avons vu, assez cher, tant au point de vue de la construction qu'au point de vue de l'exploitation, pour que l'on ne puisse songer à les établir que dans les contrées dont le mouvement commercial est assez développé. Les pays dont le commerce et l'industrie ne sont guère susceptibles de recevoir une impulsion notable par la création d'une voie ferrée, parce que les éléments naturels font défaut, ne pourront pas songer à construire à travers champs un chemin de fer d'intérêt local, dont les travaux d'infrastructure entraîneraient des dépenses relativement considérables. Leurs prétentions devront être plus modestes; elles se contenteront d'établir un chemin de fer sur l'accotement de routes déjà créées, en utilisant les chaussées existantes.

Ce procédé permettra de réaliser de notables économies. Un petit chemin de fer de ce genre se contentera d'un type inférieur à celui adopté par les chemins d'intérêt général ou d'intérêt local; la voie de soixante centimètres, que nous avons dit être employée avec succès en Angleterre, pourra rendre de grands services en se pliant à toutes les sinuosités des routes et offrir toute sécurité, car les trains de ce genre ne marcheront pas avec une vitesse supérieure à celle des voitures et ne feront pas plus de quinze kilomètres à l'heure. Ce qu'on recherchera en lui, ce sera un instrument de transport plus puissant et plus économique.

Quant à la législation qu'il faudra leur appliquer, nous pensons que c'est celle du chapitre II de la loi de 1880 (art. 26-39); autrement dit, nous les assimilons aux tramways. En effet, la loi a voulu définir la situation de tous les instruments de transport par voie ferrée, les chemins de fer d'intérêt général exceptés. Ces instruments sont ou les voies ferrées établies à travers champs ou celles empruntant le sol des voies publiques : les premières sont les chemins de fer d'intérêt local et les chemins de fer industriels, les secondes sont les tramways et les chemins de fer sur routes. Mais remarquons que si l'on peut, en adoptant l'acception naturelle des termes, faire une distinction entre les tramways et les chemins de fer sur routes, cette distinction n'existe pas dans notre législation. L'usage a fait consacrer spécialement la dénomination de « tramways » pour désigner les véhicules, traînés par des chevaux et circulant sur des voies ferrées posées sur le sol des rues des villes. La loi donne ce nom aux véhicules roulant sur des rails posés sur les voies publiques, rues, routes nationales et départementales, chemins vicinaux, sans se préoccuper du moteur employé, cheval, machine à vapeur, etc. Nous croyons que la loi aurait gagné en clarté et en précision si elle avait tenu davantage compte de la terminologie imposée par l'usage. Voulant appliquer les mêmes règles aux chemins de fer sur routes et aux tramways, elle aurait dû intituler le chapitre II : « des voies ferrées établies sur le sol des voies publiques; » c'était du reste le titre choisi par le Gouvernement et le Sénat, alors que l'on jugeait préférable de régler séparément les chemins de fer d'intérêt local et les voies ferrées posées sur les voies publiques (1).

Quoi qu'il en soit, il est impossible d'hésiter sur l'étendue d'application du chapitre II; l'article 26 emploie des termes dont la portée générale ne saurait être contestée : « Il peut être établi sur les voies dépendant du domaine public de l'État, des départements ou des communes, des... voies ferrées à traction... de moteurs mécaniques. » Ces expressions désignent naturellement les chemins de fer sur l'accotement des routes. Les dérivations accessoires, construites en dehors du sol

_____

(1) Nous savons que ce fut la Chambre des députés qui jugea avantageux de réunir dans une même loi des dispositions relatives à deux catégories de voies de communication, qui, selon les paroles du Ministre, sont destinées à répondre aux mêmes nécessités et entre lesquelles il n'existe aucune différence essentielle.

des routes et classées comme annexes, sont assimilées aux chemins de fer, et soumises aux mêmes dispositions, car le caractère d'une voie de terre ou de fer dépend de son classement.

La concession du chemin sera faite par l'État, si la voie ferrée doit s'étendre sur les routes dépendant de son domaine public ; elle sera faite, soit au concessionnaire directement; soit aux départements ou aux communes avec faculté de rétrocession. Si la voie ne doit pas emprunter le domaine public de l'État, la concession sera faite par le Conseil général, au nom du département; elle le sera par le Conseil municipal, quand la voie ne sortira pas du territoire d'une commune et n'empruntera qu'un chemin vicinal ordinaire ou un chemin rural (art. 27).

L'utilité publique est déclarée et l'exécution des travaux autorisée par décret rendu en Conseil d'État, sur le rapport du Ministre des Travaux publics, sur l'avis du Ministre de l'Intérieur (art. 29).

Les expropriations faites soit pour élargir la voie publique, soit pour créer les déviations sont réglées par les lois de 1836 et de 1864 (art. 31).

Les tarifs sont homologués, par le Ministre quand la concession est faite par l'État, par le préfet dans les autres cas (art. 33).

A l'expiration de la concession, l'autorité concédante aura toujours le droit de demander la suppression des voies ferrées (art. 35).

Quant à la subvention de l'État, elle peut être accordée lorsque le produit brut ne suffira pas à couvrir les frais d'exploitation et à donner 5 0/0 au capital de premier établissement. Elle se compose d'une somme fixe de 500 francs et du quart de la somme nécessaire pour élever la recette brute annuelle à 6,000 francs par kilomètre, sans que jamais la recette brute dépasse 6,500 francs ou attribue plus de 5 0/0 au capital de premier établissement. Une subvention au moins égale doit être fournie par le département, les communes et les propriétaires intéressés. Nous n'avons pour les développements qu'à renvoyer à ce que nous avons dit plus haut à propos des articles 13, 14, 16; sauf pour le chiffre de la subvention, les chemins de fer sur routes sont subventionnés dans les mêmes conditions que les chemins de fer d'intérêt local (Art. 36, 39 de la loi de 1880).

Ils sont soumis pour la police de l'exploitation à la loi du 15 juillet 1845, à l'exception des articles 4-10, et aux règlements spéciaux qui déterminent les conditions auxquelles doivent satisfaire, tant pour leur construction que pour la circulation des trains, les chemins de fer sur routes, et les rapports entre leur service et les autres services intéressés. Art. 37 et 38.

Les dispositions des articles 4, 6 à 12, 14 à 19, 21 et 24, relatives aux chemins de fer d'intérêt local, sont applicables aux chemins de fer établis sur le sol des voies publiques.

CONCLUSION.

Nous venons d'étudier les dispositions de la loi de 1880, en ce qui concerne les chemins de fer d'intérêt local. Elle a consacré les résultats de quinze ans d'expérience et on ne saurait contester qu'elle ne soit un progrès. A-t-elle atteint complètement son but et peut-on espérer de voir les départements et les communes s'occuper activement de développer leurs réseaux, qui, malgré bien des tentatives, sont, il faut bien le dire, restés à l'état embryonnaire, au moins pour la plupart? Quelques esprits ont été d'un avis différent, et à peine la loi du 11 juin 1880 était-elle votée, qu'un nouveau projet était élaboré et déposé sur le bureau de la Chambre des députés par MM. Labuze et Chéneau ; les principaux changements portaient sur les formalités de la concession, modifiées en vue de donner aux pouvoirs locaux une autorité plus étendue pour la décision définitive, sur l'adoption du principe de la construction par le département avec société fermière pour l'exploitation, toute liberté accordée cependant sur le choix des autres modes de faire, sur l'allocation des fonds aux départements pour la Caisse des chemins vicinaux, etc.

L. B.   15*

Nous avouons n'avoir pas grande confiance dans les différentes modifications inspirées par les tendances que nous croyons retrouver dans le projet que nous signalons ; si la loi de 1880 est imparfaite, ce n'est pas en augmentant les droits des autorités locales, en favorisant la construction des chemins de fer par le département, que l'on fera disparaître ses imperfections et que l'on atténuera ses inconvénients.

Somme toute, prise dans son ensemble, la loi est bonne. Nous avons eu l'occasion, dans le cours de cette étude, d'apprécier ses diverses dispositions ; il est peut-être bon d'y revenir rapidement.

En premier lieu, la loi de 1880, tout en sauvegardant les droits des Conseils généraux, a transporté aux Chambres législatives le droit, conféré par la loi de 1865 au Conseil d'État, de déclarer l'utilité publique et d'autoriser l'exécution des travaux. Les rapporteurs de la loi ont cru y voir plus de garantie, plus de contrôle ; nous nous permettrons de penser le contraire. Ce qu'il suffirait et ce qu'il faudrait, ce serait un examen long, sérieux des projets présentés par les Conseils généraux, une étude consciencieuse faite par des hommes compétents et étrangers à toute préoccupation ; le Conseil d'État, sur le rapport d'un de ses membres, nous semble mieux fait pour apprécier l'opportunité de l'établissement d'un chemin de fer qu'une Commission, dont les conclusions seront plutôt adoptées que discutées par les Chambres.

Une réforme, que nous considérons comme plus sérieuse et plus efficace, est la substitution de la garantie

d'intérêt par l'État à la subvention en capital. On peut
espérer que les abus que l'on a vu naître sous l'empire
de la loi de 1865 ne reparaîtront plus. Sans doute des
entreprises de chemins de fer d'intérêt local pourront
ne pas répondre aux calculs de leurs promoteurs; mais,
du moins, elles ne seront plus tentées par des hommes
d'affaires sans scrupule, et, lorsqu'elles échoueront,
le département, les communes, l'État qui n'auront pro-
mis une garantie qu'autant que le chemin de fer sera
exploité, ne perdront rien, et, s'ils le jugent convenable, reprendront l'opération en sous-œuvre pour la
remettre entre les mains d'un nouveau concessionnaire,
plus heureux ou plus habile.

On a pu critiquer les limites que la loi apporte à la
subvention de l'État et les conditions exigées pour
qu'elle soit allouée. Nous avons déjà eu l'occasion de
constater, qu'il pourra se faire que le capital de premier
établissement ne trouve pas une rémunération aussi
réelle que la lecture des textes ne semble l'indiquer;
mais on ne saurait nier d'autre part que l'État ne doit
pas pouvoir être lié indéfiniment; il ne faut pas oublier
que la création des nouveaux chemins de fer doit être
tentée surtout avec les ressources locales, qu'ils seront
un jour la propriété des départements et des communes
concédants après avoir été un élément de prospérité
pour leurs habitants, et que l'État ne saurait intervenir
qu'avec la modération qui s'impose à lui, partout où les
intérêts généraux du pays ne sont pas en jeu. Si l'État
faisait pour les chemins de fer d'intérêt local ce qu'il
a fait pour les grands réseaux, on ne comprendrait
plus les droits conférés par la loi aux Conseils généraux
en matière de concession. C'est précisément pour cela

que le département doit donner une subvention égale
ou équivalente; sans doute, en établissant l'égalité
entre tous les départements, il arrivera que les moins
favorisés par le sort auront plus de difficulté pour
obtenir le maximum de subvention possible. Ce fait est
regrettable; mais comment classer les départements?
Il faudrait tenir compte de trop d'éléments divers pour
arriver à une règle irréprochable.

Nous avons vu les dispositions nouvelles de l'art. 18
en faveur des obligataires. Quelques-unes paraissent,
au premier abord, un peu minutieuses et gênantes pour
les concessionnaires; le principe, qui leur sert de base,
peut être contesté. Mais, à tout prendre, il y a là un
progrès sensible et une garantie réelle pour le capital-
obligations, qui le mettent à l'abri, sinon de quelques
mécomptes, au moins d'une perte totale.

On peut regretter que la loi de 1880 n'ait pas osé, en
faveur des chemins de fer d'intérêt local, réorganiser
l'expropriation pour cause d'utilité publique. C'eût été
un grand avantage pour les promoteurs des entreprises
de ce genre, et peut-être le signal d'une réforme de
cette loi de 1841, qui, malgré les critiques dont elle est
l'objet, semble devoir encore longtemps régler les
droits de la propriété privée vis-à-vis les droits de l'É-
tat et les intérêts généraux. Certainement la nature
des chemins de fer, même d'intérêt local, ne com-
porte pas l'application pure et simple de la loi de 1836;
on ne saurait les assimiler aux modestes chemins vicinaux des communes rurales. Ils se rapprochent par leur
importance et leur coût, des grands travaux d'utilité

publique entrepris par les départements et les villes, pour l'exécution desquels l'expropriation se poursuit dans les formes posées par la loi de 1841. Ce que nous voudrions, ce n'est pas un régime de faveur pour les Compagnies de chemins de fer, mais une loi présentant des garanties pour l'expropriant comme pour l'exproprié, un jury mieux pénétré du caractère de ses devoirs et de la responsabilité qui lui incombe.

Considérée dans son ensemble, malgré ces critiques de détail, la loi du 11 juin 1880 pourrait aider puissamment au développement des chemins de fer d'intérêt local. Pour la condamner d'avance, on a allégué la situation fort peu brillante des budgets départementaux et communaux, qui sont déjà grevés de bien des charges et n'ont guère d'autres ressources que leurs parts dans le rendement des impôts directs, les revenus peu importants d'ailleurs de quelques propriétés, et les octrois. À notre avis, malgré la multiplicité des dépenses auxquelles ils sont obligés de faire face, les départements et les communes auraient une situation financière meilleure, si l'ordre et l'économie présidaient toujours à l'établissement de leurs budgets. Malheureusement, et c'est surtout aux communes que nous faisons allusion, nous assistons aujourd'hui à un mouvement extraordinaire, qui pousse tous les Conseils municipaux à entreprendre des travaux, dont les avantages sont contestables et dont à coup sûr les dépenses ne seront pas compensées par les services qu'ils rendront. On ne saurait critiquer les efforts tentés pour embellir et assainir les villes, répandre dans le peuple les principes de la science théorique ou professionnelle,

les saines notions de la morale; mais il est profondément regrettable de voir les assemblées municipales se
livrer, sous ce prétexte, à un véritable gaspillage (le
mot n'est pas trop fort) des deniers publics, et compromettre la solvabilité future des communes. Sans doute,
une commune ne doit pas agir comme un particulier;
elle ne thésaurise pas, elle ne fait pas d'économies;
l'excédent de ses recettes, elle doit les appliquer à
l'amélioration matérielle et morale des intérêts qui lui
sont confiés. Mais une dépense inutile, exagérée, ne
saurait être approuvée, même quand elle est imputée
sur des excédents de recettes; à plus forte raison, doit-
on la condamner, quand son importance compromet
l'équilibre des finances municipales.

Nous préférerions incontestablement voir les Conseils généraux et les Conseils municipaux, plus soucieux des intérêts qui leur sont confiés, consacrer, sinon
leurs ressources disponibles, qui sont insignifiantes
généralement, du moins leur crédit, à compléter dans
la limite des besoins actuels les lignes de chemins de
fer, que l'on pourrait appeler le troisième réseau. Nous
avons entendu pendant plusieurs années les doléances
des Conseils généraux réclamant la création de nouvelles voies ferrées. Pourquoi, à cette époque, l'État,
au lieu de passer avec les grandes Compagnies des
conventions qui leur imposent des sacrifices considérables sans compensation et augmentent leurs réseaux
de 8,000 kilomètres de chemins de fer, qui ne couvriront même pas leurs frais d'exploitation, ne s'est-il pas
adressé aux Conseils généraux pour leur dire : « Vous
demandez de nouveaux chemins, qui n'ont aucun caractère d'intérêt général; concédez-les vous-mêmes; im-

posez aux Compagnies des conditions rigoureuses
d'économie et de simplicité au point de vue de la
construction et de l'exploitation. Je vous promets mon
concours pécuniaire dans les conditions de la loi de
1880, et au besoin mon action morale sur les Compagnies. » Un tel langage aurait fait réfléchir les Conseils
généraux, dont quelques-uns n'auraient peut-être pas
montré autant d'impatience s'ils s'étaient vus dans la
nécessité de contribuer sous une forme quelconque à
l'établissement des chemins de fer qu'ils réclamaient.
Construits sur un type plus modeste au point de vue de
la voie, de l'installation, du matériel par les grandes
Compagnies, les nouveaux chemins seraient rapidement
arrivés à couvrir leurs frais d'exploitation et à suffire en
partie au service des fonds consacrés au capital de premier établissement; les subventions de l'État et des départements, l'augmentation du trafic sur les lignes d'intérêt général, sur lesquelles ils seraient venus s'embrancher, auraient facilement compensé les insuffisances de
leurs recettes. On serait ainsi arrivé en dix ou quinze
ans, par des concessions successives, à mettre au service
des localités, les plus éloignées des grandes artères de
communication, des instruments de transport commodes, économiques, en rapport avec le mouvement commercial qui aurait provoqué et justifié leur création.
Une pareille mesure aurait peu imposé le budget de
l'État, dont les avances sont d'ailleurs remboursables;
les départements et les communes auraient, par de faibles sacrifices, donné une satisfaction suffisante à des
besoins incontestablement légitimes; les grandes Compagnies, au sort desquelles tant de gens sont intéressés
par la possession de leurs titres, auraient trouvé dans

celle solution la réalisation d'économies considérables
et un allégement aux charges nombreuses qui pèsent
sur elles, alors que des circonstances de diverses sortes
viennent diminuer le commerce national et ralentir
l'activité des transports par voie ferrée.

Mais d'autres préoccupations se faisaient jour au sein
des Chambres et dans une partie du public. En même
temps que l'on réclamait de nouveaux chemins de fer,
on proposait le rachat de tous les réseaux — quelques-
uns plus timides ne demandaient que celui de la Compagnie d'Orléans — sans trop s'inquiéter des conséquences d'une pareille mesure. Pour désarmer leurs
adversaires, les Compagnies n'ont pas hésité à accepter
les conditions qui leur étaient proposées. Le pays re-
trouvera-t-il dans l'avenir des résultats qui feront oublier l'amertume des discussions et les conséquences
immédiates des nouvelles conventions? Il est permis
d'en douter.

POSITIONS.

—

I. POSITIONS EXTRAITES DE LA THÈSE.

A. DROIT ROMAIN.

1. Les grandes routes ont toujours dépassé, en ce qui concerne leur largeur, les limites fixées par la loi des Douze-Tables; cette inobservation provient soit d'une loi postérieure et inconnue, soit et plus probablement de la coutume.

2. L'interdit que mentionne la loi 2, § 35, Dig., XLIII, 8, était perpétuel, non pour cause d'utilité publique, mais parce qu'il visait un délit successif.

3. La contradiction entre Marcien et Justinien d'une part, Celsus et Nératius d'autre part, en ce qui concerne la domanialité des rivages, n'a aucune importance dans l'application.

4. Il n'est pas possible de savoir à quel caractère s'attachaient les Romains pour fixer la domanialité des fleuves.

B. DROIT FRANÇAIS.

1. La sanction des Chambres, en ce qui concerne la déclaration d'utilité publique et l'autorisation d'exécuter les travaux d'un chemin de fer d'intérêt local, ne semble pas offrir les avantages sur lesquels ont compté les auteurs de la loi de 1880.

2. En cas de dissentiment entre le Préfet et le Conseil général sur l'approbation des projets d'exécution des travaux d'un chemin de fer d'intérêt local, c'est le Conseil général qui doit statuer définitivement.

3. La concurrence aux grandes Compagnies par les chemins de fer d'intérêt local est aussi bien condamnée par la législation que par les faits.

4. Un chemin de fer d'intérêt local ne tient son caractère que du classement qui en est fait par l'autorité compétente.

II. POSITIONS ÉTRANGÈRES À LA THÈSE.

A. DROIT ROMAIN.

1. Les comices par centuries étaient la réunion de l'armée romaine.

2. La condition de client était héréditaire et perpétuelle.

3. Vers la fin du troisième siècle, les mineurs de vingt-cinq ans étaient incapables de rendre leur condition pire.

4. Le caractère d'une servitude rurale ou urbaine se déterminait par le caractère du fonds dominant (bâti ou non bâti).

B. DROIT CIVIL FRANÇAIS.

1. Le bénéfice de la séparation des patrimoines ne fait pas obstacle à la divisibilité de la dette.

2. La femme mariée n'a pas besoin d'être séparée de biens pour exercer son hypothèque légale.

3. L'acceptation de la communauté par la femme ne lui fait pas perdre son hypothèque légale sur la part de conquêts attribuée au mari.

4. La transcription d'une revente n'est pas opposable aux ayants-cause du premier vendeur.

5. Lorsque dans le tirage d'une loterie, un lot est attribué à un billet mis à la disposition du public et non acheté, le montant de ce lot revient au fond de la loterie.

6. La loi du 23 mars 1855, article 7, n'a pas dérogé à la loi du 3 mai 1841, en ce qui touche la transcription.

7. La prescription extinctive ne peut pas constituer une fin de non-recevoir contre l'action en revendication.

C. DROIT INTERNATIONAL.

1. Les tribunaux français, devant lesquels on invoque l'existence d'une société ayant pour but l'exploitation d'une maison de jeu dans les pays où leur établissement est toléré, doivent en reconnaître la validité.

D. DROIT COMMERCIAL.

1. Dans une société en nom collectif, lorsqu'un des associés non-gérant a contracté en son propre nom, les tiers ont le droit d'agir contre la société, lorsqu'elle a réalisé un profit; mais ils ne le peuvent qu'en vertu de l'article 1166 du C. civ., et n'ont qu'une action oblique.

2. L'action en détaxe ne peut pas être repoussée par une Compagnie de chemin de fer en invoquant l'article 105 du C. co.

3. En cas de faillite d'une Compagnie de chemin de fer, les porteurs d'obligations remboursables avec prime, peuvent se faire porter au passif de la faillite pour le montant nominal du titre et toucher immédiatement la prime, sauf la réduction résultant de l'insuffisance de l'actif.

E. DROIT INDUSTRIEL.

1. La vente d'un brevet peut être poursuivie par les créanciers du breveté; mais c'est la saisie-exécution (art. 583 Pr. civ.) et non la saisie-arrêt qui doit être appliquée.

2. L'exploitation antérieure secrète par un tiers ne fait point obstacle à ce qu'un autre fasse breveter cette invention; mais le possesseur antérieur continuera son exploitation, sans toutefois pouvoir céder son droit.

Vu par le Président de la thèse,

LYON-CAEN.

Vu par le Doyen,

Ch. BEUDANT.

Vu et permis d'imprimer :

Le Vice-Recteur de l'Académie de Paris,

GRÉARD.

TABLE DES MATIÈRES.

DROIT ROMAIN.

DES VOIES DE COMMUNICATION.

PREMIÈRE PARTIE.

Des routes et chemins.

SECONDE PARTIE.

Des voies de communication par eau.

DROIT FRANÇAIS.

LES CHEMINS DE FER D'INTÉRÊT LOCAL.

LIBRAIRIE L. LAROSE ET FORCEL

22, RUE SOUFFLOT, PARIS

OUVRAGES DE DROIT

SCIENCES, ARTS, LITTÉRATURE, ETC.

NEUFS ET D'OCCASION

BAR-LE-DUC, IMPRIMERIE CONTANT-LAGUERRE.